从"新史学"到"新汉学"
——清末民初文史之学发展历程研究

From "New Historiography" to "New Sinology"
—Research on the Development of the History and Literature Study
in the Late Qing Dynasty and the Early Republic of China

姜 萌 著

人民出版社

国家社科基金后期资助项目
出版说明

后期资助项目是国家社科基金项目主要类别之一，旨在鼓励广大人文社会科学工作者潜心治学，扎实研究，多出优秀成果，进一步发挥国家社科基金在繁荣发展哲学社会科学中的示范引导作用。后期资助项目主要资助已基本完成且尚未出版的人文社会科学基础研究的优秀学术成果，以资助学术专著为主，也资助少量学术价值较高的资料汇编和学术含量较高的工具书。为扩大后期资助项目的学术影响，促进成果转化，全国哲学社会科学规划办公室按照"统一设计、统一标识、统一版式、形成系列"的总体要求，组织出版国家社科基金后期资助项目成果。

全国哲学社会科学规划办公室

2014 年 7 月

目　　录

绪　　论

第一节　问题的提出

在纷繁复杂的清末民初,史学为何能够多元发展,开创中国现代文史之学的第一次高峰?"新史学"为何"其兴也勃,其亡也忽"?为何在共和肇建的民国初年,"旧学"却再度复兴?这些是困扰了笔者多年的问题,也是本书想探讨的主要问题,亦是清末民初学术史研究长期未能透彻解答的问题。笔者经过多年研究,虽未能上下洽通,疑惑尽释,然自感略有一得之见,刊布于世,希望对理解上述问题有所助益。

为什么近十几年来被这些问题困惑,并努力进行研究?这需要从笔者走上学术史研究的历程说起。十几年前,笔者懵懵懂懂地选择了历史学专业,并由博而约,接触、喜爱上了清末民初这个时代。喜爱清末民初,是因为这是个大变动时代,又与当代中国紧密相连。大变动时代,一定是政治、社会、文化剧烈转型的时代,会有很多英雄豪杰的成王败寇,也会有很多普通民众的生离死别。大变动时代,往往是学术、文化绚烂缤纷的时代,会有很多硕儒志士的创造与风骨,也会有很多才子佳人的无奈与风流。时间,在无情地剔除了大变动时代的层层血肉之后,又赋予它更加鲜明的特征,使其像浮雕一样成为历史记忆,散发出光彩夺目的魅力之光。生活于其中的人,感受更深的是动荡或不满,它们皆已随风而逝;生活于其后的人,感受更多的是风骨与风流,风骨让人肃然起敬,风流让人倾慕遐想。笔者就这样被清末民初的风骨与风流所吸引,走入清末民初,并逐渐成为一名研究这一时期学术发展的史学从业者。

由喜爱而研究是一个痛苦的过程。作为一名爱好者,弱水三千只取一瓢,爱己所爱者,憎己所憎者,不必有所顾虑。但是作为一名研究者,感性的爱憎必须克制,理性和规范必须坚持。从喜爱向研究转变,充斥着干涩、迷惘与彷徨。干涩的原因是那些曾经吸引自己的风骨与风流已经不是研究应该主要关注的,理性往往是干涩无趣的;迷惘的原因是在浩瀚的文本与人物中,没有导引的问题意识,如坠雾中;彷徨的原因是不明白自己用青春韶华来研究这些过去的文本与人物,意义何在?为了减少这种干涩、迷惘与彷徨,笔者力图掌握更多的史料,借助这些文本尽可能回到历史场景,走向历史深处,去认知、还原这个时代,去尝试与那些或歌或泣的人物进行超时空对话,并努力用历史和当下两个维度来评判这个时代,寻找其历史与当下的意义,追问自己从事这项研究的意义。

郭湛波曾认为,"中国思想史"最重要的阶段,"一是战国诸子,一是近代,而近代比战国思想复杂"[①]。就"中国学术史"来说,又何尝不是?清末民初是个纷繁复杂的时代,究其根本,是这个时代的人的思想纷繁复杂,而这个时代的学人的思想尤为纷繁复杂。要摆脱认知这个时代学术发展的迷惘与彷徨,何其难也!所以在初入中国近现代史学史、学术史领域的最初几年,笔者一直处于迷惘与彷徨中,既找不到问题,也在职业选择上犹豫不决。这种状况直到攻读博士学位之后才开始缓解。攻读博士学位期间,笔者对 20 世纪前 50 年的中国史学发展进行了一个较为系统的梳理和概括。随着工作的展开,接触到越来越多的文本与人物,原来的迷惘与彷徨逐步得到缓解。迷惘得到缓解的原因,是一个重要的问题逐渐地凝聚浮现:在这样一个纷繁复杂的时代,在这样一个意见各异的时代,在这样一个自由散漫的时代,在这样一个动荡不安的时代,现代文史之学是如何发生、发展,并产生了一批学术经典,造就了中国现代人文学术发展的第一个高峰?彷徨得到缓解的原因,是新凝聚的问题让笔者对清末民初这个时代的学术有了探索的方向感。在这种方向感指引下,不厌其烦地收集阅读一篇篇文献,日积月累,对这一问题有了更深刻的认知。十余年来思考的问题、面临的困局,虽然已经与当初有颇大的不同,但对核心问题的关注一直持续至今。在研究过程中,笔者越来越认识到今日中国文史之学要健康发展,必须要对过去一百多年的历程有清晰的梳理,对其成就与问题有清醒的衡估。

近几年来,笔者将研究重心确定在清末民初学术认识论领域。经过多年的探索、思考,笔者逐渐意识到,中国现代文史之学之所以能够在清末民初多元发展,创造繁荣,关键因素是这一时期学人在学术观念上既有很多共识,也有很多分歧。共识是学术从传统向现代转变,以及学术形态承继发展的动力,而分歧则是学术多元繁荣的主要原因。学人在学术发展上的共识与分歧,从正反两个方面共同助推了清末民初文史之学在剧烈世变之下,还能保持不断发展的势头,并产生了一批经典之作。在这种认识的推动下,笔者一方面开始尝试对清末民初的文史之学进行贯通考察,另一方面对一些

---

① 郭湛波:《近五十年中国思想史》,人文书店 1936 年版,"再版自序"第 10—11 页。

关键性的文本进行了相对细密的研究,去发现此一时期学人们学术认识论的异同,并揭示这些异同对清末民初文史之学发展路径的影响如何。本书就是十余年来思考探索的结果。

第二节　中国现代文史之学发展历程的几个阶段

一百多年来的中国现代文史之学,发展历程大约可划分为三大阶段。第一阶段是从甲午惨败至 20 世纪 30 年代末,中国现代文史之学在这五十余年间大约经历了播种、萌生、破土与确立几个时期,于 20 世纪 30 年代趋于成熟。① 第二阶段是从 20 世纪 40 年代讫 1978 年,中国现代文史之学随着政治与社会的剧变而经历了悲欢离合:先是受日本侵略和国共两党政治斗争的影响,学人的政治倾向与学术观念分歧日益凸显;接着是 1949 年新中国成立,此后三十年中国文史之学在大陆与海外分途发展。第三阶段是改革开放迄今,中国大陆学界对民国学术与海外中国文史研究的态度快速转变,两条脉络由隔绝而接触,吸纳与融合逐渐成为主流,中国文史之学又渐成一个整体,海内外学人互相交流,努力承旧开新。本书主要研究的是第一阶段,尤其是着力于勾勒中国现代文史之学在这一时期播种、萌生、破土与确立之间的逻辑线条。至于中国现代文史之学在 20 世纪 30 年代之后的发展、转折等,有待今后继续努力。

需要解释的是,对中国现代文史之学第一阶段之判断,即从甲午惨败至 20 世纪 30 年代末,中国现代文史之学大约经历了播种期、萌生期、破土期、确立期,依据何在? 各阶段又是如何划分的?

所谓播种期,大约是指从甲午惨败至庚子事变这段时间。此一时期在中国现代文史之学发展历程中最主要的意义在于现代文史之学的价值被广泛肯定。西方现代学术观念和初阶形态,无论是自然科学,还是人文社会科学,甲午惨败前就已经在中国知识阶层中小范围传播,但影响有限。直到甲午惨败给中国知识阶层带来了剧烈撞击,学术认识论开始发生整体性改变

---

① 王汎森认为中国近代史学有三大段落,“第一阶段是晚清民初,以梁启超所开展的‘新史学’革命为主。第二阶段是新文化运动以后,尤其是 1920 年代开始,胡适领导的所谓整理国故运动,它的风起云涌的响应者,以及中央研究院历史语言研究所成立之后所开展的工作。第三个重要段落是社会史论战之后,马克思主义史学的兴起”(王汎森:《民国的新史学及其批评者》,罗志田主编:《20 世纪的中国:学术与社会(史学卷)》,山东人民出版社2001 年版,第 31 页)。从一个多世纪这样的“中时段”来看,这三大段落都可以涵括为中国现代文史之学发展的第一阶段。

之后,文化学术从传统向现代的转变才加速展开。就史学而言,1902 年就有评论者指出了这种现象:

> 甲午之前固无报也,而欧美、东洋之历史之学说则已稍稍流入支那矣。特绝学无师,悟之实难;么弦孤唱,和者亦寡。当外交之局者,略知英、俄、德、法之名而已,其他则并此而不知。惟出洋学生与一二好事之徒,稍知其厓略也。洎乎甲午,遂发醢鸡之覆,海内稍有知识者,咸恍然于新旧之相形。其势不可以一日安。①

更为重要的是,此一时期中国的知识阶层,无论是居庙堂之高,还是处江湖之远;无论是维新志士,还是守旧宿儒,基本上都认识到中国传统学术面对世变的"无用"、②西方学术之"有效",并表现出对西方学术的接纳态度。张之洞《劝学篇》、严复《原强》、梁启超《变法通议》,乃至苏舆《翼教丛编》等著名文本,皆可为证。此外,被李提摩太誉为"暗室之孤灯、迷津之片筏"的《泰西新史揽要》迅速流传于知识界这一生动例子,亦是很好的佐证。这种新的学术认识论,正是中国现代文史之学生发的种子。③

所谓萌生期,大约是清末十年。此一时期被视为中国现代文史之学的萌生期,关键理由有三:一是中国知识阶层的学术意识整体现代化已成不可逆转之潮流,并因废科举与新教育的政治改革而使现代文史之学的学科意识逐渐落到实处;④二是梁启超等人在方法论与解释框架等方面给中国文史研究现代转化指出了方向;⑤三是梁启超、章太炎、夏曾佑、刘师培等学人,已经初步尝试借鉴西方学术的观念、方法,来研究一些具体问题,实际上已经开始中国现代文史之学的研究实践。此一时期,随着新式教育的高速

---

① 《论中国宜注意下流社会》,《选报》第 33 期,1902 年 10 月 31 日。

② 罗志田曾指出,"从甲午中日战争到戊戌维新前后,中国民间舆论关于既存中国学术'无用'的观念相当流行"(罗志田:《裂变中的传承:20 世纪前期的中国文化与学术》,中华书局 2003 年版,第 1 页)。

③ 可参阅王先明《近代新学:中国传统学术文化的嬗变与重构》(商务印书馆 2000 年版),黄兴涛、胡文生《论戊戌维新时期中国学术现代转型的整体萌发——兼谈清末民初学术转型的内涵和动力问题》(《清史研究》2005 年第 4 期)等研究。

④ "壬寅学制"和"癸卯学制"的制定与执行,对现代文史学科形成的影响,可参阅左玉河《从四部之学到七科之学——学术分科与近代中国知识系统之创建》(上海书店出版社 2004 年版)等研究。

⑤ 梁启超研究成果众多,与此议题关系紧密的研究可参阅汪荣祖《梁启超新史学试论》(《"中央研究院"近代史研究所集刊》第 2 期,1971 年 6 月)、黄克武《梁启超与中国现代史学之追寻》(《"中央研究院"近代史研究所集刊》第 41 期,2003 年 9 月)等。

发展,学术认识论在短时间内发生了整体性改变,遗憾的是,在具体实践层面却大多属于尝试性质,尚无典范性的代表性成果,特别是没有体系完备的学术专著。①

　　所谓破土期,大约是指民国政府成立后十年左右的时期。② 此一时期在中国现代文史之学发展历程中的意义主要体现在三个方面:一是学术研究观念与典范、学术研究的风气与人才正在发生"由旧入新"的蜕变;二是现代、独立、专业的文史学科或辅助学科,开始"无中生有"地建立,并取得一些引人关注的成绩;三是传统的各种观念逐渐趋于边缘化,从全球视野中观察、定位、塑造、鞭策自己的"世界维度"在学人群体中生成。接受现代教育成长起来的新一代学人、与世界学术界接轨的观念意识、符合现代学术规范的典范之作皆已破土而出,正待阳光雨露滋润而茁壮成长。

　　所谓确立期,约指北京大学国学门成立之后十年左右的时期。经过此一时期的发展,传统的文史研究虽然还有一些延续,也能获得学术界的认可,但总体已经边缘化了。随着以学术研究为职业的学者不断出现,专业的学术研究机构与学术刊物等载体次第建立,学术评判的尺度与学术交流网络已经初步构建,现代文史之学已经确立了不可撼动的主流地位。关于现代文史之学主流地位的确立时间,陈平原认为是 1927 年,③葛兆光认为是1929 年。④ 两位学者的论述皆有一定道理,但还缺少有说服力的证据。从民国初年大多数学人念兹在兹的梦想来说,最能说明中国现代文史之学已处于学界主流地位的,不应是对王国维自沉或梁启超意外逝世的惋伤,而应是国际学术界对中国现代文史之学的肯定与接纳。从这个角度而言,在国际汉学领军人物伯希和的建议下,法国考古与文学研究院将1932 年度的"儒莲奖"授予中央研究院史语所或许更有象征意义。此后,吸纳融合乾嘉汉学与西方汉学的学术精华,将文史研究与现代语言学、考

---

① 此类例子非常多,如:章太炎在 1902 年要将"心理、社会、宗教诸学"熔铸到中国通史的写作中;夏曾佑在 1903 年研究"中国社会之原";刘师培在 1905 年按照西方学术分科将"周末学术"区分为 16 类等。相较之下,夏曾佑此一时期的研究成绩是比较突出的。

② 张春树曾指出:"近代中国史学研究,以其特有之新风格论之,则始自民国初创之际,而其发展阶段之起步,或当在一九一九至一九二零年左右"([美]张春树:《民国史学与新宋学——纪念邓恭三先生并重温其史学》,袁行霈主编:《国学研究》第 6 卷,北京大学出版社 1999 年版)。

③ 陈平原:《中国现代学术之建立——以章太炎、胡适之为中心》,北京大学出版社 1998 年版,第 8 页。

④ 葛兆光:《〈新史学〉之后——1929 年的中国历史学界》,《历史研究》2003 年第 1 期。

古学紧密结合的新汉学不断完善,在此后的十余年间创造了一批学术精品,形成了中国现代文史研究的第一个高峰。这十年,可视为是中国现代文史之学的成熟期。①

第三节　学术史回顾、研究思路与研究方法

　　研究中国现代学术史要比研究中国古代学术史幸运的是,时间尚未久远,可以寻找、利用的文献,较之于古代某个时期多千倍万倍。大量存留的文献为现代学术史研究提供了充足的材料,再有"学术史热""国学热""民国热"等学术研究风气的助推,近些年来,以个案研究为主体的中国现代学术史成果急速增加。这种局面也给中国现代学术史研究带来了古代任何一个断代学术史研究不曾有的苦恼,那就是已有研究太多,多到非专书不能详尽梳理。② 繁多的文献和不断出现的研究成果,给人一种"乱花渐欲迷人眼"的感觉,但是冷静分析,会发现中国现代学术史研究存在着这样一种现象:个案研究多是介于宏观和微观之间的研究,能清晰勾勒出宏观发展的高水平研究或功力与识见兼备的专深研究似都不多见,学术史研究就变成了对一个个学人、学术机构、学术成果的表彰与肯定,至于学术认识论是如何流变的、知识是如何生产的、规范是如何形成的、机构是怎样运转的,及一代代学人前赴后继研究学术的使命感从何而来等重要问题,还缺少追问,缺少研究。

　　在"中国现代文史之学是怎样多元发展的"这一问题上,也存在着相似的问题。如果从 20 世纪 20 年代梁启超、王国维等亲历者的回顾总结算起,对这一问题的研究至今已经有九十余年的时间。特别是 20 世纪90 年代"学术史热"以来,中国现代文史之学的形成确立阶段,一直是研

---

① 王汎森认为,马克思主义史学虽然在 20 世纪 30 年代兴起,但胡适与傅斯年领导的"新汉学"在 1949 年前一直占据着文史之学的中心地位(王汎森:《傅斯年:中国近代历史与政治中的个体生命》,生活·读书·新知三联书店 2012 年版,第 111 页)。

② 笔者在编纂《20 世纪中国史学编年(1900—1949)》和撰写博士学位论文时,即已注意到这一问题。在完成这两项工作后,就以《中国史学史研究九十年》为题,展开了对九十年来的中国史学史(含相关学术史)成果的梳理、总结,经过多年努力,仅中文成果的论著篇目汇编和港台地区的研究编年已近七十万字,其中近现代部分占相当比重。由于此项研究对工作者精力及资料占有的要求愈来愈高,目前进展缓慢,但九十年来相关研究成果已经有相当多的搜集、排列和初步浏览。鉴于篇幅及行文等因素,此处的学术史回顾采取紧扣研究主题的概述方式进行,不再专门进行回顾总结。详尽的学术史回顾将会在《中国史学史研究九十年》中体现。另外,本书讨论的一些具体问题的学术史回顾,亦会在行文中有所补充。

究热点,学界投入了大量精力,成果不断涌现。① 检视九十余年的已有阐述与研究成果,不能不说,最大的缺憾是,尽管个案研究硕果累累,但是针对"中国现代文史之学是怎样多元发展的"这一问题,微观与宏观相结合的通论性成果还很薄弱,使人可以知道很多学人、很多学术成果、很多学术机构,却还不能相对清晰地了然这一时期文史之学究竟是怎样曲折前行的。②

除了通论性研究不足外,在中国现代学术发展问题上的研究,还存在两个比较明显的具体问题。第一个问题是,有些亲历者撰写的回顾或回忆,及有些前辈学人弟子或晚辈的研究,个人情感或门户意识常被放大,未必准确反映了历史真实。如针对 20 世纪 20 年代中国学人与西方汉学界竞胜的思想,李济称:

　　要反对这种文化侵略,应该先从反对自己的愚蠢起。要了解自己

①　限于体例,只能简要梳理三个阶段的研究概况。关于第一阶段,民国时期就已有不少论说,重要者多已收录到一些专题资料集中,如桑兵、张凯、於梅舫编:《近代中国学术思想》(中华书局 2008 年版),王学典、陈峰编:《二十世纪中国史学史论》(北京大学出版社 2010年版)等。近三十余年来,余英时、张广达、王汎森、陈平原、罗志田、桑兵等学者有关此一时期的研究,成果众多到需要专文甚至专书方可详尽胪列。关于第二阶段,成果数量与研究水平皆不及第一阶段,但王学典(代表作有《历史主义思潮的历史命运》等)、王晴佳(代表作有《台湾史学五十年》)等学者也有深入研究。或许这一阶段的研究,将会成为学术史领域的下一个热点。关于第三阶段,由于时间间隔尚不足,研究成果更少,主要是一些学人(如唐德刚、王学典、朱政惠)的观察或初步研究。在专题研究外,比较系统地梳理 20世纪中国史学发展的编年史——《20 世纪中国史学编年》(王学典主编,商务印书馆 2014年版)已经出版。笔者系此部编年 1900—1949 年部分的主要撰著者,故本书的不少观察系建基于此编年基础上。
②　顾颉刚:《当代中国史学》(胜利出版公司 1947 年版)、吴泽主编:《中国近代史学史》(江苏古籍出版社 1989 年版)、胡逢祥与张文建:《中国近代史学思潮与流派》(华东师范大学出版社 1991 年版)、陈其泰:《中国近代史学的历程》(河南人民出版社 1994 年版)、蒋俊:《中国史学近代化进程》(齐鲁书社 1995 年版)、张岂之主编:《中国近代史学学术史》(中国社会科学出版社 1996 年版)、谢保成:《民国史学述论稿(1912—1949)》(上海人民出版社 2011 年版)等通论中国近现代史学发展的著作,以及罗志田:《裂变中的传承:20 世纪前期的中国文化与学术》(中华书局 2003 年版)、桑兵:《晚清民国的学人与学术》(中华书局 2008 年版)、张越:《新旧中西之间:五四时期的中国史学》(北京图书馆出版社 2007 年版)、王汎森:《近代中国的史家与史学》(复旦大学出版社 2010 年版)、李红岩:《中国近代史学史论》(中国社会科学出版社 2011 年版)、李孝迁:《域外汉学与中国现代史学》(上海古籍出版社 2014 年版)、陈勇主编:《民国史家与史学:1912—1949》(上海大学出版社 2014 年版)等有专论性质的著作,与本研究有密切关系,对认知清末民初中国文史之学的转变发展皆有重要贡献。不过上述著作对学术认识论的共识与歧异、学术形态的发展演变,及学术机构之间的内在联系,关注的还不够。

的灵魂,应该先教育自己认识自己的历史,懂得自己的语言。这些大道理,是五四运动后,一部分学术界所深知的;却是直等到国立中央研究院成立后,才得到有组织的表现。①

这当是对20世纪20年代"中央研究院"历史语言研究所(以下简称"史语所")的偏爱导致了对北大国学门、清华国学院等机构的轻估。再如,针对史语所的成立与成就,学界往往据傅斯年《历史语言研究所工作之旨趣》中宣称要与有"中古中世"气息的中国学术决裂等观点,注意到史语所"开新"的一面,而忽略了其"承旧"的一面。比如杜正胜认为傅斯年创办史语所是"无中生有的志业"②。这可以说是以割断中国现代学术发生发展脉络为代价来凸显史语所的伟大。从中国现代文史之学发生发展的脉络来看,史语所绝不是"无中生有的志业",而是在此前近十年学术积累的基础上创办起来的。换言之,傅斯年与史语所的丰功伟绩,是以承继北京大学国学门和清华大学国学院的学术遗产为前提的。

第二个问题是,当代学术史研究尚专不尚通,追求新颖忽略日常,给人一种"只见树木不见森林"的感觉,而且在一些问题的认识上也出现一些可再商榷的观点。如近些年关于学人学术思想和学术机构发展的研究层出不穷,但是对这些学人之间的学术互动及这些机构的内在关联,还缺少深入细致的研究。再如,由于学术史研究的习惯主要是关注变化、聚焦新颖,总会给人一种学术发展"开新"远多于"承旧"的感觉。比如关于民国史学的发展,罗志田就认为"每一代'新学'学者均是创新的奋勉超过继承的努力,民国考据史学大师给'来者'示范的具体'轨则'终不能为'来者'所效仿,20世纪中国史学遂出现学统难承、学风多变的特征"③。这个论断揭示了民国史学发展的某些长时段现象,但是也可能存在含混而论的问题。就民国这个时段来说,学人之间是承继多于创新,还是"来者"不愿效仿前辈,需要更具体的论述。学术发展正如人类发展一样,往往存在着一种类似"代际效应"的现象,即后一代学者的学术在大多数方面受到了前一代学人的影响,通常情况下相邻两代之间学人的相似性往往比较高,此后则可能渐次递减。

---

① 李济:《傅孟真先生领导的历史语言研究所——几个基本观念及几件重要工作的回顾》,张光直编:《李济文集》第5卷,上海人民出版社2006年版,第165页。

② 杜正胜:《无中生有的志业:傅斯年的史学革命与史语所的创立》,杜正胜、王汎森编:《新学术之路:"中央研究院"历史语言研究所七十周年纪念文集》,(台北)"中央研究院"历史语言研究所1998年版,第37页。

③ 罗志田:《权势转移:近代中国的思想、社会与学术》,湖北人民出版社1999年版,第11页。

比如，从治学方法、关注问题等方面看，章太炎、梁启超、王国维等人与胡适、顾颉刚、傅斯年等人多是一脉相连，胡顾傅等人也并不讳言受到章梁王等人的影响。但将 20 世纪三四十年代成长起来的学人的治学方法与关注问题，特别是唯物史观派学人，与章太炎、梁启超、王国维等人相较，可以发现差别非常大。

有鉴于此，本书希望在尽量占有更多资料和更多吸收前人研究成果的基础上，略人所已言，详人所未言，着重从学术共识的凝聚、意识歧异的表现与影响、学术研究典范的形成与完善、学术研究机构的运行等几个方面，对清末民初的文史之学进行贯通性探讨。毋庸讳言，这是一个既危险又困难的思路。因为在这一时期，中国学术界基本完成了学术观念、治学方法、治学领域以及学人代际更替等各方面"由旧入新"的大转换，且"无中生有"地出现了"新史学""新汉学"等现代学术形态，创建了北大国学门、清华国学院、史语所等重要学术研究机构。要准确把握此一时期每一个重要学人的学术理念与功绩、每一个学术形态的特质、每一个机构的成立与运作、每一个研究领域的开拓与发展，已是极难之事，更何况要对这些学人与机构进行综合考察。所幸学界对这些学人、成果与机构已多有研究，很多情况已为众人所知，可以略而不言。

之所以要着重从"学术共识的凝聚""意识歧异的表现与影响""学术研究典范的形成与完善""学术研究机构的运行"等四个方面来展示中国现代文史之学的发展历程，是由于这四个方面对认知中国现代文史之学的生成发展至关重要。毋庸赘言，考察学术研究的转型、学术研究形态的形成，需从主客观两个角度进行。二者相较，主观因素更为重要。学术社群或全体学界的主观因素，主要就体现在普遍性的学术共识或观念意识的差异上。带有普遍性的共识对学术研究的转型、学术研究新典范的形成，具有决定性的影响。观念意识的歧异，又使同一时期或不同时期的学人，产生争论或竞争，推动了学术的多元发展。学人们在学术认识论方面凝聚的共识或歧异争论，总是会对学术典范的更新产生显著推动力。学术新典范的出现及其展开，并最终确定其主流地位，既要依托运转良好的学术研究机构，又对学术机构的发展壮大有直接的影响。不太严谨地说，学术的发展，总是由内而外、由主观而客观地显现。因此，只要抓住这几个方面，就能要言不烦地展示中国现代文史之学的发生发展过程。

中国现代文史之学从播种到确立，学术界主要有两次较重要的共识凝聚。第一次是"新史学运动"中形成的现代历史书写理念——历史书写应当以历史进化论为指导、以现代价值为基准、以民族国家或某一群体为书写对象。这一共识性认识完全改变了中国历史书写的面貌。① 第二次是20世纪20年代形成的现代文史研究理念——文史研究应当以科学实证主义为指导,以材料的搜集审查为基础,以中国文史研究的现代化为目标。这一共识对中国文史研究发展的最大影响是促成中国文史研究新典范——新汉学的形成与完善,并初步确立了其在中国现代文史研究中的主流地位。

最后,有必要对本书常用的几个核心概念进行解析。“新史学”概念虽然使用得有些泛滥,含义较多,但早已为学界熟悉,在具体语境下的理解并不困难,故不必再重新界定。此处需要对“新汉学”和“文史之学”这两个概念有所交代。所谓新汉学,是一种既与乾嘉汉学、西方汉学紧密联系又有区别的学术研究形态,是中国现代文史之学的第一个研究典范。② 这一形态的形成路径可总结为:在批判继承乾嘉汉学的治学方法与精神基础上,③借鉴西方汉学的方法和精神,④将利用音韵学、金石学进行经学考据的乾嘉汉学,改造成历史研究与现代语言学、考古学相结合的现代文史研究。这一典范的初次尝试,是胡适等人在北大国学门与清华国学院等机构中进行的。经过数年努力,虽然典范已经初步形成,但是由于种种原因,这些机构的运转并不长久,典范的确立也受到了挫折。直到国民政府1928年北伐成功之后,傅斯年领导的史语所,及北京大学历史系、燕京大学历史系等运转良好

---

① 参阅姜萌《族群意识与历史书写:中国现代历史叙述模式的形成及其在清末的实践》(商务印书馆2015年版)等研究。

② “新汉学”是民国时期就出现的学术概念,可参阅王学典《新史学和新汉学:中国现代史学的两种形态及其起伏》(《史学月刊》2008年第6期)一文的梳理。《国学季刊》英译名 *The Journal of Sinological Studies* 有助于理解为何将这一学术研究形态称为“新汉学”。

③ 胡适曾较明确地指出他对传统汉学的继承。他在日记中说,梁启超对清代学术并无定见,曾痛诋汉学,“近来因为我们把汉学抬出来,他就也引他那已删之文来自夸了”(曹伯言整理:《胡适日记全编》第3册,安徽教育出版社2001年版,第559页)。童书业认为,新汉学除了能打破旧汉学不能打破的传统观念外,还吸收了宋学的批判精神,使其能够“对于传统的思想、旧史的传说,常能作勇猛无情的批判”(童书业:《新汉学与新宋学》,《童书业著作集》第3卷,中华书局2008年版,第779—780页)。

④ 洞悉中法文史研究情况的王静如在1943年指出,“三十年来,中国学术界受法国汉学影响至为巨大而广泛,近年史语及国学能有长足的进步,其中之一因,又何尝不由于是”(王静如讲,瞿恩宝记录:《二十世纪之法国汉学及其对于中国学术之影响——王静如先生在中法汉学研究所讲演》,(伪)《国立华北编译馆刊》第2卷第8期,1943年8月)。桑兵先生对西方汉学如何影响中国学术现代化有专门研究,可参阅《国学与汉学——近代中外学界交往录》(浙江人民出版社1999年版)等论著。

的机构出现,新汉学才不断完善成熟。①

　　"新汉学"之所以冠以"新",是要与乾嘉汉学和西方汉学有所区别。与传统汉学相较,其具有新的观念意识、新的治学精神、新的治学方法、新的研究领域,并能产生超越传统意识束缚的新观点;与西方汉学相较,其研究隐藏着深切的国族认同感,可视为是"自我"对"自我"的审视,而西方汉学研究则是"他者"对"他者"的审视。当然,不仅是"新汉学",在中国现代文史之学的形成与发展过程中,无论是"学术共识的凝聚""意识歧异的表现与影响""学术研究典范的形成与完善",还是"学术研究机构的运行",背后都存在着一个共同的巨大精神助推力——对这个国家深沉的爱! 可以说,这种意识是激励中国学人奋发图强的精神源泉,是将一代代学人贯穿在一起的精神纽带,亦为中国现代文史之学注入了浓烈的国族情怀。

　　使用"文史之学"这个概念,是基于三点考虑。(一)在中国传统学术中,文与史本来关系紧密,"文史"一词早在南朝时既已被频繁使用,②此后历代学者大多是文史兼修。这一特点在清末民初时仍然比较清晰,不仅章太炎、梁启超、刘师培、王国维等人如此,而且胡适、顾颉刚、傅斯年、陈寅恪等新一代学人也没有像现在这样清晰的学科边界意识。(二)从本书研究的时段来说,正是从"四部之学"到"七科之学"发生转变的关键时期,无论是清末的"国粹学",还是民初的"国学"及"新汉学",在研究对象上都涵括了传统的"经史子集",与今天意义上的"史学"并不对等,含义相对宽泛的"文史之学"包容性更强。(三)清末以来,以中国传统典籍为主要研究材料和对象的学术研究中,无论是中国古代文学、中国古代历史,还是中国古代哲学,都存在着紧密的内在联系,这些领域的现代化过程实质上是以一个整体的形式向前推进的。本书既然希望进行贯通性考察,确实不便对其进行强行割裂。

---

①　关于史语所的学术发展路径及其贡献,总结研究者众多,可参阅董作宾《历史语言研究所在学术上的贡献——为纪念创办人终身所长傅斯年先生而作》(《大陆杂志》1951年第2卷第1期)等文。傅斯年的史学方法及其依赖资源,研究成果亦众多,可参阅吕芳上《试论傅斯年的史学》、欧阳哲生《傅斯年学术思想与史语所初期研究工作》等文。尽管研究者关注点各异,概括也各不相同,但在傅斯年结合中西汉学以造就新的学术研究典范这一点上并无太大分歧。关于北大历史系和燕大历史系等机构,本书限于篇幅等因素只能略去,可参阅尚小明《北大史学系早期发展史研究(1899—1937)》(北京大学出版社2010年版)、查时杰《私立基督教燕京大学历史系所初探(1919—1952)》(《台大历史学报》第20期,1996年11月)、陈建守《燕京大学与现代中国史学发展(1919—1952)》(台湾师范大学历史学系2009年版)等研究。

②　胡宝国:《汉唐间史学的发展》,商务印书馆2005年版,第68页。

　　另外,需要略为解释的就是本书尝试的两个方法,一个是贯通考察,一个是文本细读。所谓"贯通考察",就是力争将学术现象、学术观点、学术成果、学术机构放置到历史场景之中、历史长河之中进行宏观的总体把握。"历史场景"是横向的思维,"历史长河"是纵向的思维,两者的有机结合,能更好达到"在历史语境中理解历史"的效果,更有助于研究者和读者去接近"历史之真"。① 所谓"文本细读",主要是借鉴自文学研究,试图对一些重要文本进行更细密的分析梳理,以更准确地捕捉学人观念意识的变化,及其对学术发展的影响。文本细读还承担了另一个功能,就是避免贯通考察常常出现的空言与含混。

　　总而言之,本书希望将贯通考察与文本细读相结合,目标是探讨清末民初的文史之学是如何发展变化的、知识是如何生产的、机构是怎样运转的,以及在急剧世变之下学人们努力研究学术的原因和意义,企图达到的效果是宏观与微观结合,既见森林又见树木,让人们对清末民初的文史之学发展有更通透的认知。志大才疏,目标能否实现及实现多少,还需要读者评判。

---

① 李振宏:《试论历史认识的检验问题》,《河南大学学报》(哲学社会科学版) 1989 年第4 期。

第一章　"史界革命"何以能够蔚然成潮？

——知识、观念与社会语境互动中的史学革新

> 近见卓如《新民丛报》第一册，甚有意思，其论史学，尤为石破天惊之作，为近世治此学者所不可不知。[1]

此语摘自严复 1902 年致张元济书信，显示的是他在读到《新史学》等文后的震撼感受。同年，严复在致梁启超信中又说，《新史学》等文"皆非囿习拘虚者所能道其单词片义者也"[2]。正如严复所说，《新史学》一文不仅在当时中国学术思想界中产生了"石破天惊"的效果，也对中国现代史学的形成与发展产生了久远的影响。"史界革命"迅即成为清末思想文化界的热点话题，不少在学界素有影响的学人公开予以响应。章太炎有志于撰写以"发明社会政治进化衰微之原理"和"鼓舞民气、启导方来"为主旨的"中国通史"。[3] 邓实发表《史学通论》，认为"史界革命之风潮不起，则中国永无史矣，无史则无国"，故"新史氏乎，其扬旗树帜放一大光明于二十世纪中国史学界上，以照耀东洋大陆乎！"[4]此外，陈黻宸、马叙伦、汪荣宝、张肇桐、刘成禺、马君武、曾鲲化、夏曾佑、柳亚子、蒋观云、刘师培、丁保书、林獬、陈庆年等很多人，在 1902—1903 年或撰文响应"史界革命"，或从事与此有关的实践。即使一些与梁启超政治思想比较对立的革命者，也显然受到了影响。如陶成章说"中国无历史焉，仅有所谓记述耳，并无所谓记述焉，仅有一家一姓之谱牒账簿耳"[5]；黄节说"吾国四千年旧史，皆一家一姓之谱牒，斯言也，毋亦过当欤？又不宁惟是而已"[6]。可以说，梁启超提出"史界革命"后，短短数年内，便蔚然成潮。

关于"史界革命"或"新史学运动"，经过数十年的努力，已经取得比较

---

① 严复：《致张元济信·十四》(1902 年春)，汪征鲁等主编：《严复全集》第 8 卷，福建教育出版社 2014 年版，第 151 页。

② 严复：《致梁启超信·二》(1902 年 4 月)，汪征鲁等主编：《严复全集》第 8 卷，福建教育出版社 2014 年版，第 120 页。

③ 章太炎：《章太炎来简》，《新民丛报》第 13 号，1902 年 8 月 4 日。

④ 邓实：《史学通论》，《政艺通报》壬寅第 13 期，1902 年 9 月 2 日。

⑤ 陶成章：《中国民族权力消长史》，汤志钧编：《陶成章集》，中华书局 1986 年版，第 230 页。

⑥ 黄节：《黄史·总叙》，《国粹学报》第 1 期，1905 年 2 月。

丰硕的研究成果，此处不再赘叙。① 笔者关注的是，在新形势下，如何推进这一研究主题不断走向深入，越发成为一个亟待破解的难题。王汎森在2000年曾指出，以往研究清末新史学，“大多就史学论史学，而事实上，史学以外的政治、社会思潮对史学的变化产生了莫大的作用”②。言下之意，除了在扎实梳理文献基础上切实推进各种微观或专题性史学史研究之外，应该从“就史学论史学”的思路跳开，尝试将史学史与思想史、社会史、政治史、教育史等研究结合起来，综合性地考察清末的知识运动、政治冲突、社会思潮等因素对史学发展的影响。③ 这种观察可谓切中当前中国近代史学史研究的症结所在。

　　把视野扩展，会发现“史界革命”的蔚然成潮，多少让人费解。细看梁氏《新史学》，他激烈抨击传统正史，称“二十四史非史也，二十四姓之家谱而已”，并斩钉截铁地指出“史界革命不起，则吾国遂不可救。悠悠万事，惟此为大”。④ 毋庸置疑，在不了解那个时代的人看来，这些话都有偏激夸张的色彩。但是，这些主张却获得了当时学术思想界的赞赏与响应。借用钱穆“历史意见”的说法，“史界革命”迫在眉睫的主张，或许就是那个时代知识阶层根据自己“切身感受而发出的意见”⑤。对这种史学现象，不努力“回到历史语境”之中，恐怕难以理解。⑥

① 从1941年周予同发表《五十年来中国之新史学》（《学林》第4辑，1941年2月）至今，这一主题的各种论著估计多达数百篇（部），相关梳理可参阅姜萌《族群意识与历史书写：中国现代历史叙述模式的形成及其在清末的实践》一书的“学术史回顾”部分。王学典师在《新史学和新汉学：中国现代史学的两种形态及其起伏》（《史学月刊》2008年第6期）一文中指出，对于清末“新史学”“为何而兴”已比较清楚，但是对它“为何而衰”则不大清楚。其实，笔者以为，对于清末“新史学”“为何而兴”和“为何而衰”，都还需要专文厘清。

② 王汎森：《晚清的政治概念与“新史学”》，“中央研究院”历史语言研究所七十周年研讨会论文集编辑委员会编：《学术史与方法学的省思——“中央研究院”历史语言研究所七十周年研讨会论文集》，（台北）“中央研究院”历史语言研究所2000年版，第146页。王学典师在2002年也指出，他在研究20世纪中国史学时，“努力将一些史学史上的问题特别是那些关键问题作社会史的处理”，尤其关注“社会转型、时代思潮、重大事件、政治冲突、思想论战、历史转折等外在因素，是通过什么渠道和机制内化为史学存在的学术基质的”（王学典：《20世纪中国史学评论》，山东人民出版社2002年版，“前言”第3页）。

③ 这一研究思路的价值固然很高，但难度亦不小。将社会史、思想史、文化史等领域的研究与史学史研究有机结合，至少有两个难点：一是如何避免综合性考察与跨领域解释可能出现的空疏与罅隙，二是如何避免对其他领域研究成果吸纳造成的独创性减弱。

④ 梁启超：《新史学》，《新民丛报》第1号，1902年2月8日。

⑤ 钱穆：《中国历代政治得失》，九州出版社2011年版，第2—3页。

⑥ 姜萌《族群意识与历史书写：中国现代历史叙述模式的形成及其在清末的实践》一书曾对“中国现代历史书写意识的形成”有较深入分析，虽然与本研究关联紧密，但其关注点并不在分析“史界革命”为何迅速兴起。

　　史学虽然是一个古老的学问，却也是与社会紧密相连的学问。社会的变动，会很快传递给史学，引起史学的变动。一百多年来，已有多位学人对此现象有所阐释。魏源在《海国图志》中说，"地气天时变，则史例亦随世而变"①。陆绍明在1905年指出，"史之变迁，即世道人心之变迁"②。后来沈刚伯又说：

　　　　世变愈急，则史学变得愈快；世变愈大，则史学变得愈新。这原因是不难推测的。因为人们大都抱着鉴往知来的目的去读历史，一逢世变，便想从历史中探寻世变之由；求之不得，自然不满意于现有的史书，而要求重新写过。③

三人所见，核心意思大约相同，即史学变动的因由及其理解，应当在这个变动产生的时代中寻求。换句话说，对于清末的"史界革命"，这样一个波澜壮阔时代产生的这样复杂多变的史学现象，只有将其放回到产生它的那个纷繁变动的时代中，才能理解它何以能够出现，何以能够引起广大知识人的共鸣，何以能够迅速蔚然成潮，扭转了中国史学的发展轨迹。再易言之，对晚清至清末"世道"与"人心"认知的深度与高度，决定了我们对这一时期史学发展研究的深度与高度。基于这一认识，笔者尝试从清末人知识世界的更新、历史观念变易及"新民"思潮塑造的社会语境三个方面，解读一个相当重要却被已有研究忽视的问题：梁启超在1902年提出的带有显著偏激色彩的史学主张——"史界革命"，为何能够迅速获得学界响应，发展成一场轰轰烈烈的"新史学运动"？

第一节　晚清士人的观念、知识与表述体系更新

　　检视清末"新史学"的文本，可以发现，无论是梁启超对西方文明史的借鉴，还是严复、邓实等人对中外历史的议论，或是历史教科书对中外历史的叙述，皆透露出清末知识阶层，尤其是趋新学人，已具有相似的世界认知水准，且拥有同一套话语体系。换言之，清末"新史学运动"的参与者，是在同一个知识观念体系中，使用彼此都能理解的言说系统，围绕"新史学"展

---

①　魏源：《海国图志》，中州古籍出版社1999年版，第120页。
②　陆绍明：《论史学之变迁》，《国粹学报》第10期，1905年10月。
③　沈刚伯：《史学与世变》，《"中央研究院"历史语言研究所集刊》第40本（上），1968年10月。

开了有效的对话与合作。从这个视角来看,"史界革命"在清末得以生发,并迅速成为席卷学术思想界的一场运动,有一个重要的前提,即清末知识阶层对世界与中国的认知已达到较高的程度,且可以站在同一个知识世界里运用同一套话语体系展开言说,进行理解交流。因此,我们如能梳理出清末知识阶层共享的这个知识世界与话语体系是如何形成建构的,也就揭示出"史界革命"蔚然成潮的一个关键背景。遗憾的是,受资料等条件的限制,当前要完全展现清末人知识世界、话语体系的建构形成过程还非常困难,只能借助相关研究从侧面进行粗略勾勒。

　　明末清初时期曾有西方传教士向中国输入西方史地知识,但牢固的"天下中心观"和"夷夏观",使体制内的知识人认为传教士的言论"荒渺莫考","所言风俗物产多夸",①未予以重视。体制外的知识人在清初因"亡国之痛",精力集中在对中国学术文化进行批判检讨,中期又埋首训诂校勘之中,对认识世界不甚重视。② 19世纪初,西方传教士改变传教思路,试图通过创办中文报刊来介绍西方的史地知识与现状,使中国人了解西方,尊重西方,以破除阻碍中国人信教的"天下中心观"等思想观念障碍。但这些论著只能影响到一些底层华人,③对知识阶层并未产生显著影响。鸦片战争爆发后,在国家危机的刺痛下,林则徐等官员为探访夷情"开眼看世界",编译《四洲志》等资料,④掀开晚清中国人主动关注西方之帷幕,也开始了晚清中国人主动进行知识更新的工作。

　　五口通商显著增强了西方在中国的文化影响,西方传教士利用通商口岸便利,加快中文论著的出版,使西学传播进入新阶段。⑤ 与此同时,与西方有所接触的一些士人开始从"探访夷情"向"师夷长技"转变,撰写介绍西方史地与现状的著作,如魏源《海国图志》、徐继畬《瀛寰志略》、梁廷枏《海国四说》等。这些论著被魏源赋予"师夷长技以制夷"这个符合"天下中心观"和"夷夏观"的合法性外衣后,有力地推动了西方现代史地知识在中国的传播。通过西方传教士与魏源等人的论著,中国知识阶层对世界各国的历史演变、政治制度、信仰风俗、科学工艺及世界局势等有了初步了解,"眼

---

① 张维华:《明史欧洲四国传注释》,上海古籍出版社1982年版,第130、175页。
② 钱穆:《中国文化史导论》,九州出版社2011年版,第196页。
③ 戈公振:《中国报学史》,中国新闻出版社1985年版,第57页。
④ 杨国桢:《林则徐大传》,中国人民大学出版社2010年版,第239、240、257页。
⑤ 熊月之:《西学东渐与晚清社会》(修订版),中国人民大学出版社2011年版,第118—169页。

光因而扩大,观感为之一新,影响之大,自待不言"①。

第一次鸦片战争之后的十余年间,一些士大夫,尤其是高级官员开始主动关注西方。《海国图志》刊刻后,留心国事的士大夫们纷纷一睹为快,"闻兹书出,市贾纷雕镂,搢下诸要人,争买不计钱"②。这或许有夸张成分,但是开风气之先的士大夫阶层积极阅读此类书籍,并带来了知识世界的更新,是不争的事实。魏源于1851年指出,通过《四洲志》《外国史略》《万国图书集》《平安通书》等书,"始知不披海图、海志,不知宇宙之大,南北极上下之浑圆也",而葡萄牙人玛吉士"《地理备考》之《欧罗巴洲总记》上下二篇尤为雄伟,直可扩万古之心智"。③《海国图志》等书不仅向国人介绍了以英国为中心的欧洲以及美国、俄罗斯、东南亚等国家和地区的情形,还反映了魏源等思想前驱的知识与观念已经开始主动更新。《海国图志》刊刻以后,虽然未能立即引起朝廷的重视,但是民间热议,很多士大夫,如陈澧、姚莹等高度评价此书。可见其对晚清中国知识阶层了解西方,接受西方史地知识,更新观念意识,确实产生了显著影响。④

第二次鸦片战争失败后,中国知识阶层对世界史地知识体系的建构进入新阶段。此一时期,数量不少的口岸知识分子对西方现代史地知识的态度也由关注转向主动求知。美国传教士裨治文在1861年重刊《联邦志略》时说:

> 予又迁居沪上,索书者踵接于门,惧无以应其请也,因不得已复搜初稿,与华友宋君重加删改,并创为汉字地球等图。⑤

主动求知者的渐成规模,中国知识阶层对世界了解需求的强劲增长,必然会带来中文世界史地著作供应的增加。从供给角度来看,这类著作增加的来源主要有两类:一是西方传教士主持的出版机构加大了书籍刊刻力度,从第二次鸦片战争到甲午战争期间,历史类的著作多达三十余种,地理类的著作

① 王家俭:《十九世纪西方史地知识的介绍及其影响(1807—1861)》,《大陆杂志》第38卷第6期,1969年3月。
② 黄丽镛:《魏源著述》,黄丽镛编著:《魏源年谱》,湖南人民出版社1985年版,第233页。
③ 魏源:《海国图志》,中州古籍出版社1999年版,第70页。
④ 黄丽镛:《魏源著述》,黄丽镛编著:《魏源年谱》,湖南人民出版社1985年版,第225—242页。
⑤ [美]裨治文:《联邦志略》,老皂馆1861年版,"重刻联邦志略叙"第2页。

亦有数十种。① 二是中国官办或商办的出版机构大量出现,出版了包括《大美国史》《增订五洲通志》《万国史记》《万国通鉴》《大英国志》《欧洲史略》等书籍。② 另外,《海国图志》《瀛寰志略》等书籍,也受到前所未有的重视。曾国藩、左宗棠、郭嵩焘等中兴名臣都直接肯定赞赏过《海国图志》等书,培养洋务人才的一些机构还多次将这类书籍当作考题。③ 正如潘光哲所言,"介绍域外各国的历史、现况与世界局势的书刊,提供许多新鲜的知识",为中国知识阶层构建了一个堂皇宽敞的"知识仓库"。④ 通过这个"知识仓库",中国知识阶层的视野进一步扩大了,越来越多的人认识到世界上还有其他与中国对等的强大国家存在,中国只是众多国家中的一个,并不居于世界的中心。

国势衰微的压力,迫使知识界出现了"谈富强,讲经世"的新风气,有识之士"遂提倡边疆史地的研究,以收知己知彼之效"⑤,并由元史与西北史地研究,"逐渐发展而及于域外史地"⑥。这就是"道咸新学"的兴起。"道咸新学"及其流裔进一步推动了知识世界的更新速度。新式报刊在洋务运动中后期的不断出现,成为传播西方史地知识的重要媒介,加快了中国人对西方世界的了解。如1874年创刊的《循环日报》就先后刊载了不少有关西方历史现状的文章,而且其中不少篇章又被《万国公报》《申报》等刊物转载。⑦

随着知识阶层西方史地知识的增加,"有关西方的地理、历史知识,往往构成讨论知识的潜在背景"⑧。从王韬、郑观应、冯桂芬等思想先锋的论著可以看出,至少在口岸城市,知识更新已经出现了质变的迹象,新的观念、知识、表述体系已初步形成。但就全国的范围而言,此时国人对世界的总体认知水平仍较低下,除了外交人士和口岸知识分子对世界情况比较了解外,

---

① 邹振环:《晚清西方地理学在中国:以1815至1911年西方地理学译著的传播与影响为中心》,上海古籍出版社2000年版,第327—406页。

② 熊月之:《西学东渐与晚清社会》(修订版),中国人民大学出版社2011年版,第367—385页。

③ 刘勇:《〈海国图志〉研究》,扬州大学社会发展学院博士学位论文,2015年。

④ 潘光哲:《晚清士人的西学阅读史(1833—1898)》,(台北)"中央研究院"近代史研究所2014年版,第54页。

⑤ 齐思和:《近百年来中国史学的发展》,《燕京社会科学》第2期,1949年10月。

⑥ 顾颉刚:《当代中国史学》,上海古籍出版社2002年版,第34页。

⑦ 刘兰肖:《晚清报刊与近代史学》,中国人民大学出版社2007年版,第26页。

⑧ 章清:《"历史的意义":略论晚清中国对"历史"的认知和阅读》,复旦大学文史研究院编:《民族认同与历史意识:审视近现代日本与中国的历史学与现代性》,中华书局2013年版,第141页。

一般人还迷醉于科举的八股和传统的"夷夏观"，不仅不理解国家、世界、地球的概念，甚至到甲午战争爆发时，连日本在哪里都不知道。①

甲午惨败是推动中国全体知识阶层知识更新的关键转折。"割台湾偿二百兆"的惨痛结果，终于唤醒了中国人"四千余年大梦"，②彻底击碎了"天朝上国"的优越感和自我封闭意识。"不欲为亡国之民者，群起以呼啸叫号"，寻找救亡图强之道。③ 当时知识阶层，无论是张之洞等官僚知识人，还是刘光蕡等民间知识人，都将"外国政教知识之介绍，视为当务之急"④。康有为、梁启超、严复、唐才常等人认识到新知识观念对于维新变法的重要性，利用《时务报》《湘学报》等新式报刊大力宣传现代史地知识观念、世界形势，张之洞等达官显贵对此亦是明确赞同提倡。传教士们也感觉到中国知识阶层的群体觉醒，对世界现代史地知识的需求激增，因而加大了供应。如传教士利用《万国公报》等杂志，"充量的运用新名词，引证世界新历史，别创一种风格"⑤。在甲午战争结束后，李提摩太立即出版了《泰西新史揽要》，从西方历史经验中指出了中国衰败之根源，及救亡图存之路径。

甲午惨败后，对新知识观念的接受，迅速从口岸走向内地，从小众走向大众，从简单走向复杂，与此前数十年形成了鲜明对比。当时有人感受到知识阶层在甲午前后对"欧美、东洋之历史学说"迥异的态度：

> 甲午之前固无报也，而欧美、东洋之历史之学说则已稍稍流入支那矣。特绝学无师，悟之实难；么弦孤唱，和者亦寡。当外交之局者，略知英、俄、德、法之名而已，其他则并此而不知。惟出洋学生与一二好事之徒，稍知其崖略也。洎乎甲午，遂发醯鸡之覆，海内稍有知识者，咸恍然于新旧之相形。其势不可以一日安。⑥

这一时期有志于变法图强的知识阶层认识到，只有了解世界，才能认知中国，然后才能寻找到挽救危亡的道路。如严复指出："盖欲救中国之亡，

① 李永圻：《吕思勉先生编年事辑》，俞振基：《蒿庐问学记：吕思勉生平与学术》，生活·读书·新知三联书店1996年版，第350页。
② 梁启超：《戊戌政变记》，《饮冰室合集》专集之一，中华书局1989年影印版，第1页。
③ 奋翮生（蔡锷）：《军国民篇》，《新民丛报》第1号，1902年2月8日。
④ 郑鹤声：《八十年来官办编译事业之检讨》，《说文月刊》第4卷合刊，1944年5月。
⑤ 陆丹林：《革命史谭》，独立出版社1945年版，第165页。
⑥ 《论中国宜注意下流社会》，《选报》第33期，1902年10月31日。

则虽尧、舜、周、孔生今,舍班孟坚所谓通知外国事者,其道莫由"①;"所以斡济时艰,策外交而辅内理者,必其详考古今之不同,而周知四国之故者也"②。唐才常亦说:"溺水求援,衣不待解,落井下石,狼已甘心。不先使之洞烛古今中外情形,而望其奋起,是奏韶濩于聋俗,固亡怪已"③。康有为在《日本书目志》中所言,可为此种认识之代表:

> 昔者,大地未通,号史学者,只识本国而已,其四裔记载仅为附庸。今则环球通达,天下为家,谈瀛海者,悉当以履门庭数米监视之。援古证今,会文切理,一开口即当合万国论之,否则虽以钱、王之学,亦村学究而已……故今万国史学关涉重大,尤非旧史可比哉!

在康有为看来,"万国史学"皆可为我之鉴戒,"若鉴而用焉,皆药石也"。④正是有这种考量,康有为、梁启超等人非常重视这两类史书的编译撰写。如梁启超在《变法通议》中就明确指出,通过西方史书可"观西人变法之始,情状若何,亦所谓借他人之阅历而用之也"。他还特别指出,西方人对中国了解颇多,西人研究中国的书籍对国人认识中国亦有价值:

> 至以吾中国人欲自知吾国之虚实,与夫旧事新政,恒反藉彼中人所著书。重译归来,乃悉一二(以吾所见日本人之《清国百年史》《支那通览》《清国工商业指掌》,其中已多有中国人前此不及自知者)。⑤

此一时期不仅维新变法人士创办一些译书局,来翻译相关历史著作,"以备今日取法"⑥,官方也创办更多译书局,大规模翻译出版关于西方史地政教的著作,⑦如张之洞1894年创办的湖北译书局,就翻译出版了《亚东各

---

① 严复:《救亡决论》,汪征鲁等主编:《严复全集》第7卷,福建教育出版社2014年版,第50页。
② 严复:《拟上皇帝书》,汪征鲁等主编:《严复全集》第7卷,福建教育出版社2014年版,第68页。
③ 唐才常:《史学论略》,湖南省哲学社会科学研究所编:《唐才常集》,中华书局1980年版,第40页。
④ 康有为:《日本书目志》,姜义华、张荣华编校:《康有为全集》第3集,中国人民大学出版社2007年版,第311—312页。
⑤ 梁启超:《变法通议》,《饮冰室合集》文集之一,中华书局1989年影印版,第66—70页。
⑥ 俞旦初:《简论19世纪后期的中国史学》,《近代史研究》1981年第2期。
⑦ 郑鹤声:《八十年来官办编译事业之检讨》,《说文月刊》第4卷合刊,1944年5月。

国属地志略》等书。数年之间,大量史地著作被各种机构翻译出版、再版、甚至盗印,仅历史类书籍就多达三四十种。1898 年刊行的《皇朝经世文新编》,更特别设立"外史"部分,专门介绍西方及日本何以富强等内容。此一时期,阅读有关世界史地的书籍,渐成为席卷知识界的潮流,一些原本视野狭窄的青年学生也开始阅读西方史地类著作。① 可以说,在甲午至戊戌这数年间,"一系列外国史地著作的编译出版,已经相当地丰富了中国文化人的世界眼光和域外知识,提高了其经世意识"②。

戊戌变法时期,中国知识界的观念、知识与表述体系更新达到了前所未有的高度,新知识平台已初步形成。这一时期编纂的书目提要类论著,如梁启超 1896 年编纂的《西学书目表》、沈桐生 1897 年撰写的《东西学书录提要总叙》、黄庆澄 1898 年编纂的《中西普通书目表》等,展现了这一体系的基本形态。新的知识观念迅速改变了人们的学术认识,原本"载道"的经史子集突然陷入了被否定的危机,西方现代知识成为"有用"的代名词。"百翰苑,不如一洋买办"的俗语不只是说明中国传统学术多么"无用",也反映了"洋知识"的价值已被凸显。③ "救亡图存"压力迫使中国知识阶层对学术、知识"有用""无用"的考量空前提高,也因此对中国传统学术表现出一种决绝态度。严复"凡宋学汉学,词章小道,皆宜且束高阁也"④,张之洞"近日宋学、汉学、词章、百家之学,亦皆索之故纸,发为空言,不必征诸实事,考诸万物"等言论,⑤反映了此一时期观念、知识与表述体系更新的激烈程度。

戊戌变法的失败和庚子事变的惨痛虽然挫伤了很多爱国志士救亡图存的热心,但中国知识阶层的知识更新与新知识体系建构,并未中断。特别能体现这一点的是翻译西方书籍热潮的持续走高。此一时期不仅民间译书的工作在继续,而且随着新政的推行,翻译西方书籍开始上升到国家行为。刘

① 李永圻:《吕思勉先生编年事辑》,俞振基:《蒿庐问学记:吕思勉生平与学术》,生活・读书・新知三联书店 1996 年版,第 350 页。

② 黄兴涛、胡文生:《论戊戌维新时期中国学术现代转型的整体萌发——兼谈清末民初学术转型的内涵和动力问题》,复旦大学历史学系等编:《中国现代学科的形成》,上海古籍出版社 2007 年版,第 191 页。

③ 康有为:《总署官书局时务书,请饬发翰林院片》,孔祥吉编著:《康有为变法奏章辑考》,北京图书馆出版社 2008 年版,第 158 页。

④ 严复:《救亡决论》,汪征鲁等主编:《严复全集》第 7 卷,福建教育出版社 2014 年版,第 48 页。

⑤ 张之洞:《劝学篇》,苑书义等主编:《张之洞全集》第 12 册,河北人民出版社 1998 年版,第 9732 页。

坤一、张之洞在"会奏变法自强第三折"中将"多译东西各国书"作为新政的重要举措之一,并认为"今日欲采取各国之法,自宜多译外国政术学术之书"①。新教育在这一时期的萌发更刺激了西方史地知识体系的建构。当时有人指出:

> 庚子变后,学界萌芽,各省学堂益现发达之象,公哲士夫知改造社会与输通文明之二大要素非吸取各国新思想不为功,于是縻费脑力,扩张译界,政学、科学之书官私出版坊局发行,日缀报章未可指数。②

虽然此一时期知识阶层现代观念、知识和表述体系建构情况尚难量化,但是从清政府"近来各国通商,智巧日辟,尤贵博通中外,储为有用之材"的认识,并于 1901 年 8 月 28 日要求科举考试第二场"试各国政治、艺学策五道"谕令及其顺利推行等情况来看,③新体系已经初具规模并实际运用了,不然绝不会贸然在科举考试这样举国瞩目的活动中推行。弃旧图新,中国知识阶层对传统学术的否定不仅凸显了西方现代学术的价值,也使中国知识阶层的史学认识论发生根本性变易成为可能。换言之,在梁启超发表《新史学》的 1902 年,中国知识阶层对于世界的认知已经达到了相当高的程度,并初步形成了新的观念、知识和表述体系。正是因为有了这个新的平台,梁启超才能够如此清晰地言说,他的言说又能为其他知识人迅速地理解、引起共鸣。

第二节　历史观念在晚清的变易

上节所论更多的是从较宏观的角度来看观念、知识与表述体系的更新。从更具体的角度看,中国知识阶层的历史观念在晚清也发生了根本性的变易。所谓历史观念,包括历史认识和史学认识。历史认识又包括时空观、文明观、现实/历史观察单位、历史发展观等,史学认识包括史学体例、历史书写与历史价值观等。历史认识和史学认识在晚清的变易,在早期是前因后

---

① 刘坤一、张之洞:《遵旨筹议变法谨拟采用西法十一条折》,苑书义等主编:《张之洞全集》第 2 册,河北人民出版社 1998 年版,第 1449 页。

② 徐维则:《广问新书之概则》,熊月之主编:《晚清新学书目提要》,上海书店出版社 2007 年版,第 9 页。

③ 《光绪二十七年七月十六日谕以策论试士禁用八股文程式》,陈元晖主编:《中国近代教育史资料汇编·学制演变》,上海教育出版社 2007 年版,第 5 页。

果,后来转变为互为因果、互相促进。在社会与学术发展的真实场景中,历史认识和史学认识并不能两分,而是融为一体。为行文清晰见,此先论历史认识,后论史学认识。

传统中国知识阶层关于时空问题的思考虽然持续了几千年,但是空间观念不脱名为"六合"的"有限论的空间模型"藩篱。① 从先秦起,"天圆地方"的空间观念与德行天命观、华夏整体意识等结合,形成了天下中心观。② 列文森曾说,"'天下'意味着中国即世界",也是"一个文明化的社会的概念",并非没有道理。③ 虽然西方现代地理知识,如"五大洲"等学说,在明末就曾传入中国,明清中国人也一直知道葡萄牙、英吉利等西方政权的存在,但是这并不能影响"天朝抚有四海""德威远被,万国来王"观念之牢固性。④

关于"天下中心观"在晚清的动摇与破碎,很难给出确切的时间判断。从文本分析上说,魏源《海国图志》、徐继畬《瀛寰志略》等已经接受了"五大洲"的观念,但还保留着比较明显的"天下中心观"影响,比如在叙述上,以中国为中心,先介绍亚洲。⑤ 进入19世纪60年代后,一些开风气之先的士大夫,观念上已经明显出现了动摇的迹象。最有力的证据,就是"万国"概念开始流传并被接受。

早期新教传教士所著中文世界史,多有以"万国"为题的著作,如《全地万国纪略》(米怜,1822,马六甲)、《古今万国纲鉴》(郭实腊,1838,新加坡)、《万国地理全集》(郭实腊,1838,新加坡)等。郭实腊等传教士使用"万国"概念,具有冲击"天下中心观"的明显意图,《古今万国纲鉴》就是以西方为中心来叙述世界历史的。进入19世纪60年代,"万国"观念的影响显然增大了。词汇运用统计已证明,1860年以后,"夷"的使用次数"急骤减少","各国"也逐渐成为士大夫对外国的称呼,"万国"词汇的使用也在增加。⑥ 此一时期传播"万国"观念最为著名的书刊,应该是《万国公法》(1864年出版,北京)与《万国公报》(1868年创刊,上海)。

① 刘文英:《中国古代的时空观念》(修订本),南开大学出版社2000年版,第136页。
② 李宪堂:《"天下观"的逻辑起点与历史生成》,《学术月刊》2012年第10期。
③ [美]约瑟夫·列文森:《儒教中国及其现代命运》,郑大华、任菁译,广西师范大学出版社2009年版,第80—82页。
④ 《乾隆皇帝给英国国王的敕谕》(1793年),中国第一历史档案馆编:《英使马戛尔尼访华档案史料汇编》,国际文化出版公司1996年版,第55—60页。
⑤ 郭双林:《西潮激荡下的晚清地理学》,北京大学出版社2000年版,第245页。
⑥ 金观涛、刘青峰:《观念史研究:中国现代重要政治术语的形成》,法律出版社2016年版,第227—238页。

《万国公法》正文之前印制了"东半球"与"西半球"地图,并配上了关于空间问题的解说:

> 地之为物也,体圆如球,直径约三万里,周围九万里有奇。其运行也,旋转如轮,一转为一昼夜,环日一周,即为一年,内分东西两半球,其陆地分五大洲。在东半球者,一曰亚细亚,内有中华、日本、缅甸、印度……①

这样的地图和解说,阐述了与中国传统截然不同的空间观念,显然是有深意。京师同文馆能够允许刻印这样的内容,显然也有可解读之处。以此判断彼时一些士大夫,尤其是与外交有关的士大夫的"天下中心观"开始动摇,已经初步接受了"万国"这个新的观念,应不是无稽之谈。

显示历史认识变易的还有《万国公法》两个"序言"。董恂在"序一"中说:"今九州外之国林立矣,不有法以维之,其何以国?"②显示了董恂的空间认识不仅已扩展到了"九州之外",而且也显示了现代"国家"观念的萌芽和对"各国林立"世界格局的承认。张斯桂的"序二",以春秋时代比喻世界局势,虽然"天下中心观"色彩仍浓厚,但地理空间的中心意识已经在消解。彼时刚刚经历第二次鸦片战争的惨痛失败,与太平天国的激战还在进行,"天下中心观"实在缺少现实的支撑,故张斯桂亦明确承认了四国之"强",认为"是书亦大有裨于中华,用储之以备筹边之一助云尔"③。

《万国公法》经翻译后,送交总理各国事务衙门,并由恭亲王奕䜣等人向皇帝奏请刊印此书。奏章称此书为《万国律例》,强调熟悉"外国条例"非常重要,并引用丁韪良的话说,"此书凡属有约之国,皆宜寓目,遇有事件,亦可参酌援引","其中颇有制伏领事官之法"。④ 细读奏章,思想和行文并不协调。在思想上仍然未脱"师夷长技以制夷"倾向,看似不承认西方优长与强势,实际上又显出只能通过学习列强来应对列强,在行文上,已经使用了"万国""外国"等词汇,不再使用此前官方经常使用的、带有非常明显"天下中心观"色彩的"天朝""夷"等词语。有研究者认为,总理衙门刊印《万国公法》标志着"传统天下已发生重大变异",出现了一种"以中国为中心的

---

① ［美］惠顿:《万国公法》,［美］丁韪良译,京都崇实馆同治三年(1864年)刻本,第1页。
② ［美］惠顿:《万国公法》,［美］丁韪良译,京都崇实馆同治三年(1864年)刻本,"序一"。
③ ［美］惠顿:《万国公法》,［美］丁韪良译,京都崇实馆同治三年(1864年)刻本,"序二"。
④ 宝鋆等编:《筹办夷务始末》(同治朝)第27卷,(台北)文海出版社1966年版,第25—26页。

万国观"。这种"万国观"的特点是:

> 第一,承认世界格局已大变,中国只是万国之中的一国,而且是被
> 西方列强欺侮的一国;第二,与外国打交道的行为准则和方式也发生了
> 变化。①

如果说奕䜣这一奏折已经体现了观念意识的松动,只是向皇帝陈说时还比较隐晦的话,那么十年之后的李鸿章则是相当明了,"欧洲诸国,百十年来,由印度而南洋,由南洋而东北,闯入中国边界腹地",世界各国"胥聚于中国,此三千余年一大变局也"。② 从"边界腹地""大变局"等说法来看,李鸿章已经从传统的封疆大吏转变为初具世界眼光的现代政治人物。

将19世纪60年代和70年代的文本进行比较,可深刻感受出中国士大夫对世界形势已有了颇为深刻的洞察。王韬、冯桂芬等比董恂、张斯桂有明显发展,李鸿章比奕䜣有明显发展。简而言之,《万国公法》得到官方高层的认可,并成为清政府外交人员的基本依据,《万国公报》得到不少士大夫的阅读,③不仅意味着中国人的时空观、文明观正在发生着重要变化,还意味着观察现实世界的主体单位,正在发生着根本的变化。《海国图志》《瀛寰志略》及上述董恂、张斯桂、奕䜣、李鸿章等人的言论,均已显示了他们观察世界的主体单位已经是"国家",而非"王朝"。尽管这种"国家"可能还不是标准现代意义的"国家",但已不是"帝王将相"组成的"一家一姓"的王朝。

观察世界主体单位的转变,必然引起历史观察/书写主体单位的转变。王韬《重订法国志略》、黄遵宪《日本国志》等书,就非常明确地体现了这种转变。王韬在1871年撰写《重订法国志略》时就指出,法国在"欧洲为千余年自立之国",执欧洲之牛耳。④ 1890年重订该书时,已经开始明确地"斥昔日史官之陋",认为"方今泰西诸国智术日开,穷理尽性,务以富强其国,而我民人固陋自安",殊不知已经不能用传统"匈奴西南夷诸传"那样来对待西方,而应该"悉心为之考核"。⑤ 在甲午惨败之前与王韬有类似思想意

---

① 金观涛、刘青峰:《观念史研究:中国现代重要政治术语的形成》,法律出版社2016年版,第234—236页。

② 顾廷龙、戴逸主编:《李鸿章全集》第5册,安徽教育出版社2008年版,第107页。

③ 杨代春:《〈万国公报〉与晚清中西文化交流》,湖南人民出版社2002年版,第79—80页。

④ 王韬:《重订法国志略》,光绪十六年(1890年)淞隐庐刊本,"法国志略原序"第1页。

⑤ 王韬:《重订法国志略》,光绪十六年(1890年)淞隐庐刊本,"序言"第3页。

识的人,多有游历海外之经历。对西方世界的亲自观察使他们意识到中外的差距正在不断扩大,中国只有汲取西方之长方可自立于世界。这些思想前锋"把史学研究和现实需要紧密结合起来,'考见世变可资今日取法者'。在走向世界,向西方寻求真理的广阔天地中,进行外国史地的考察"①。

随着对世界局势了解的增长,到了19世纪90年代,不仅"国家"作为观察/书写世界主体单位已经基本为知识阶层所接受,而且一些人更进一步,主动明确放弃了"天下中心观",以及与此有关的词语。② 黄遵宪在《日本国志》"凡例"中指出,"史臣以内辞尊本国,谓北称索虏,南号岛夷,所以崇国体,是狭陋之见",史家记述应"务从实录",尊重他国,"待以邻交之礼"。③ 有研究者指出,这些言论显示出,此时的黄遵宪已经放弃了以"天朝上国"自居的妄自尊大态度。④ 这种放弃,在此时虽然是个体之选择,但在数年之后,很快就成为集体的行为。《日本国志》撰成于1887年,1890年付刊,直到1895年才正式刻印出版,彼时思想文化界正急于了解日本,此书迅速引起关注,影响颇大。

在鸦片战争之后的几十年间,除了传教士撰写或翻译的书籍,王韬、黄遵宪等中国知识人编撰书写的外国史地著作,已经涉及了英国、美国、法国、日本等国,体现出"求新求变的思想"。⑤ 这种"求新求变",不仅体现在观察/书写世界、历史主体单位的改变上,也体现在进化史观的确立上。

尽管进化论的思想在甲午惨败前二十年已零星传入中国,⑥但是进化论如何演化为进化史观,还是个不太清楚的问题。虽然魏源的言论中可以找到具有"历史进化观点"的字句,⑦王韬对"循环之理"的理解"可隐约看出一种历史螺旋发展的观点"⑧,但是这些并不能被直接视为进化史观的萌芽。进化史观的产生,主要还是源自西方的进化论。中国人对达尔文与斯宾塞的介绍,与王韬有一定关系。王韬在担任上海格致学院山长后,提倡西

---

① 张文建:《洋务运动时期的外国史地考察》,《华东师范大学学报》(哲学社会科学版)1986年第1期。

② 关于晚清"夷夏观"的变化情况,可参阅郭双林《西潮激荡下的晚清地理学》(北京大学出版社2000年版)等研究。

③ 黄遵宪:《日本国志》,陈铮编:《黄遵宪全集》下册,中华书局2005年版,第819—820页。

④ 王晓秋:《黄遵宪〈日本国志〉初探》,《近代史研究》1980年第3期。

⑤ 彭明辉:《外国史地引介与晚清史学》,《政治大学历史学报》第17期,2000年5月。

⑥ 曾乐山:《中西哲学的融合——中国近代进化论的传播》,安徽人民出版社1991年版,第37—38页。

⑦ 吴泽:《魏源的变易思想和历史进化观点——魏源史学研究之一》,《历史研究》1962年第5期。

⑧ 王也扬:《论王韬的史观与史学》,《史学理论研究》1993年第4期。

学,四季考课题目均请"主政大吏及具有时代眼光、关心国家前途之士"命题。① 1889年上海格致书院学生钟天纬在答卷《格致说》中,对《物种起源》的介绍已比较详细,指出该书认为"动植物之不合宜者,渐渐渐灭；其合宜者,得以永存,此为天道自然之理",因与基督教观念冲突,"初时辩驳蜂起,今者佩服者渐多,而格致学从此大为改变,此亦可谓千秋崛起之人也"。文章还介绍了斯宾塞,说其"生平所著之书,多推论达文所述之理,使人知生活之理,灵魂之理",并指出斯宾塞《肄业要览》一书已经翻译出版。② 该文被收入《格致书院课艺》乙丑卷、《格致书院课艺》(格致类)、《皇朝经世文三编》等文集中,有一定影响。《格致书院课艺》中所含"西学知识、变法思考极为丰富,成为同光时期西学'蓄水池'",其中的文章在甲午惨败后数年间流传颇广,对趋新人士皆有颇大影响。③ 至于钟天纬此文是否直接影响了康梁,并无证据。不过康有为确实在1890年对陈千秋讲授了与进化论有关的内容,"既而告以人生马,马生人,人自猿猴变出,则信而证之"④。

众所周知,明确将进化论与历史观联系起来,并对知识群体产生显著影响,是严复在甲午惨败之后的重大贡献之一。⑤ 历史进化论之所以能在甲午惨败后席卷中国主流知识界,最为关键的因素是严复等人将进化论视为西方列强富强的根源。严复将"自强保种"的实际需求和社会达尔文主义联系起来,为被亡国亡种危机挤压得喘不过气来的士大夫指明了努力的方向,引起思想的"丕变","大苏润思想界"。⑥ 这一时期影响极大的《泰西新史揽要》也向读者强烈地传递着一种信息,即：

> 社会是不断发展进步的,一个国家,一个民族,只要不甘落后,勇于进取,兴利除弊,奋发图强,就一定能由落后变为先进,由弱小变为强大,由愚昧变为文明,由专制变为民主。⑦

---

① 王尔敏:《上海格致书院志略》,香港中文大学出版社1980年版,第54页。

② 《格致书院乙丑课艺》(北洋特课春季超等第四名),上海图书馆编:《格致书院课艺》第2册,上海科学技术文献出版社2016年版,第59—60页。

③ 熊月之:《新群体、新网络与新话语体系的确立——以〈格致书院课艺〉为中心》,《学术月刊》2016年第7期。

④ 康有为:《我史》,姜义华、张荣华编校:《康有为全集》第5集,中国人民大学出版社2007年版,第81页。

⑤ 可参阅杜维运《西方史学输入中国考》(《台湾大学历史学报》第3期,1976年5月);何兆武《近代西方思想史》(历史科学规划小组、史学理论组编:《历史研究方法论集》,河南人民出版社1987年版)等研究。

⑥ 梁启超:《论中国学术思想变迁之大势》,上海古籍出版社2006年版,第110页。

⑦ 熊月之:《西学东渐与晚清社会》(修订版),中国人民大学出版社2011年版,第477页。

历史进化论包含的相信未来取向,让深感屈辱和陷入自我否定的中国人,重新看到中国走向富强的希望之光,帮助他们战胜沮丧和颓废,担负救亡图存的任务。历史进化论被知识阶层广泛接受对史学发展的直接影响就是,"自此以后,国人不再完全沉醉于过去了,中国史家不再以'古胜于今'作为解释历史的最大标准了,中国史学自此进入一新世纪"①。历史进化论在甲午之后的快速传播与广泛接受,既为此后梁启超批判传统史学"只有陈迹而不知有今务,只有事实而不知有理想",提出"历史者,叙述人群进化之现象也"提供了知识与意识基础,这也是其他知识人理解、赞同"史界革命"倡议的观念基础。

历史认识是史学认识的基础,历史认识的变易,对史学认识的变易有着直接的助推作用。作为史学传统深远的中国,知识阶层对史学认识的探索一直未有停止。当西方作为"他者"出现在国人面前之后,中国知识阶层的历史认识很快发生了显著变化,中国史学认识发生变化,就成为不可避免之事。历史书写内容不同是较早被注意的中西史学差异,然后扩及史学功能和历史价值观。

虽然英国传教士艾约瑟1877年就在《格致汇编》上发表文章对比中西史学在书写等方面存在着不同,并认为"撰史须胸襟高朗、博闻广见之人,则其落笔必雄奇超妙而要其大体则不离真且正,斯乃可谓良史之才"②。但是他的这些认识对当时中国知识阶层产生了多大影响,不易估量。有直接的证据显示,颜永京、王韬等中国知识分子在甲午战争前对中国史学的反思,对"史界革命"产生了直接的影响。1882年,华人牧师颜永京将英国学者斯宾塞 EDUCATION: Intellectual, Moral and Physical 一书中 What konwledge Is of Most Worth 一文以《肄业要览》为题翻译出版。他翻译此文的目的在于借西方学者的认识来反思"中土学问之弊",以革新中国知识阶层的学术认识而促使中国走向富强,其中特别就批评了历史书写不重视民众等问题。③ 在甲午惨败后《肄业要览》有多个重刻本,以及在《湘学新报》等报刊传播,深刻地影响了梁启超等人的史学认识。④ 王韬比颜永京更进一步,开始将反思用之于实践。他不仅认识到中国传统史学"四夷传"的缺陷和中国传统历史书写"专叙历代治乱沿革、天地变异而于国势民情则略

---

① 杜维运:《西方史学输入中国考》,《台大历史学报》第3期,1976年5月。
② [英]艾约瑟:《英国新史略论》,《格致汇编》第2年第3卷,1877年9月。
③ [英]斯宾塞:《肄业要览》,颜永京译,光绪二十七年(1901年)小仓山房校印本,"序"。
④ 李孝迁:《梁启超早年新史学思想考源》,《史学月刊》2007年第3期。

焉不讲"等问题,①还在《重订法国志略》中增加了很多经济、社会、文化等方面的内容,包括"国用""税务""商务""民数""礼俗""学校""学术""教会"等。

与历史书写取向相较,史学功能认识上的改变,幅度要小一些。中国传统史学的主要功能是鉴往知来,带有强烈的经世史学的气息。在甲午惨败之前,中国知识阶层对史学功能认识并无大的突破。甲午惨败后,当中国人尚在思考"中国为什么积弱到这样田地呢? 不如人的地方在那里呢? 政治上的耻辱应该什么人负责任呢? 怎么样才能打开一个新局面呢?"等问题的时候,②英国传教士李提摩太已给这些问题提供了明确的答案。他将《泰西新史揽要》誉为"暗室之孤灯,迷津之片筏",认为中国人"振兴中土"的"密匙"就在"新史":"以知西国之所以兴,与夫利弊之所在,以华事相印证,若者宜法,若者宜戒"。③ 在这一时期,中国知识阶层将历史学从幕后的记录者转变为历史的直接创造者,成为救亡图存、维新变法的强大助推器。④

从史学史角度来说,这种以新史学更新国人意识,然后达到变法图强效果的思想,正是梁启超"史界革命"提出的"新史"以"新民","新民"以"新国"思想之雏形。这一逻辑链条,又符合了正在迅速席卷知识阶层的历史进化论的逻辑,更使它容易为人接受。而且,虽然这些认识给史学赋予了新的内涵,但总体上并未脱离中国传统经世史学的范畴,⑤比较容易为知识阶层接受。

史学认识真正发生根本性变化的是史学价值论领域。"新史"之所以能被梁启超赋予如此重大的责任,关键在于史学价值观已经发生了根本性的变易。传统中国史学,虽然具体形态各异,但是基本上都是以"三纲五常"为价值基准。史学与政治、社会的秩序,及道德伦理的维护紧密相连。正如柳诒徵所言"必知吾国政治之纲维,始能明吾史之系统"⑥。但是觉醒的知识阶层在反省中国为何如此衰败时,恰恰将矛头指向了以传统价值体

① 王韬:《重订法国志略》,光绪十六年(1890 年)淞隐庐刊本,"凡例"。
② 梁启超:《中国近三百年学术史》,《饮冰室合集》专集之七十五,中华书局 1989 年影印版,第 28 页。
③ [英]麦肯齐:《泰西新史揽要》,李提摩太、蔡尔康译,上海书店出版社 2002 年版,"译本序"第 1—3 页。
④ 俞旦初曾经指出,这一时期的维新者"或者借考中国古史问题来提供维新运动的历史根据,以减少推行变法的阻力,或者介绍外国历史以为中国变法图强的借鉴"(俞旦初:《简论 19 世纪后期的中国史学》,《近代史研究》1981 年第 2 期)。
⑤ 彭明辉:《晚清的经世史学》,(台北)麦田出版社 2002 年版,第 292—295 页。
⑥ 柳诒徵:《国史要义》,华东师范大学出版社 2000 年版,第 37 页。

系为基础的文化与政治。严复不仅将中国的病症归结于"民智之已下,民德之已衰,与民气之已困"①,并认为"黄种之所以衰,虽千因万缘,皆可归狱于君主"②。梁启超在严复言论的基础上,进一步发挥,指出"西人百年以来民气大伸,遂尔勃兴,中国苟自今日昌明斯义,则数十年其强亦与西国同",并认为"国之强弱,悉推原于民主"。③ 梁氏在随后撰写的《西学书目表后序》中,又将这种认识总结为一句话:"三代以后,君权日益尊,民权日益衰,为中国致弱之根源"④。在这些急迫希望中国避免亡国灭种、走向富强的知识阶层观念世界里,民主、平等、自由、富强等现代价值观念很快取代了"三纲五常",成为批判现实、观察历史的价值依据。

甲午惨败后,越来越多有知识的中国人开始观察世界,他们看到的是"近者万国交通,争雄竞长,不能强则弱,不能大则小,不能存则亡,无中立之理"⑤;思考的是"种之所以强","群之所以立"之秘密何在;⑥他们耻辱的是不能如日本、土耳其、暹罗、古巴等国自立自强,恐惧的是像越南、缅甸、埃及、波兰那样沦为殖民地。⑦ 这些知识阶层对现实与历史的观察,已经超越了王朝与夷夏、帝王与将相、才子与佳人、孝子与烈妇,聚焦到国家、族群与民众。现实和历史观察主体变化引发的新思维迅即引发了历史书写主体和书写倾向的变化,认为只有像西方那样书写"国家""国民""群""社会"的进化的历史,史学才能担负救亡图存的任务。⑧

概而言之,晚清数十年间历史认识和史学认识的变易,为"新史学运动"得以展开准备了必需的史学认识论共识。就梁启超个人而言,他在继承前人思想探索的基础上,又在日本数年间接触了日本的现代史学观念,⑨

① 严复:《原强》,汪征鲁等主编:《严复全集》第7卷,福建教育出版社2014年版,第18页。
② 孙应祥:《严复年谱》,福建人民出版社2003年版,第87页。
③ 梁启超:《与严幼陵先生书》,《饮冰室合集》文集之一,中华书局1989年影印本,第108—109页。
④ 梁启超:《西学书目表后序》,《饮冰室合集》文集之一,中华书局1989年影印本,第128页。
⑤ 康有为:《〈日本变政考〉序》,孔祥吉编著:《康有为变法奏章辑考》,北京图书馆出版社2008年版,第420页。
⑥ 严复:《原强》,汪征鲁等主编:《严复全集》第7卷,福建教育出版社2014年版,第15—18页。
⑦ 张之洞:《劝学篇》,苑书义等主编:《张之洞全集》第12册,河北人民出版社1998年版,第9705页。
⑧ 王汎森:《晚清的政治概念与"新史学"》,"中央研究院"历史语言研究所七十周年研讨会论文集编辑委员会编:《学术史与方法学的省思——"中央研究院"历史语言研究所七十周年研讨会论文集》,(台北)"中央研究院"历史语言研究所2000年版,第126页。
⑨ 邬国义:《梁启超新史学思想探源》,《社会科学》2006年第6期。

使他可以在《新史学》中创造性地提出一个系统的"史界革命"方案,一个具备启蒙社会民众、启迪政治改良新功能的史学形态,一个可以"叙述人群进化之现象而求得其公理公例"的史学形态,一个可以革除中国传统史学"四弊二病三难"弊端的史学形态。就"新史学"响应者们而言,正是此前几十年间历史观念的根本性变易,使他们可以认识史学启蒙社会民众、启迪政治改革新功能的意义,可以理解史学"叙述人群进化之现象而求得其公理公例"对救亡图存的价值,可以接受对中国传统史学"四弊二病三难"弊端的批判。

虽然说在梁启超提出"史界革命"之前,新的观念、知识和表述体系已基本构建完成,历史认识和史学认识也已经发生了根本性变易,但是这只是"史界革命"发生的必要前提条件。正如陆绍明在 1905 年所言,"史之变迁,即世道人心之变迁"[1]。"史界革命"的发生与蔚然成潮,还需要"世道人心"的改变成为社会思潮。这就是 1902 年兴起的"新民"思潮。

第三节　"新民"思潮与"史界革命"

从鸦片战争到甲午战争爆发前的五十余年间,随着西方影响力的增加,中国传统观念体系虽然陆续受到冲击,但其核心——经与史,尚能依附政治体制而不倒。甲午惨败引发的亡国灭种危机,不仅从根本上动摇了整个中华帝国的体制,而且导致一种严重的、普遍的群体挫折情绪与强烈的种族存亡自觉猝然爆发,弥漫全国。[2] 屈辱、不解和生死存亡危机,迫使一贯持有"天下中心观"和"夷夏观"的人也不得不承认,中国已经走到了存亡绝续的境地。在这种认识之下,传统观念体系的崩坍几如山洪暴发,无法阻挡。梁启超曾经指出:

> 凡文化发展之国,其国民于一时期中,因环境之变迁,与夫心理之感召,不期而思想之进路,同趋于一方向,于是相与呼应汹涌,如潮然。[3]

① 陆绍明:《论史学之变迁》,《国粹学报》第 10 期,1905 年 10 月。
② 郭正昭:《社会达尔文主义与晚清学会运动(1895—1911)——近代科学思潮社会冲击研究之一》,《"中央研究院"近代史研究所集刊》第 3 期(下),1972 年 12 月。这一事件给士大夫阶层带来的震撼及他们的相关反映,可参阅茅海建《从甲午到戊戌:康有为〈我史〉鉴注》(生活·读书·新知三联书店 2009 年版)第 63—76 页的相关考证。
③ 梁启超:《清代学术概论》,上海古籍出版社 1998 年版,第 1 页。

　　"史界革命"在清末蔚然成潮,正符合这一判断。当梁启超通过《新史学》来提倡"史界革命"之际,他的《新民说》等论著,也正在知识阶层中掀起一股汹涌的社会思潮——"新民"思潮。这种希望通过培养新国民然后建设现代中国的群体观念,为"新史学运动"的发生与发展提供了强大的思想动力和适宜的社会语境。

　　上引材料还有一个值得关注之处是,这句话包含了梁启超对历史发展动力的看法:历史发展动力是复数的人民大众,而非单数的圣君贤相。呼吁重视"国民"在历史发展中的作用之意识,早在《肄业要览》《重订法国志略》等文本中就出现了,而真正走向"新民",并开始将人民大众和历史发展联系起来,则是在甲午惨败之后。最早认识到民力、民智、民德之重要,并从"新民"角度谋求国家富强的是严复。严复自称在甲午年"东事兀臬之时","心中有物,格格欲吐",遂撰写了《论世变之亟》《原强》等文,以"本之格致新理,溯源竟委,发明富强之事"。①《论世变之亟》初步对比中西之不同,暴露了中国人,尤其是士大夫阶层的劣根性;《原强》将中国的病症归结于"民智之已下,民德之已衰,与民气之已困"②。严复将中国落后衰落的根源归结于民众,而不是君相,与"君子心,政之本"的传统认识背道而驰。历史不是少数英雄人物决定的,而是人民大众创造的,是严复等人从西方历史发展中汲取的经验,也是他们通过斯宾塞等了解的社会进化论内涵之一。③

　　此时不仅严复的"新民"思想还不系统,④而且能领会其价值的人也寥寥无几。梁启超此时虽意识到严氏观点的深刻高远,⑤却未必对此有深刻认知。故他直到 1898 年初才笼统地提出"开民智""开绅智""开官智","此三者,乃一切之根本"的观点。⑥ 戊戌变法失败后,现实的挫败促使梁氏的思想发生重要改变,开始从汲取西方国家兴亡的经验教训以推行自上而

---

①　严复:《与梁启超书一》(1896 年 10 月),汪征鲁等主编:《严复全集》第 8 卷,福建教育出版社 2014 年版,第 118 页。

②　严复:《原强》,汪征鲁等主编:《严复全集》第 7 卷,福建教育出版社 2014 年版,第 18 页。

③　关于"民史"与进化论的关系,可参阅王东杰《"价值"优先下的"事实"重建:清季民初新史家寻找中国历史"进化"的努力》(《近代史研究》2012 年第 3 期)等研究。

④　严氏此时对"民智之何以开,民力之何以厚,民德之何以明",并未言明,表明他对此问题尚未有深入认识。直到 1901 年,严复刊刻《原强》的增改稿,才力言"今日要政,统于三端:一曰鼓民力,二曰开民智,三曰新民德"(严复:《原强修订稿》,汪征鲁等主编:《严复全集》第 7 卷,福建教育出版社 2014 年版,第 32 页)。

⑤　1896 年 10 月,严复致书梁启超,述《原强》旨趣,其中有"足下见其爪咀,遂矜羽毛,善善从长,使我汗颜"语[严复:《与梁启超书一》(1896 年 10 月),汪征鲁等主编:《严复全集》第 8 卷,福建教育出版社 2014 年版,第 119 页]。

⑥　梁启超:《论湖南应办之事》,《饮冰室合集》文集之三,中华书局 1989 年影印版,第 47 页。

下的变法,转变为省思中国人自身的问题以寻求自强之道。在 1899 年发表的《论中国人种之将来》一文中,他认为"凡一国之存亡,必由其国民之自存自亡,而非他国能存之能亡之也"①,又在《论近世国民竞争之大势及中国前途》中更详尽地指出:"以一国之民,治一国之事,定一国之法,谋一国之利,捍一国之患,其民不可得而侮,其国不可得而亡"②。1900 年之后,梁启超开始将他的思考聚焦到"民力""民智""民德"问题上。1900 年 2 月 20 日,梁启超在《清议报》第 36 册发表《呵旁观者文》,第一次系统地解剖中国人的国民性,认为"天下最可厌可憎可鄙之人莫过于旁观者"③。一年之后,梁氏开始进行系统批判,直接指出中国之积弱,官吏故可责,"而我国民之可责者亦复不浅"。中国人的奴性、愚昧、为我、好伪、怯懦、无动等劣根性,是中国衰亡腐败的根源。在梁氏看来,国民才是国家之基础,即:

> 国之亡也,非当局诸人遂能亡之也,国民亡之而已,国之兴也,非当局诸人遂能兴之也,国民兴之而已,政府之良否,恒与国民良否为比例。

梁启超指出,"知其病根之伏于何处,又知酿成此病者属于何人,然后治疗之术可得而讲焉"④。由此可见,梁氏此时充分认识到中国兴亡之关键在民力、民智、民德。他在社会发展动力问题上,有了清晰的认识。在 1902 年初《文明与英雄之比例》一文中,他说:

> 世界之无英雄,实世界进步之征验也。……古之天下,所以一治一乱如循环者,何也? 恃英雄也。其人存则其政举,其人亡则其政息。即世界借英雄而始成立之说也。故必到人民不依赖英雄之境界,然后为真文明,然后以之立国而国可立,以之平天下而天下可平。⑤

既然社会发展的动力、中国走向文明富强的依赖力量,是人民大众,而不是

① 梁启超:《论中国人种之将来》,《饮冰室合集》文集之三,中华书局 1989 年影印版,第48 页。
② 梁启超:《论近世国民竞争之大势及中国前途》,《饮冰室合集》文集之四,中华书局 1989 年影印版,第 56 页。
③ 梁启超:《呵旁观者文》,《饮冰室合集》文集之五,中华书局 1989 年影印版,第 69 页。
④ 梁启超:《中国积弱溯源论》,《饮冰室合集》文集之五,中华书局 1989 年影印版,第 18—42 页。
⑤ 梁启超:《自由书·文明与英雄之比例》,《饮冰室合集》专集之二,中华书局 1989 年影印版,第 86 页。

圣君贤相，那又何必将复兴中华的希望寄托在朝廷之上？所以梁启超才会提出"欲维新吾国，当先维新吾民"的主张，开办"采合中西道德以为德育之方针，广罗政学理论以为智育之本原"的《新民丛报》，以期"养吾人国家思想"。① 通过此一时期发表的《新民说》《新史学》《新民议》等文，梁氏详细地阐述了他的"新民"思想，不仅响亮地提出"新民为今日中国第一急务"的口号，而且明确了以"新史学"来实现"新民"的想法，为其"新民"思想找到了切实可行的道路。②

对于"史界革命"而言，更为重要的是，"新民"的思想已不是数年以前那样"大音希声"，而是很多知识人的强烈共识。戊戌变法失败后的两三年间，从西方兴亡历史汲取经验教训转向省思中国自身的问题，从希望皇帝推行自上而下的维新变法转向期盼改造国民培养人才实现由个体而国家的救亡自强，不仅仅是严复、梁启超等个别思想前锋的认识变化，而且可以说是整个知识阶层的思想共识，亦渐成为朝野人士努力的方向。

1898 年底，《清议报》第 1 册刊登了一篇《与清国有志诸君子书》，以日本人的口气指出，中国政府腐败无能，中国要走向富强，就必须"一洗民之耳目"，对其"教以文明，导以进取"。③ 1899 年春，王国维就认识到史学的价值和意义已经不再仅仅是"褒善贬恶，传信后世而已"，更重要的是"实其一群之盛衰，与其智愚、贫富、强弱之所由然"，读史也不再仅是"考得失、鉴成败而已"，而是"又将博究夫其时之政治、风俗、学术，以知一群之智愚、贫富、强弱之所由然"。④

庚子事变给中国知识阶层带来的严重冲击，进一步让这种"新民"主张传播扩散。有研究者指出，"清廷也像当年洪杨那样提倡'子不语'的'怪力乱神'时，多数士人便不再以为朝廷可救亡和振兴中国"⑤。这种认识更加推动了知识阶层对朝廷的失望和对"国民"的期盼。在此之后，以新知识为凭藉的"新民"运动实际已经初露端倪。1900 年留日学生成立的"励志会"，以"研究实学，以为立宪之预备；养成公德，以为国民之表率；重视责任，以为辨办之基础"为纲领。⑥ 励志会创办的《译书汇编》，"采择东西各

① 《本报告白》，《新民丛报》第 1 号，1902 年 2 月 8 日。
② 黄敏兰：《梁启超〈新史学〉的政治意义》，《政治学研究》1996 年第 4 期。
③ 东亚同文会会员某君：《与清国有志诸君子书》，《清议报》第 1 册，1898 年 12 月 23 日。
④ 王国维：《重刻〈支那通史〉序》，谢维扬、房鑫亮主编：《王国维全集》第 14 卷，浙江教育出版社 2010 年版，第 679 页。
⑤ 罗志田：《裂变中的传承：20 世纪前期的中国文化与学术》，中华书局 2003 年版，第 14 页。
⑥ 《励志会章程》，《译书汇编》第 2 年第 12 期，1903 年 3 月 13 日。

国政法之书，分期译载，务播文明思想于国民"①，成为清末"开民智"的一个重要阵地。《译书汇编》上刊载的一些文章，也旗帜鲜明地提出要输入西方的政治法律，提高国民政治思想认识水平，以"新造吾国民"。② 罗振玉、王国维等人在1901年5月还创办了《教育世界》，称"世界者，人才之所构成，而人才者，又教育为之化导者也"，"今中国处此列雄竞争之世，欲图自存，安得不于教育亟加之意乎？"③

1902年及之后几年创立的报刊，大多皆旗帜鲜明地以"新民"为己任：1902年6月创刊的《大公报》，其宗旨是"开风气，牖民智，挹彼欧西学术，启我同胞聪明"④；1902年9月创刊的《新世界学报》，认为"智存愚灭"，而我同胞"群生如睡"，故要鼓吹学术，"求补救什一于千万"；⑤1903年1月创刊的《湖北学生界》宗旨是"输入东西之学说，唤起国民之精神"⑥；1903年2月创刊的《浙江潮》要以"排山倒海之气力，以日日激刺于吾国民之脑，以发其雄心，以养其气魄"，故"立言务着眼国民全体之利益"。⑦ 除此之外，《江苏》《游学译编》《觉民》等报刊，大多也明确以"新民"为目标。

"新民"以"新国"的观念在席卷民间知识界的同时，也为不少体制内官僚所认同，并以此作为推动政治改革的入手之方。1901年4月，山东巡抚袁世凯在奏折中说"作养人材，实为图治根本。查五洲各国，其富强最著，学校必广，人材必多。中国情见势绌，急思变计，兴学储才，洵刻不容缓矣"，故要清政府"崇实学""开民智"。⑧ 1901年7月12日，湖广总督张之洞与两江总督刘坤一在"会奏变法自强第一折"中说："中国不贫于财而贫于人才，不弱于兵而弱于志气"，认为"设文武学堂""酌改文科""停罢武科""奖励游学"乃"求才图治之首务"。⑨ 慈禧迅速采纳了袁世凯、张之洞、刘坤一等人的建议，于8月29日颁布改科举、禁用八股文谕令，并于9月14

---

① 《绍介新著·〈译书汇编〉》，《新民丛报》第6号，1902年4月22日。
② 攻法子：《论国家》，《译书汇编》第2年第9期，1902年12月10日。
③ 罗振玉：《教育世界序例》，《教育世界》第1号，1901年5月。
④ 英敛之：《大公报序》，王芝琛、刘自立编：《1949年以前的大公报》，山东画报出版社2002年版，第97页。
⑤ 陈黻宸：《〈新世界学报〉叙例》，《新世界学报》壬寅第1期，1902年9月2日。
⑥ 《湖北学生界开办章程》，《湖北学生界》癸卯第1期，1903年1月29日。
⑦ 《〈浙江潮〉发刊词》，《浙江潮》第1期，1903年2月17日。
⑧ 袁世凯：《遵旨敬抒管见上备甄择折》，沈祖宪辑录：《养寿园奏议辑要》卷九，民国刊本，第1—12页。
⑨ 张之洞、刘坤一：《变通政治人才为先遵旨筹议折》，苑书义等主编：《张之洞全集》第2册，河北人民出版社1998年版，第1393—1406页。

日谕令各地将书院改为学堂,称"人才为政事之本。作育人才,端在修明学术"①。清政府这种发展教育造就人才以自强的认识,在壬寅学制和癸卯学制中,都有显著体现。在壬寅学制中,张百熙明确以提高国人智力,促进国家富强为取向,故京师大学堂的培养目标之一是"激发忠爱,开通智慧,振兴实业"②;小学堂的宗旨是"授以道德、知识及一切有益身体之事"③。在"癸卯学制"中,初等小学堂的宗旨是"启其人生应有之知识,立其明伦理、爱国家之根基,并调护儿童身体,令其发育"④;高等小学堂的宗旨是"培养国民之善性,扩充国民之知识,强壮国民之气体为宗旨"⑤。张百熙等人在奏折中称,"各省果能慎选教员学职,按照现订章程,认真举办,则民智可开,国力可富,人才可成"⑥。

考究此时相关文献,不难发现,无论是民间人士的"新民"主张,还是政府的"新民"措施,都离不开"新史学"。如《浙江潮》因为要探寻"建国之原质",追求"自治",而"于其本土之人情、历史、地理、风俗详悉无遗"。⑦ 这一时期绝大多数的刊物,如《普通学报》《政艺通报》《经济丛编》《新世界学报》等,都设立了史学栏目,用以刊载新史学的文章。在官方的教育设计中,亦明确了历史学的教育目的,如初等小学堂的历史课主旨在"养国民忠爱之本原""动其希贤慕善之心";⑧高等小学的中国历史课要"养成国民自强之志气,忠爱之性情"⑨。

简而言之,当中国知识阶层因为戊戌变法失败及庚子事变等接二连三的挫折而重新探索中国救亡图存道路之际,梁启超明确提出了"新史"—

① 《谕于各省、府、直隶州及各州、县分别将书院改设大、中、小学堂》,璩鑫圭、唐良炎编:《中国近代教育史资料汇编·学制演变》,上海教育出版社 2007 年版,第 7 页。

② 《钦定京师大学堂章程》,璩鑫圭、唐良炎编:《中国近代教育史资料汇编·学制演变》,上海教育出版社 2007 年版,第 243 页。

③ 《钦定小学堂章程》,璩鑫圭、唐良炎编:《中国近代教育史资料汇编·学制演变》,上海教育出版社 2007 年版,第 279 页。

④ 《奏定初等小学堂章程》,璩鑫圭、唐良炎编:《中国近代教育史资料汇编·学制演变》,上海教育出版社 2007 年版,第 300 页。

⑤ 《奏定高等小学堂章程》,璩鑫圭、唐良炎编:《中国近代教育史资料汇编·学制演变》,上海教育出版社 2007 年版,第 315 页。

⑥ 张百熙、荣庆、张之洞:《重订学堂章程折》,璩鑫圭、唐良炎编:《中国近代教育史资料汇编·学制演变》,上海教育出版社 2007 年版,第 299 页。

⑦ 《〈浙江潮〉发刊词》,《浙江潮》第 1 期,1903 年 2 月 17 日。

⑧ 《奏定初等小学堂章程》,璩鑫圭、唐良炎编:《中国近代教育史资料汇编·学制演变》,上海教育出版社 2007 年版,第 304 页。

⑨ 《奏定高等小学堂章程》,璩鑫圭、唐良炎编:《中国近代教育史资料汇编·学制演变》,上海教育出版社 2007 年版,第 319 页。

"新民"—"新制度"—"新政府"—"新国家"的救国思路,[1]不仅符合当时知识阶层的心理,更引导当时中国思想之进路。换言之,梁氏的"新史学"主张,之所以得到严复、邓实、陈黻宸等人高度赞赏与热烈响应,迅速由一篇文章而发展成为一个运动,之所以能够很快灌注到中国新式教育中,开启中国历史教育的新局面,根本原因在于这些主张是"人人笔下所无,却为人人意中所有"[2],或一些人想说而没能说清楚的观念,与当时主流思想文化界的共识"同趋于一方向",故能引起"共鸣"的效果。

小　结

"史之变迁,即世道人心之变迁"[3],且"世变愈急,则史学变得愈快;世变愈大,则史学变得愈新"[4]。鸦片战争开启的"三千年未有之变局"引发了中国知识阶层对"救变之学"的探索,[5]"始于言技,继之以言政,益之以言教"[6],最终在承载"道"与"教"的史学领域爆发了一场影响深远的革命。为了应对世变,为了救亡图存,为了富强,清末的知识阶层一方面变被动为主动,积极"吸收输入外来之学说",另一方面"不忘本来民族之地位",[7]创造出带有浓厚启蒙色彩与致用取向的"新史学",并使之迅速"蔚然成潮",开创了中国史学发展的新篇章。清末的"史界革命"看似在短短一两年间蔚然兴起,但是此前"世道人心"变迁,实际已经集聚了几十年。观念、知识与词汇等方面的更新经过数十年的积累,已经再造了一个全新的观念、知识和表述体系,重构了思想言说与交流的平台,让这些知识阶层可以以此为基础进行对话与交流。历史认识和史学认识的主要方面已经在不同时期发生了变化,既为梁启超提出"叙述人群进化之现象,而求得其公理公例者也",

---

① 梁启超在《新民说》"叙论"中说"苟有新民,何患无新制度无新政府无新国家"(梁启超:《新民说》,《饮冰室合集》专集之四,中华书局 1989 年影印版,第 2 页)。关于梁启超"新民"思想与"新史学"思想的关系,可参阅许冠三《新史学九十年》(岳麓书社 2003 年版)等研究。

② 黄遵宪:《致梁启超函》(1902 年 5 月),陈铮编:《黄遵宪全集》上册,中华书局 2005 年版,第 429 页。

③ 陆绍明:《论史学之变迁》,《国粹学报》第 10 期,1905 年 10 月。

④ 沈刚伯:《史学与世变》,《"中央研究院"历史语言研究所集刊》第 40 本(上),1968 年 10 月。

⑤ 邓实:《明末四先生学说》,《国粹学报》第 15 期,1906 年 4 月。

⑥ 曾廉:《上杜先生书》,曾廉:《蠡庵集》第 13 卷,光绪年间邵阳曾氏刻本,第 18 页。

⑦ 陈寅恪:《冯友兰〈中国哲学史〉下册审查报告》,《陈寅恪集·金明馆丛稿二编》,生活·读书·新知三联书店 2009 年版,第 284—285 页。

也为其他知识人响应"史界革命",准备好了思想共识。以"新史"以"新民","新民"以"新国"为路径的"新民思潮",为"史界革命"的乘风破浪提供了强劲动力。

这场"史界革命"距今已经一百一十多年,将这场学术运动作为研究对象也有七十余年,各种具体研究已经比较深入,但是我们对这场革命为何能够迅速蔚然成潮,却还研究得不够深入。为了解决这一问题,笔者试图将眼光从"史界革命"的表象、从一位位具体的人物、从一篇篇具体的文本或研究成果中抽离,时段向上扩及整个晚清,视野触及学术史与思想史。这种介于宏观和微观之间的尝试,至少让笔者看到了这一问题的复杂性。一场"史界革命",实际上是知识转型、意识变易、社会语境乃至表述体系改弦易辙的共同产物。而这四者的改变,又是异常复杂。晚清以降的知识转型,是西方知识影响持续增强的过程,也是中国知识阶层观念、知识、表述体系更新与构建新思想交流平台的过程。观念、知识与表述体系的更新与新平台建构,势必带来传统观念与话语体系的瓦解,传统观念与话语体系的瓦解,一定会带来社会语境的改弦易辙。此外,"经世致用"是中国史学乃至中国学术的底色,知识转型、意识变易及社会语境改弦易辙,又必须考虑外在的因素。

总之,要充分理解"史界革命"为何能够迅速蔚然成潮,既要保持合适的高度与视野,从俯瞰的角度耐心拨开历史的种种缠绕,又要尽量回到历史场景,尽可能根据"历史意见"在复杂的具体历史场景中寻找更多的关联。只有如此,我们才能更充分地理解中国现代史学为何可以在二三十年的时间里就完全取代了传延数千年的传统史学。

第二章　从"新史学"到"国粹学"

——"新史学"的困境与清末学术转向

今日日本之输入泰西学术,输入其政论者耳。吾国转贩泰西学术于日本,亦转贩其政论者耳。夫政论喜理想不喜实验,其学说一干而少枝叶,可外袭而能(如自由民权平等之说是),故其风潮入少年之脑筋也易。科学重实验不重理想,其学说皆万枝万叶,未易寻其根干,非可由外袭也,故其风潮入少年之脑筋也难。唯易,故学人之好为政论者多,唯难,故学人之好为科学者鲜。……英儒斯宾塞曰,智之开也,先物理后群理,未有物理不明而群理了然者。故不通于科学名数质力之微而与论国群政教,鲜不大缪也……今日言强中国,莫不曰师日本矣。然东瀛学风其影响于吾国学界者唯政论为有力焉,而吾国学界青年之思潮,亦唯喜政论而不喜科学。将来流弊恐为吾群之害,有非新学诸君子所及料者,吾甚愿诸君子之一审之也。①

上文摘录于邓实1903年初发表的《政论与科学之关系》一文,其中对当时中国思想界、学术界避难就易、政论多而研究少等现象表达了深深忧虑,担心这种流弊很可能对"新学"发展产生严重的不良影响。

事实上,邓实的担忧确实不是杞人忧天,随着"新学"的声势越来越大,对"新学"的负面感受也在增加。1905年,王国维发表《论近年之学术界》,对中国思想界、学术界的不良现象提出了尖锐批评,譬如介绍西方哲学"聊借其枝叶之语,以图遂其政治上之目的耳",文学亦不重视"自己之价值,而唯视为政治教育之手段",提出"欲学术之发达,必视学术为目的,而不视为手段而后可"。② 王国维在文中虽然并未直接点名批评康有为、梁启超,但是字里行间的意味,可以感知他是在批评康梁等维新人士将学术当作实现政治理想的手段,而不是追求纯粹的学术,致使现代学术未及茁壮成长,已然弊端显现,为人诟病。

摆脱价值判断,仅做事实判断,不能不承认邓实的担忧和王国维的批

---

① 邓实:《政论与科学之关系》,《政艺通报》壬寅第23期,1903年1月13日。
② 王国维:《论近年之学术界》,《教育杂志》第93号,1905年2月。

评,有其相当大的价值。就清末十余年间而言,固然是中国现代人文学术第一次大发展阶段,但是发展的强大动力不是来自学术本身,而是来自政治。传播学术观念、推动学术发展的形式中,政论确实是特别重要的形式之一。就史学而言,梁启超此一时期的《新史学》等著名史学论著,固然推动了史学从传统向现代转变,但是同时也可以视为是推动思想解放和政治发展的"手段"。梁氏在《新史学》等论著中尖锐地批评统治者以史学为手段,麻痹人民,维护统治,但是他此一时期同样也以史学为手段,唤醒人民,更新政治。百年之后,站在更宏观的角度来看,"史界革命"能够一呼百应,迅速蔚然兴起成为一股强大的学术思潮和思想思潮,除了知识、观念和表述体系已经初步完成积淀外,更重要的助推因素就是此时人们对政治革新的高度关注,"新史学"满足了此时政治热情高涨的人们对学术的期盼。但是反过来看,一个学术形态的发展过于依赖外在因素,未必是幸事。"新史学"借助"新民"思潮迅速发展,形成了"新史学运动",但是其与政治的紧密关系及学术界避难就易等问题,也给"新史学"的发展带来了难以克服的困难。随着时代发展,学术思想界的学术认识渐趋稳健平和,一方面能够更为实事求是地衡估中国传统学术,另一方面对新学术、新教育的负面问题有更多警醒。既无过硬的学术成果,又颇受现实影响的"新史学"不可避免地式微,取而代之的是希望能融会中西新旧学术,希望再造文明的"国粹学"。

第一节　"新史学"的理论与知识困境

> 思永说我的《中国史》诚然是我对于国人该下一笔大账,我若不把他做成,真是对国民不住,对自己不住。也许最近期间内,因为我在北京不能安居,逼着埋头三、两年,专做这种事业,亦未可知,我是无可无不可,随便环境怎么样,都有我的事情做,都可以助长足我的兴会和努力的。①

1927年3月,病中的梁启超致信女儿令娴等,念念不忘《中国通史》的写作,希望能有数年时间埋首写作,完成《中国通史》。不过,由于时事变幻和身体健康情况恶化等原因,进展缓慢,随着梁氏1929年的意外逝世,撰写《中国通史》计划终未如愿。

纵观梁启超的一生,学术上最令其遗憾的事情,应该是未能完成《中国

---

① 丁文江、赵丰田编:《梁启超年谱长编》,上海人民出版社2009年版,第722页。

通史》的撰著。这一遗憾,是梁启超的,也是中国学术界的。现代史学在中国已经发展了一百多年,笔者以为,眼光独到、才思敏捷、文笔高妙、知识渊博、思想开放如梁启超者,尚无二人。他可以说是以现代眼光撰著《中国通史》的最佳人选。梁氏对撰著一部现代《中国通史》,亦热情洋溢,一生多次努力。1902 年底,他在《三十自述》里说,"一年以来,颇竭绵薄,欲草一中国通史,以助爱国思想之发达",可惜进展缓慢。① 1902 年至 1904 年间,除了为《新民丛报》和《新小说报》撰稿外,梁氏倾力于《中国通史》写作,逾 20 余万言,最终中辍。直到 1918 年春夏间,梁启超摒弃诸多杂务,回归学术后,再度致力于通史之作,数月间成十余万言。但是至八九月间以著述过勤,致患呕血病甚久,不得不遗憾搁笔。② 1921 年秋,梁启超开始在南开大学演讲《中国历史研究法》,重心仍然在"新史之作":

> 客岁在天津南开大学任课外讲演,乃衰理旧业,益以新知,以与同学商榷。一学期终,得《中国历史研究法》一卷,凡十万言。孔子曰:"工欲善其事,必先利其器。"吾治史所持之器,大略在是。吾发心殚三四年之力,用此方法以创造一新史。③

不过梁氏此次努力仍以失败告终。至上文提到的 1927 年再度表示要努力《中国通史》撰述,至少已是第四次发愿。通过以上梳理,大约可以感知到,梁氏对于撰著一部以现代观念为指导的《中国通史》一直念兹在兹,不能说不认真,他的才情与努力,亦是毋庸置疑的,但为何不能最终完成呢?

综合各方面因素看,梁氏的《中国通史》未能完成,虽然遗憾,但却是清末民初中国学术情势的正常结果。社会动荡和梁氏身体欠佳等外在因素固然影响巨大,但关键还在于学术发展整体水平低下。中国历史数千年绵延不绝,各种需要考订的历史细节或疑案不胜枚举,且历史及现实中的族群融合与斗争情况复杂,现实的政治社会分歧亦强烈清晰。可以说,现代《中国通史》的书写困难程度,举世无双。且从学术积淀的角度看,现代历史书写需要厚实的理论基础与知识体系,在 20 世纪初期可以说还是非常薄弱的。

在梁启超撰著《中国通史》的几次尝试中,理论困扰一直是一个突出问题。梁氏对史学理论问题一直高度重视,《中国史叙论》与《新史学》基本上

---

① 梁启超:《三十自述》,《饮冰室合集》文集第十一,中华书局 1989 年影印版,第 19 页。
② 丁文江、赵丰田编:《梁启超年谱长编》,上海人民出版社 2009 年版,第 203、226—227、556—557 页。
③ 梁启超撰:《中国历史研究法》,上海古籍出版社 1998 年版,"自序"第 2 页。

都是历史书写理论的探讨。在此之后,梁氏虽然一直对史学理论问题进行积极探索,但仍多次直接或间接地表达了他在理论方面遇到的困难。在1904年致蒋观云的信中,他透露一些写作时遇到的困境,如见到陶成章的《中国民族权力消长史》后说,"拙作原稿本名外竞,近乃并内部之文明亦述之,自见此书后,益不敢专述外竞,盖万不能有加也"。他在致蒋观云的另一封信中又说:

> 承两示论狄戎同种碻多理解,为我辈粗心人所未能领悟者。弟前说当稍改变之,当尚有与公出入处否,则旬日来未得考证之机,无从贡之。他日有所得,当更就正耳。①

这两条材料显示出,梁启超在写作《中国通史》时至少存在三个理论难题,一是内容的去取很难把握,总有旁逸斜出;二是写作时会出现与他人重合的问题;三是在中国上古戎狄起源等问题上,他的认识也不成熟,且与蒋观云这样的亲密朋友,亦存在认知上的差别。将《中国历史研究法》与《新史学》相较,感觉十余年后,梁氏在撰写《中国通史》上的理论难题,不是减少了,而是增多了。在《中国历史研究法》中,梁启超比较深入地探讨了很多历史学的基本理论问题,如"史之意义""史学范围""史料之搜集与鉴别""史迹之论次"、历史解释的原则、《中国通史》书写的目的等。在第一章,梁氏更是列举出"今欲成一适合于现代中国人所需要之中国史,其重要项目"达四十余项。②

　　问题增多固然是学术研究水平不高的表现,但也可理解为学术研究水平发展的表现。凡是有研究素养的人皆知一个道理,即发现问题和提出问题,既是学术发展的表现,也是学术发展的动力。在梁启超发表《新史学》之后,中国史学界响应热烈,从日本和欧美译入了一些世界最新的史学论著,也以新的史学观点编辑了不少的史学教科书,但是清末史学界的理论认知水平尚停留在对"什么是历史"(如历史进化论、现代价值等),及"如何书写历史"(如历史纪年、正统问题等)这两个方面的一些基本问题的探讨上,对"如何研究历史"这个方面的探讨基本付之阙如,甚至是"如何书写历史"的一些关键问题也缺少深入探讨。这些付之阙如或缺少深入探讨的问题,在梁氏《中国历史研究法》及其补编中多有体现,反映了梁氏史学认识论的

---

① 丁文江、赵丰田编:《梁启超年谱长编》,上海人民出版社2009年版,第226—227页。
② 梁启超:《中国历史研究法》,上海古籍出版社1998年版,第5—6页。

发展提高,而不是倒退。

更为关键的是,跳出学术层面,会发现制约梁氏不能完成《中国通史》的书写、清末"新史学运动"的声名与其能够流传后世的成果名实难副的根本因素,是"新史学运动"是一场"不以学问为目的而以为手段"的学术运动。① 李泽厚在《中国近代思想史论·后记》中曾经提到了近代中国"中心的一环":

> 燃眉之急的中国近代紧张的民族矛盾和阶级斗争,迫使得思想家们不暇旁顾,而把注意和力量大都集中投放在当前急迫的社会政治问题的研究讨论和实践活动中去了。因此,社会政治思想在中国近代思想史上占有最突出的位置,是它的主要组成部分。其他方面的思想,如文学、哲学、史学、宗教等等,也无不围绕这一中心环节而激荡而展开,服从于它、服务于它,关系十分直接。②

写于1978年的这段文字,准确地阐述了近代中国社会政治思想和文、史、哲及其他社会科学的关系。这段话也揭示了梁启超"新史学"诞生的最主要原因,不是源于学术自身的发展,而是源于时代的需要。王汎森在《晚清的政治概念与"新史学"》一文中对此有进一步的阐述:

> 晚清政治思想中对政治、国家、国民、社会等问题逐渐形成新的思维,它们与现代的"国家建构"(state-building)有关。在当时内外环境迫压之下,人们开始觉悟要有新的政治思维才能保国救国,人们同时认为史学与这一个神圣的任务有密切的关系,而且需要扮演重大的角色,但是因为传统的历史思维与历史写作太过狭窄、太过陈旧了,不可能对新的时代有所启导,所以史学本身应该有一革命,以适应新的任务。新的史学应该写"国家"、"国民",写"群"、"社会"。③

从某种角度说,"新史学运动"是近现代中国"救亡与启蒙双重变奏"的产物,是"新民"思潮的一个附属部分。梁启超希望通过"新史学"的教化作

① 梁启超:《清代学术概论》,上海古籍出版社1998年版,第98页。
② 李泽厚:《中国近代思想史论》,天津社会科学院出版社2004年版,第435页。
③ 王汎森:《晚清的政治概念与"新史学"》,"中央研究院"历史语言研究所七十周年研讨会论文集编辑委员会编:《学术史与方法学的省思——"中央研究院"历史语言研究所七十周年研讨会论文集》,(台北)"中央研究院"历史语言研究所2000年版,第127页。

用,唤醒民众的现代国民意识和民族意识,促进民众的思想政治觉悟,从而达到振兴国家民族的目的。从"救亡和启蒙"的中心思想产生的这种史学观念,虽然是发动"史界革命"的主要动力。但是就学术而言,这种观念也导致了"新史学"在起步阶段就没有走上学术运行的正常轨道,有被政治工具化的倾向。实事求是地说,梁启超等清末提倡"新史学"的人,也在不知不觉中走上了与他们所批判的王朝统治者相同的一条道路——利用史学达到政治目的。所不同的是,一个是为了麻痹束缚人民以利于统治,一个是为解放启蒙人民以利于救亡。在这样的史学观念下出现的"新史学",在诸多方面,存在着严重的困境。概而言之,至少体现在以下几点。

第一,缺少现代学术积淀,不少认识近乎空想。就"新史学"理论与中国传统学术的传承关系而言,除了可以和今文经学"公羊三世说"勉强联系上以外,其他方面与中国传统学术几乎没有任何的承继。历史进化论、自由平等等现代价值观念、以"nation-state"观念为基础的历史书写所需要的观念与技巧、相关社会科学的理论与知识等,皆非中国传统学术所有。正如王学典师指出的那样,"新史学"是另起炉灶的另一条路线,几乎是"西洋史"在中国的全盘移植。[①] 如果说历史进化论、民主、平等、自由等现代价值观念在此前已有数年的积累,多多少少为知识阶层所接受、理解的话,"nation-state"观念、现代历史书写的技巧、社会科学的理论与知识,都还处于刚刚与西方学术界接触、懵懵懂懂的阶段。在这样的时期,一两位学者根据自己敏锐的洞察力和与西方接触的前沿位置,提出一些震聋发聩的、新颖响亮的学术号召,远比与学术实际情势结合的大规模实践要容易得多。梁氏在《新史学》中提出的观点,发前人所未发,发时人想发而未能发,满足国内思想界、学术界对"救变之学"的期盼,故能声名鹊起,蔚然成潮,但是实际上其中不少思想过于前卫,很多倡议超出了中国学术的实际,一旦付诸实践,则各种困难就会不期而至。

更直白地说,站在"今之视昔"的视角看,"新史学"确实有些超前,有些倡议几近乎空想,虽可承一时之风气,领舆论之风尚,却不能正常地健康成长。兹举数例以证之。《新史学》中提出"新史学"要"取诸学之公理公例",为史学所用:

> 夫地理学也,地质学也,人种学也,人类学也,言语学也,群学也,政

---

① 王学典:《新史学和新汉学:中国现代史学的两种形态及其起伏》,《史学月刊》2008 年第6 期。

治学也,宗教学也,法律学也,平准学也(即日本所谓经济学),皆与史学有直接之关系,其他如哲学范围所属之伦理学、心理学、论理学、文章学,及天然科学范围所属之天文学、物质学、化学、生理学,其理论亦常与史学有间接之关系。何一而非主观所当凭藉者,取诸学之公理公例,而参伍钩距之,虽未尽适用,而所得又必多矣。①

从理论逻辑上来说,梁氏此时给"史学"的定义是"叙述人群进化之现象而求得其公理公例者也",所以他在《新史学》里论述史学与社会科学、自然科学的关系,是完全合理的,而且确实给中国史学的现代化很多启发。但是,从当时的学术实际发展情况来说,现代社会科学、自然科学在中国尚处于萌生状态,此时中国学人除了对现代政治学、地理学等略有了解外,很多学科几乎连名称都是新生事物,更遑论与中国历史相结合。因此,就出现了这样的现象:就提出将史学与社会科学结合的想法而言,梁启超提出的时间几乎与兰普雷希特一样早,中国社会科学化取向的"新史学"主张,几乎是与西方史学潮流同步的;但是,这种同步却没有同步的学术基础,中国史学的社会科学化只是一个空中楼阁,播下种子,迟迟未见破土,而西方史学却是有各学科均已良好发展的基础,这些想法能够较快生根发芽。桑兵在论及此点时曾经指出:

> 从学术研究的角度考察,社会科学化远非当时中国学术界所能承受。因此,当20年代史学革命发生时,无论是中期顾颉刚的"疑古",还是后来傅斯年的"重建",所依据的外来学术资源都不属于社会科学的路线。②

虽然梁氏在1902年前后撰写《论希腊古代学术》《法理学大家孟德斯鸠之学说》等文章介绍西方的学术,也写了《中国专制政治进化史论》《中国史上人口之统计》《中国地理大势论》《格致学沿革考略》《生计学学说沿革小史》等文章,努力将其他学科与史学结合起来,但这些文章对庞大的现代知识体系来说不过沧海一粟。虽然这时也有《新民丛报》《政艺通报》等报刊积极介绍西方学术思想,但只是杯水车薪,难以改变当时整个中国现代学术水平低下的现状。现代社会科学必须在专业化、学院化达到一定程度之后,

---

① 梁启超:《新史学》,《新民丛报》第3号,1902年3月10日。
② 桑兵:《晚清民国的国学研究》,上海古籍出版社2001年版,第262页。

才可能进入和其他学科结合的阶段,产生真正意义上的交叉研究。只言片语的译介,一两位学者的尝试,并不会带来整个学术形态的质变。

在"新史学"浪潮激荡下,希望将"社会学"理论及方法与《中国通史》写作结合的不仅仅是梁启超。另外一位思想界、学术界的风云人物——章太炎也曾经摩拳擦掌,准备写作一部现代意义的《中国通史》。章氏于1902年7月致信梁启超,谈修《中国通史》事:

> 酷暑无事,日读各种社会学书,平日有修《中国通史》之志,至此新旧材料融合无间,兴会勃发。……惟通史上下千古,不必以褒贬人物,胪叙事状之贵。所重专在典志,则心理、社会、宗教诸学,一切可以熔铸入之。典志有新理新说,自与《通考》《会要》等书,徒为八面锋策论者异趣,亦不至如渔仲《通志》蹈专已武断之弊。然所贵乎通史者,固有二方面:一方以发明社会政治进化衰微之原理为主,则于典志见之;一方以鼓舞民气,启导方来为主,则亦必于纪传见之。①

这则材料最有意思的地方在于,以心高气傲之章太炎,竟然在"新史学"风气下"日读各种社会学书",而且折腰向无论是在政治还是学术上与自己已有显著分歧之梁启超讨论"通史"写作,从中可见"新史学"势头正劲之时,对趋新人士影响之大。同月29日,章氏又致信吴君遂,仍大谈修史事,且自我期望很高,希望能学习司马迁、班固、陈寿、孔颖达、郑樵的长处并超越之。8月8日,章氏又致信吴君遂,仍谈论修通史之事,并言"近方草创学术志",并谈到社会学对于上古史研究的帮助,指出斯宾塞"往往探考异言,寻其语根,造端至小,而所证明者至大"②;9月,章氏再次致信吴君遂,对写作通史的信心仍然很大,言"重九前后,即当赴沪,要以史事成亏为进退"③。

在1902年左右的中国学者中,章太炎确实是最有可能将社会学观念、知识与中国历史书写结合起来的学者。章太炎在1902年还从事着另外一项重要的任务,即翻译日本学者岸本能武太所著的《社会学》一书。此一时期是中国知识界正大力引进社会学的时期,章氏译述此书,被认为是中文学界"第一本完整的社会学著作","第一次比较完整地向国人介绍了西方社

---

① 《章太炎来简》,《新民丛报》第13号,1902年8月4日。

② 章太炎:《致吴君遂书》(1902年8月8日),汤志钧编:《章太炎政论选集》,中华书局1977年版,第165—166、172页。

③ 汤志均编:《章太炎年谱长编》,中华书局1979年版,第139—142页。

会学",特别是西方心理主义社会学的知识。① 章太炎也比较有意识地将社会学与历史学进行结合,试图能对中国历史现象进行更透彻的解释。在1904年《訄书》重订本中,增加的《哀清史》《杂志》《别录甲》《别录乙》皆与修《中国通史》有关,且多与《哀清史》篇后附的《中国通史略例》照应。章太炎此时对社会学仍然高度重视,认为通史写作应该以发明"社会政法盛衰蕃变之所原",而不能仅仅如教科书一样"令知古今进化之轨而已"。要实现这一目标,就要重视社会学、心理学、宗教学等。因为"心理、社会、宗教各论,发明天则,烝人所同,于作史尤为要领"。尽管章太炎既在中国传统学术领域功力深厚,又对社会学有一定了解与研究,而且有将社会学与中国历史解释相结合的清晰理念,但是最终仍然没有完成《中国通史》的撰著。《訄书》北图本显示,在清末最后几年,章氏已将《中国通史略例》《中国通史目录》等悉数删去,保留的部分文字中,有现代色彩的表述尽数改易为中国传统学术话语。②

章太炎《中国通史》撰著计划为何中辍,尚未找到直接原因。试作一推测,其中或与历史学如何融合社会学的难度有关。章氏多次表示要将历史学与社会学进行结合,运用社会学的理论和方法来解读中国历史现象。历史学与社会学有关联,但将二者融合于学术研究中,难度可想而知。在中国现代历史学发展历程中,能将二者很好结合起来者,可以说寥寥无几。章太炎虽然较早地接触了社会学,并通过翻译等活动使自己的社会学知识有一定积累,不过社会学内部也有不同倾向,章太炎恰与严复、梁启超存在分歧,后来还围绕如何看待中国社会发生过论战。③ 需要说清楚的是,论战涉及的是一个个具体的知识点,且从政论写作技法观之,不必言必有征。《中国通史》的写作则相反,需要千万个具体的知识点之积累,需言必有征,不能气盛于理。

现代学术积淀必须依靠现代教育体系的整体发展。而在清末,西方现代学术正如潮水涌进,现代教育刚刚起步,且传统学术文化的影响仍大,现代学术的专业化、学院化尚无从谈起。在此后数年间,虽然科举因素逐渐淡化,但是教育学术仍未脱"救亡图存",甚至猎取功名利禄的影响,整体水平

① 姚纯安:《社会学在近代中国的进程(1895—1919)》,生活·读书·新知三联书店2006年版,第54—57页。
② 《章太炎全集》(《訄书》初刻本、《訄书》重订本、《检论》),上海人民出版社2014年版,第333—338页。
③ 黄克武:《晚清社会学翻译中的思想分途》,南京大学人文社会科学高级研究院主编:《高研院通讯》第12期,2011年。

提高有限。甚至直到1917年前后,中国的现代学术积淀仍然难说有很大的发展。胡适1917年从美国回来时,在上海上岸后,特意花了一天的工夫,专去调查上海的出版界,结果非常失望。① 对中国学术界的失望,可以说是在民国初年从欧美留学归国学人的普遍情绪。在这种失望情绪的激励下,中国学术的专业化和学院化才逐步走上发展的道路。进入20世纪20年代以后,中国学术界各种现代学科发展迟缓的局面才略有所改观。考古学、人类学、社会学、政治学、地理学、文字学、语言学、经济学等梁启超在《新史学》中提到的学科才逐渐走上现代学科的轨道。譬如社会学,此一时期随着留学欧美的陶孟和等人回归,国人对社会学学科的理解才逐渐深入,社会学课程才在国内更多学堂开设,社会学的理论和方法才被广泛运用于中国的人口、婚姻、家族、风俗、宗教等社会问题的研究中。② 虽然20世纪20年代社会科学的学术积淀与十余年前相比已显著改观,但朱希祖在北京大学史学系以"历史科学是以社会科学为基础的"为理念的人才培养路线,③取得的效果仍然不太理想,最后以失败而告终。

第二,学术研究少,宣传色彩重。严复、梁启超、章太炎、刘师培等人是"新史学"最主要的倡导者,同时也是社会改革或政治革命的主要宣传者,他们一方面对西方现代学说和理论有较开放的吸纳接受,另一方面也会尽量运用这些学说和理论来宣传自己的政治观点。如梁氏在《新史学》的首段这样写道:

> 于今日泰西通行诸学科中,为中国所固有者,惟史学。史学者,学问之最博大而切要者也。国民之明镜也,爱国心之源泉也。今日欧洲民族主义所以发达、列国所以日进文明,史学之功居其半焉。然则但患其国之无兹学耳,苟其有之,则国民安有不团结、群治安有不进化者?④

一句话,便将国家思想、社会有机论、进化论、民族主义都涵盖在内,此外还有"泰西通行诸学科""国民""群治"等现代新名词。这些思想、主义和概

---

① 胡颂平编著:《胡适之先生年谱长编初稿》第1册,(台北)联经出版有限公司1984年版,第291页。

② 姚纯安:《社会学在近代中国的进程(1895—1919)》,生活·读书·新知三联书店2006年版,第261页。

③ 《朱遏先教授在北大史学会成立会的演说》,《北京大学日刊》第116号,1922年11月24日。

④ 梁启超:《新史学》,《新民丛报》第1号,1902年2月8日。

念,不少都是刚刚引进入国内的,对很多刚刚接触现代思想或刚刚接受教育的中小学生而言,没有多少人能真正懂得其中的内涵。① 即使是梁氏本人,在当时也未必能全部深入懂得这些思想或概念的内涵。但是从效果来看,大量运用具有现代色彩的概念语言,对于正汲汲学习西方的中国知识阶层,气势与力度俱佳,很能给人以大海潮音般的震动。清末众多学者中,梁启超文字的感染力之强,当时人有深刻体会。在清政府被推翻后,严复曾反思说:

> 至于任公,妙才下笔,不能自休。自《时务报》发生以来,前后所主任杂志,几十余种,而所持宗旨,则前后易观者甚众,然此犹有良知进行之说,为之护符。顾而至于主暗杀、主破坏,其笔端又有魔力,足以动人。……自窜身海外以来,常以摧剥征伐政府,为唯一之能事。《清议》《新民》《国风》,进而弥厉,至于其极,诋之为穷凶极恶,意若不共戴天,以一己之于新学,略有所知,遂若旧制,一无可恕,其辞具在,吾岂诳哉! 一夫作难,九庙遂堕,而天下汹汹,莫谁适主。②

清末“新史学运动”中的不少书写和阐述,是为当时的政治社会情况而发,学术性少,宣传色彩重。正是因为此,《新史学》及其他文章被一些学者称为“政论”。上文引述邓实与王国维的观察,均已指出这一点。钱穆后来也说:

> 其先当前清末叶,当时,有志功业之士所渴欲改革者,厥在“政体”。故彼辈论史,则曰:“中国自秦以来二千年,皆专制黑暗政体之历史也”。彼辈谓:“二十四史乃帝王之家谱”。彼辈于一切史实,皆以“专制黑暗”一语抹杀。彼辈对于当前病证,一切归罪于二千年来之专制。然自专制政体一旦推翻,则此等议论,亦功成身退,为明日之黄花矣。③

---

① 胡适在《四十自述》中指出,当时包括他在内的很多阅读《天演论》的人,“很少能了解赫胥黎在科学史上和思想史上的贡献”,很多人“能了解的只是那‘优胜劣败’的公式在国际政治上的意义”(胡适:《四十自述》,欧阳哲生编:《胡适文集》第1册,北京大学出版社1998年版,第70页)。
② 严复:《与熊育钖(三十)》,汪征鲁等主编:《严复全集》第8卷,福建教育出版社2014年版,第311页。
③ 钱穆:《国史大纲》(修订本),商务印书馆1996年版,“引论”第5页。

钱穆因此将"新史学运动"划入"宣传派"的初期,不是没有道理。此一时期的史学作品,宣传色彩最浓的不是梁启超等改良派的论著,而是反满革命者的论著。如邹容的《革命军》、陈天华的《猛回头》、无名氏的《康南海先生退化史》、刘师培《中国民族志》、陶成章《中国民族权力消长史》、恨海氏《亡国惨记》、乐天居士《痛史》、黄血编《亡明流血史》、姚燮《金山卫轶史》、陆保璇《满清稗史》、复汉氏《清宫秘史》、刘成禺《太平天国战史》、三户遗民编《汉族光复史》以及《黄帝魂》等,本质上大多是情感浓烈的宣传作品。①每一个时代都有其自身的政治、社会诸问题需要引起关注与思考,而且这种时代性问题往往需要借助学术思想的力量来阐发。但是,学术毕竟是学术,宣传毕竟是宣传,学术的核心在坚持真伪是非,宣传的核心在动员说服,二者可以有互动,却不能逾越边界。将学术视为时代性的宣传,对宣传似乎适宜有效,但对学术却是严重的伤害。一旦社会政治形势发生变化,宣传失其鹄的,学术势必就要走向衰落。清末"新史学"正是在一个时代问题非常突出的时代,被许多怀抱不同政治理想的人们当作宣传工具。在政治形势发生变化后,"新史学"迅速失去了它应有的魅力。

把"新史学"视作宣传的上佳工具,对史学还有更深刻的负面影响。由于清末"新史学"的参与者大多是以政治目的为主,故在史学从传统向现代转变中的重要问题几乎少有人认真研究。兹以历史书写体例问题为例说明。在过往的中国近现代史学史研究中,普遍认为章节体的广泛运用是"新史学运动"的一个成果,带动了修史观念的变化,促进了中国史学的大发展。②从中国历史编纂学的角度看,这一判断的正确性毋庸置疑。但是同样值得注意的是,在章节体迅速取代纪传体的过程中,章节体如何具有价值,延续两千年的纪传体如何不适应现代社会,以及在现代社会如何恰当地创造体例来书写历史,这些重大问题几乎无人讨论。质而言之,这时期新史学的成果,主要体现在教科书和外国史学论著的翻译上,在史学基本理论领域,甚少有系统认真的研究工作。

以新史学观念为指导,如何创造体例去书写中国历史,只有很少几位学者有过思考。在1902年,章太炎决心写作新通史时,对于如何在新形势下创造体例是有思考的,不过偏重于在中国传统史学的基础上进行再创造,拟定了"五表、十二志、十记、八考纪、二十七别录"的体例。章太炎认为:

①　张於英:《辛亥革命书徵》,张静庐辑注:《中国近代出版史料初编》,上杂出版社1953年版,第140—183页。

②　白云:《中国史学思想通论·历史编纂学思想卷》,福建人民出版社2011年版,第346页。

所贵乎通史者,固有二方面:一方以发明社会政治进化衰微之原理为主,则于典志见之;一方以鼓舞民气、启导方来为主,则亦必于纪传见之。……顷者东人为支那作史,简略无义,惟文明史尚有种界异闻,其余悉无关闳旨,要之彼国为此,略备教科,固不容以著述言也。①

尽管章太炎可能对章节体并不认可,但是形势却朝着另一个方向发展,无论是翻译的日本或西方学者撰写的历史教科书,还是夏曾佑、刘师培等中国学者编纂的中国史教科书,基本上都是章节体。对于章太炎的"旧瓶新酒",有人并不以为然。许之衡认为,"列传万不能合于历史之内",并指出:

余杭章氏拟著之《中国通史》,体亦仿史公,改列传为别录,所搜颇挂一漏万。书固未成,体例亦殊未精也。②

值得注意的是,这些学者大多传统学术基础深厚,对传统史学的优长有其思考与见解。梁启超、陈黻宸等不少学者都主张对中国传统史学的体例有所吸收保留。③ 夏曾佑《最新中学中国历史教科书》虽然采用了章节体,但是仍然将《史记》之十二诸侯年表、六国年表全部抄录。钱穆曾言,他年幼时阅读夏曾佑的《中国历史教科书》"得益亦甚大",夏曾佑抄录的年表还影响了他后来的治学:

又余读夏氏第一册,书末详钞《史记》十二诸侯年表、六国年表等,不加减一字,而篇幅几占全书三分之一以上;当时虽不明夏氏用意,然余此后读史籍,知诸表之重要,则始此。及十年后,余为《先秦诸子系年》,更改《史记》六国年表,亦不可谓最先影响不受自夏氏。④

就清末"新史学"实践的整体情况看,夏曾佑《最新中学中国历史教科书》(1933 年改为《中国古代史》,列为大学丛书),在历史观点、历史材料、历史编纂形式上都进行了新的尝试和自己的探索,以其原创性和学术性,可以代表"新史学运动"时期在通史方面的成就。但是就历史书写体例的新旧融合这样一个重大的史学理论问题,无论是夏曾佑还是其他学者,几乎都

---

① 《章太炎来简》,《新民丛报》第 13 号,1902 年 8 月 4 日。
② 许之衡:《读〈国粹学报〉感言》,《国粹学报》第 6 期,1905 年 7 月。
③ 方光华:《试论二十世纪初年中国新史学思潮》,《社会科学战线》1995 年第 2 期。
④ 钱穆:《八十忆双亲·师友杂忆》,生活·读书·新知三联书店 2005 年版,第 89 页。

没有认真细致地进行研究。

平心而论,"新史学"理论对于借用西方史学思想批判中国旧史学比较到位,但是对于将西方史学理论和中国史学传统结合,却没有取得令人满意的成果。这一时期对于浮田和民《史学原论》翻译达六个版本之多,而国内却无一部原创的"新史学"史学理论或史学研究法之类的书籍。① 仅从史学方法论上看,"新史学"理论既没有详细介绍西方新史学的编纂方法、研究方法,也没有和中国传统史学结合起来,形成新的史学体系。梁启超在清末提出的"新史学"理论被认为是从浮田和民的《史学通论》中有选择地移植融合而来,他在新史学的理论建设方面,基本上没有自己有体系的创见。② 即使是他晚年自称"吾治史所持之器,大略在是"的《中国历史研究法》及其补编,亦多是治史心得,而非理论思考。中国现代史学直到20世纪二三十年代,才出现了李大钊、杨鸿烈等人的史学理论著作。

第三,支撑性概念内涵含混不清,增加了史学认识分歧。王国维曾说,"言语者,代表国民之思想者也。思想之精粗广狭,视言语之精粗广狭以为准,观其言语,而其国民之思想可知矣"③。清末之时,内有再造中国的主观动力,外有救亡图存的压力,西方现代学术、思想"如潮然"地涌入中国,在很长一段时间,都处于比较粗犷的状态。由于话语体系的转变,中国固有的词语概念已经不足用,完全依据中国语言创造新的概念又存在困难,不得不借用日本学界的概念。这一情况导致了一个严重的负面问题,即不少支撑性的概念内涵含混不清,使"新史学"的参与者在概念上各自有不同的理解,增加了史学认识方面的分歧。

现代史学的本质是以"nation-state"为核心的史学,nation、nationlism 等概念可以说是现代史学的支撑性概念,但是这些概念如何准确翻译为中文概念,并准确理解之,实在是个大问题。就梁启超而言,虽然在《新史学》等论著中广泛运用这些概念,实际上他对这些概念的内涵认知并不清楚。如他在讨论"历史与人种的关系"时,曾说:

> 历史者何,叙人种之发达与其竞争而已,舍人种则无历史。何以故?历史生于人群,而人之所以能群,必其于内焉有所结,于外焉有所

---

① 据有关资料显示,周希贤在1913年编辑的《历史的研究》(宁波新学会社出版),该书是介绍史学研究方法的书,由于未见其书,不知原创与否,固此处不敢妄断。

② 最近持此观点的文章,可参阅尚小明《论浮田和民〈史学通论〉与梁启超新史学思想的关系》(《史学月刊》2003年第5期)等研究。

③ 王国维:《论新学语之输入》,《教育世界》第96号,1905年4月。

排,是即种界之所由起也。故始焉自结其家族以排他家族,继焉自结其乡族以排他乡族,继焉自结其部族以排他部族,终焉自结其国族以排他国族。此实数千年世界历史经过之阶级,而今日则国族相结相排之时代也。①

在《新史学》一文中,梁氏还说过"历史者,叙述人群进化之现象而求得其公理公例者也"②;"叙述数千年来各种族盛衰兴亡之迹者,是历史之性质也;叙述数千年各种族所以盛衰兴亡之故者,是历史之精神也"③。从这些略有自相矛盾的表述中,可以比较清楚感受到梁氏对人种、人群、种族、民族、国族等概念的内涵,认知是比较含混表面的。当然,不仅是梁启超如此,清末的知识阶层在这些关键的现代概念上都存在这种问题。④

在梁启超提出"史界革命"的号召后,起而响应者中,相当一部分是后来的反满革命者。这些革命派或倾向革命排满的人们,虽然在"新史学运动"中高举"民族主义"大旗,但实际上却滑向了"种族主义",把"民族主义"变成了"汉族主义"。如黄节的《黄史》专以突出汉族为目的,将"种族书"放在第一章重点阐述。另外如刘师培著《攘书》《中国民族志》《两汉种族学发微论》,章太炎《序种性》等主旨皆在于塑造汉族系谱。革命者"新史学"中的"民族主义"就是"要把我汉族的谱系,考得详细"⑤,或是"正姓氏之本,考汉虏之异"⑥。从"民族"变为了"种族",从"民族主义"变为了"汉族主义",有意无意之间,"新史学"在历史书写主体问题上已经出现了严重分歧。⑦

行文至此,大致已可见清末"新史学"为何在蔚然成潮之后未能长风破浪。但是也必须指出,学术史研究的"后见之明"只是让我们更好地检讨学术发展的可能性,而不是让我们武断地否定前人。抽身事外,以"后见之明"的角度言,会希望现代学术的开创者们能追求更纯粹的学问,多一些研究,少一些宣传,引入西方现代学术时能字斟句酌,注意支撑性概念的界定

---

① 梁启超:《新史学》,《新民丛报》第14号,1902年8月18日。
② 梁启超:《新史学》,《新民丛报》第3号,1902年3月10日。
③ 梁启超:《新史学》,《新民丛报》第14号,1902年8月18日。
④ 黄兴涛:《重塑中华:近代中国"中华民族"观念研究》,北京师范大学出版社2017年版,第59—60页。
⑤ 白话道人:《国民意见书》,《中国白话报》第5期,1904年2月。
⑥ 马叙伦:《古政通志·氏族志序》,《国粹学报》第3期,1905年4月。
⑦ 相关问题,可参阅姜萌《族群意识与历史书写:中国现代历史叙述模式的形成及其在清末的实践》(商务印书馆2015年版)等研究。

等重要问题,中国现代文史之学或许可以更健康地发展。回到历史场景之中,置身于政治社会急剧变化的清末时期,可以感受到救亡图存的仁人志士,将热忱与生命奉献于中华之再造,目光始终聚焦在政治层面的改良或革命,确实无暇于现代词语、概念含义的斟酌,倡导学术也是为了政治改良或革命服务。此一时期,现代学术、现代教育刚刚起步,在懵懂混沌之际,他们超越现实的鼓与呼,以学术为政治改良或革命的武器,虽然有其不足,但是也引起了很多人的关注并献身于救亡图存的实践中。缺少了这些,中国现代学术的发展很可能更加滞后。

第二节　从中国历史教科书的编纂看
"新史学"的发展阻力

> 现在的教科书,只有算学还像样,历史真是太陋(只有夏曾佑所作《中学历史教科书》,比别人不同。可惜他所发明的,只有宗教最多,其余略略讲一点儿学术。至于典章制度,全然不说,地理也不分明,是他的大缺陷。但近来的教科书,这样也算好了),小学更是全然不讲,到底总是个空架子。①

章太炎此语,从侧面反映了清末"新史学"的尴尬。清末虽然出现了数十部中国历史著作(主要是历史教科书),却仅有夏曾佑《最新中学中国历史教科书》一部有流传后世之价值。在章氏看来,这部书还存在很多不足与问题。1910年的中国,"新史学运动"已经发展有8年时间,中小学现代教育体系已经初步形成,全国在学学生超过了一百六十万人。② 但是在章太炎看来,历史教科书却"到底总是个空架子",失望之情溢于言表。

章太炎传统学术功力深厚,又较早接触了社会学等现代知识,还对清末"新史学"有较深入的参与和了解,他的这一判断确实不无道理。从中国现代史学发展百余年的积淀来看,清末众多"新史学"实践成果,只有夏曾佑这部书以学术水准流传至今,其他著作基本上都已被时间淘汰。章氏认为合格的中国历史教科书,至少要反映出"历史中间最要的几件":"制度的变迁""形势的变迁""生计的变迁""礼俗的变迁""文辞的变迁"。除夏曾佑之书外,绝大多数清末的通史著作都达不到。章太炎的言论,在实质上反映

① 独角(章太炎):《社说》,《教育今语杂志》第2册,1910年4月9日。
② 桑兵:《晚清学堂学生与社会变迁》,广西师范大学出版社2007年版,第138页。

了清末新史学发展过程中遇到的现实困境:一方面,通过翻译、改编日本的"东洋史"等著作,中国历史教科书纷纷面世;另一方面,在学术功力深厚的学人看来,这些教科书基本上都缺少应有之学术价值。清末"新史学"的发展,虽然借助"东洋学"而得以短期内快速发展,但是也给自己带来了负面影响,反而被传统学术素养深厚的学人看轻。

"东洋学"对中国学术的影响如此至深且巨,是甲午惨败之后才出现的,全方位引入日本教科书就是其中的一个重要表现。当清政府有意改革科举、兴办学堂时,已经有人注意到教科书非常短缺的问题,并明确提出只有大量翻译日本书籍方能解燃眉之急。在1898年6月康有为代杨深秀所作的《请译日本书片》中,康有为指出,"言学堂而不言译书,亦无从收变法之效",日本"已尽译泰西精要之书",由于"文字与我同,但文法稍有颠倒",故朝廷可鼓励士子学习日本语,然后借助日本出版书籍,"将泰西、日本各学精要之书"尽译之。① 张之洞在《劝学篇》中指出,小学堂应该"习《四书》,通中国地理、中国史事之大略,算数、绘图、格致之粗浅者",至于开办新式教育所需教材等现代书籍,可以先取自日本,以为就时之需:"至各种西学书之要者,日本皆已译之,我取径于东洋,力省效速"。② 作为位高权重的湖广总督,张之洞具备康有为等很多人所缺少的执行能力。在刚刚撰成《劝学篇》不久,张之洞就将两湖、经心两书院按照学堂办法改革,并让学生学习日、俄、德、英、法五种外语,以为国家"储译才""储通才"。③ 在"江楚会奏变法三折"中,张之洞再度提出要"宜多译外国政术学术之书",且"翻译东书"可以到达"既精而且速"的效果。④ 开办新式学堂,急需新式教科书,张之洞与刘坤一在上奏"江楚会奏变法三折"之后,即联手安排编纂教科书事,希望聘请缪荃孙"编纂小学堂教科书",因"待用甚急",盼能"两三个月编成为要"。⑤ 可能此议未成,张之洞又在一个月后派遣罗振玉赴日本考察教科书:

---

① 康有为:《请译日本书片》,姜义华、张荣华编校:《康有为全集》第4集,中国人民大学出版社2007年版,第65页。
② 张之洞:《劝学篇》,苑书义等主编:《张之洞全集》第12册,河北人民出版社1998年版,第9739、9744页。
③ 吴剑杰编著:《张之洞年谱长编》,上海交通大学出版社2009年版,第543页。
④ 张之洞、刘坤一:《遵旨筹议变法谨拟采用西法十一条折》,苑书义等主编:《张之洞全集》第2册,河北人民出版社1998年版,第1449—1450页。
⑤ 张之洞:《致江宁刘制台》(光绪二十七年八月二十日丑刻发),苑书义等主编:《张之洞全集》第10册,河北人民出版社1998年版,第8636页。

> 连日与仲毅、念劬谈编教科书事。此教育根基，关系极重，着手极难，非亲往日本，以目击为考定不可，似非专特购来图书所能模仿。鄙人极注重于此，欲请阁下主持，率四五人如陈士可等即日东渡。竭数月之力，见实事，问通人，创立稿本。回鄂后，鄙人再以全力速编成书，以期速而书适用。①

罗振玉随后带人赴日考察，并撰写考察报告，就如何编纂教科书提出了建议。张之洞与刘坤一后来又联合成立江楚编译局，委托缪荃孙等办理相关事务。江楚编译局在历史教科书方面最主要的成绩是由柳诒徵根据那珂通世的《支那通史》编纂的《历代史略》。

从语言、成效等角度考虑，通过日本学习现代学术、引入现代书籍可以说是戊戌变法前后知识界的一个共识。不仅张之洞如此主张，盛宣怀1898年在奏请设立南洋公学译书院时也说：

> 中国三十年来，如京都同文馆、上海制造局等处，所译西书，不过千百中之一十，大抵算化工艺居多，而政治之书最少……非如日本之汲汲于译书，其道无由矣。现就南洋公学内，设立译书院一所，广购日本及西国新出之书，延订东西博通之士，择要翻译。②

盛宣怀后来更是将"文部所订、教员所授之本"作为翻译的重点。③ 从张元济1899年列举的书目看，南洋公学译书院主要翻译的是兵学类教科书及相关书籍。④ 根据相关研究可知，在此后两三年时间里，南洋公学译书院的翻译范围有明显扩展，除兵学类外，还有经济类、地理类、历史类及中小学教科书等数十种书籍出版，包括《欧洲商业史》《本国中等地理教科书》《日本近政史》《蒙学课本》等。⑤

1898年是中国学界开始竞相翻译日本教科书的第一年，该年广智书局

---

① 吴剑杰编著：《张之洞年谱长编》，上海交通大学出版社2009年版，第707页。

② 盛宣怀：《奏陈设立译书院片》，陈元晖主编：《中国近代教育史资料汇编·教育思想》，上海教育出版社2007年版，第131页。

③ 盛宣怀：《奏陈南洋公学翻辑诸书纲要折》，陈元晖主编：《中国近代教育史资料汇编·教育思想》，上海教育出版社2007年版，第134页。

④ 张元济：《南洋公学译书院已译、拟译书目》，《张元济全集》第5卷，商务印书馆2008年版，第13—14页。

⑤ 霍有光：《南洋公学译书院及其译印图书》，《西安交通大学学报》（社会科学版）1999年第4期。

"发行日文翻译教科书多种,销路甚佳,有《速成师范讲义丛书》、陈文译《支那史》及《中等教育伦理学》等数种。惟完全按日人语气及日本材料者"①。此后翻译或根据日本东洋史改编的教科书,就成为中国中小学堂教科书最主要的来源,历史教科书也不例外。② 据刘超的统计,从 1898 年至 1903 年引译自日本的中国历史教科书多达二十余种。③ 由于清末书籍出版情况比较复杂,且保存状况不佳,这一统计可能还有遗漏。正如苏云峰指出的那样,"教科书的翻译,非短期内所能实现,而各级学堂,又不能一日没有适当的教科书使用"④。当中国新式教育以政府行为在全国大规模推广时,适用教科书确实是一大急迫问题,从"期速而书适用"的现实需求看,大量译自日本,是不得已之法。但是这种快速编译日本教科书以为我用的举措,也很快出现了负面问题,如"完全按日人语气及日本材料"就是一个突出问题。对于中国历史教科书模仿日本东洋史的负面影响,中国学人很早就注意到了,但是又无可奈何。在王国维代罗振玉为樊炳清翻译那珂通世《支那通史》的序中就坦诚指出:

> 以吾国之史,吾人不能作而他人作之,是可耻也。不耻不能作,而耻读他人所作之书,其为可耻,孰过是也!⑤

1901 年上海普通学室以日本中等教育研究会所著《东洋历史》为蓝本,并对近代史部分有所增加而编译印行了《普通新历史》。该书初版之后,由于"依东文译录,故叙述事件及词句间之语气,不免日人口吻",且印本多讹误,故一月后即出版《校正普通新历史》加以订正。⑥ 在叙事上"不免日人口吻"并不是《普通新历史》一部教科书的问题,而是这一时期中国历史教科书的普遍问题。在根据日人著作编译的教科书中,有些编译者服膺于日

---

① 《教科书之发刊概况(1868—1918)》,张静庐辑注:《中国近代出版史料初编》,上杂出版社 1953 年版,第 224 页。

② 汪向荣:《日本教习》,中国青年出版社 2000 年版,第 171 页。

③ 刘超:《历史书写与认同建构:清末民国时期中国历史教科书研究》,社会科学文献出版社 2016 年版,第 44—45 页。

④ 苏云峰:《张之洞与湖北教育改革》,(台北)"中央研究院"近代史研究所 1983 年版,第 174 页。

⑤ 王国维:《重刻支那通史序》,谢维扬、房鑫亮主编:《王国维全集》第 14 卷,浙江教育出版社 2010 年版,第 680 页。

⑥ 李孝迁:《西方史学在中国的传播(1882—1949)》,华东师范大学出版社 2007 年版,第 18 页。

本史著的水平,只是略改一些表述等,并无很多的自己的研究心得。如陈庆年在根据桑原骘藏《东洋史要》改编增补《中国历史教科书》时,认为:

> 桑原骘藏之书,尤号佳构,所谓文不繁,事不散,义不隘者,盖皆得之。今据以为本,更令事义少近周赡,依据或乖亦为匡救,与夫回易数字,加足片言,俾分布得所,弥缝无缺,如刘知几所云,余皆于此断断焉。[①]

新式学堂开办之初,在没有任何经验的情况下,如何较好地借鉴日本史学书籍,将其改编为适合的中国历史教科书,不仅涉及具体的历史知识,还涉及立场、历史价值判断基准以及历史体系等重大问题,确实是不易解决。

不仅中小学有此问题,大学堂亦有此问题。张百熙在1902年关于开办京师大学堂译书局奏折中指出,"史学掌故诸子之类","宜全用中国书",且"不能仓促促成功致多纰缪",并请与两江总督刘坤一、湖广总督张之洞一起会商教科书编纂办法。[②] 张百熙明确提出了历史等科最好都使用中国书,很有可能是他已经意识到翻译日本人撰写的中国历史教科书存在负面影响,希望用中国书而能达到"一道德而同风俗"的效果。[③] 意识到问题和能够解决问题,是两个层面的问题。张百熙主掌京师大学堂后,成立了主要以编纂教材为目的的译书局和编书处,成效一般。1903年3月,京师大学堂为了规范学堂教育,颁布了《暂定各学堂应用书目》,中国历史教材除鲍东里《史鉴节要便读》、潘世恩《读史镜古篇》两本传统书籍外,其余皆是编译的日本书籍:《普通新历史》(普通学书室);市村瓒治郎著、陈毅译《支那史要》(上海广智书局);那珂通世《支那通史》(东文学社);河野通之辑《最近支那史》(振东室);桑原骘藏著、樊炳清译《东洋史要》(东文学社)。[④] 先后在京师大学堂担任史学教习的王舟瑶、屠寄和陈黻宸皆有自编"中国史讲义",可惜由于人事变动等因素,皆未达到成熟圆融的程度,因此未有公开出版。京师大学各教材中,可能只有汪荣宝的《本朝史讲义》水平较高,公开出版并通过了学部审定。[⑤]

---

① 陈庆年等编纂:《中国历史教科书》,商务印书馆1910年版,"序"第2页。
② 张百熙:《管学大臣张百熙奏报大学堂开办译书局折》,北京大学、中国第一历史档案馆编:《京师大学堂档案选编》,北京大学出版社2001年版,第132页。
③ 张百熙:《奏筹办大学堂大概情形折》,璩鑫圭、唐良炎编:《中国近代教育史资料汇编·学制演变》,上海教育出版社2007年版,第71—73页。
④ 《教科书之发刊概况(1868—1918)》,张静庐辑注:《中国近代出版史料初编》,上杂出版社1953年版,第229—230页。
⑤ 李洪岩:《史学史话》,社会科学文献出版社2000年版,第91—101页。

政府机构外,也有一些学者(如张元济、丁宝书等)或民营出版机构(如商务印书馆或文明书局等),意识到根据日本学者所著《支那通史》《东洋史要》编纂中国历史教科书,存在"以彼人之口吻,述吾国之历史,于彼我之间,抑扬不免失当",会导致"客观认作主位,令吾国民遂不兴其历史之观念,忘其祖国所自来"等不良后果,①进行了自编教科书的努力。在自编教科书中,以文明书局的"蒙学教科书"和商务印书馆的"最新教科书"系列影响最大。② 其中的代表性书籍是丁宝书的《蒙学中国历史教科书》和夏曾佑的《最新中学中国历史教科书》。

中国学人自编历史教科书的努力,一定程度上改变了严重依赖日本著作的窘境,但是并未能根本扭转这一局面。清末学部审定教材中的历史教科书情况,可见一斑。1906 年"学部第一次审定初等小学暂用教科书",中国历史教科书只有文明书局的《蒙学中国历史教科书》。③ 在 1907 年颁布的"高等小学暂用书目"中,更是没有中国历史教科书。学部特别说明,"奏定学堂章程高等小学科目有中国历史,此次审定各图书,惟中国历史一科尚无适宜之本,故暂从阙如。俟选有佳构,再以本部官报公布之"④。在 1908 年学部颁布的"审定中学暂用书目"中,中国历史教科书仅有三部,一为依据那珂通世《支那通史》改编的《历代史略》(中新书局),一为陈庆年依据桑原骘藏《东洋史要》改编的《中国历史》(商务印书馆),一为汪荣宝《本朝史讲义》(京师译书馆)。夏曾佑之书未能列入学部审定教材,或许与其未能完稿有关。

不仅仅是教科书依赖日本论著,其他方面的历史书籍很多也来自日本。《东方杂志》创刊于 1904 年 3 月 11 日,是清季民国出版最连续的全国性杂志。不少书籍都在《东方杂志》上刊登了广告,从这些史学书籍广告可以看出"新史学"在清季民初的发展情况。《东方杂志》创刊号上,刊登的史学书籍广告不少。中国人翻译日本人的史学著作一共十二部:《世界文明史》(高山林次郎著,商务印书馆翻译)、《支那教学史略》(狩野良知著,商务印书馆翻译)、《世界近世史》(松平康国著,中国国民丛书社翻译)、《欧洲最近政治史》(森山守次著,商务印书馆翻译)、《埃及近世史》(柴四郎著,商

---

① 丁保书:《蒙学中国历史教科书》,文明书局光绪二十九年(1903 年)印本,"编辑大义"第 1 页。

② 刘超:《历史书写与认同建构:清末民国时期中国历史教科书研究》,社会科学文献出版社 2016 年版,第 61 页。

③ 《学部审定初等小学暂用教科书》,《学部官报》第 4 期,1906 年 10 月 28 日。

④ 《学部第一次审定高等小学暂用书目凡例》,《学部官报》第 21 期,1907 年 5 月 22 日。

务印书馆翻译)、《希腊史》(桑原启一著,中国国民丛书社翻译)、《罗马史》(占部百太郎著,陈时夏、章起渭、章师濂、胡叙畴翻译)、《欧洲财政史》(小林丑三郎著,王季典翻译)、《清史揽要》(增田贡著,商务印书馆翻译)、《西洋历史教科书》(木多浅治郎著,出洋学生编辑所翻译)、《东西洋伦理学史》(木村鹰太郎著,商务印书馆翻译)、《明治政党小史》(东京日日新闻著,出洋学生编辑所翻译)。中国人自己撰写的著作十五部:《中国历史教科书》(中学堂用,商务印书馆编辑)、《最新中国史教科书》(高等小学堂用,姚祖义编辑)、《国史初级教科书》(高等小学堂用,商务印书馆编辑)、《普通新历史》(高等小学堂用,普通学书室编辑)、《瀛寰全志》(中学堂用,企英学馆编辑)、《亚米利加洲通史》(戴彬编辑),及商务印书馆编辑出版的一些历史读物(《中国历史问答》《世界历史问答》《意大利独立战史》《美国独立战史》《普奥战史》《尼罗海战史》《法国战史》《飞猎宾独立战史》《日本近世豪杰小史》)。在这些著作中,除了姚祖义等人编纂的"最新教科书"外,其实不少也是以日本或欧美学者的一些著作为参考文献进行编译的。另外还有中国人翻译的欧美学者的史学著作共十一种。

实事求是地说,此一时期翻译模仿日人编纂的中国通史教科书有其客观原因。中国历史未曾中断,历代又特别重视历史书写,因此至司马光编纂《资治通鉴》时,就感到卷帙浩繁,内容去取困难。到清末时期,中国史籍数量相较于司马光时期更是倍增,又加之需以"新史学"为指归,其难度可想而知。因此,即使如梁启超,也认为借助日人所著书籍进行中国历史编纂,乃是不得已的救急之法:

> 中国史至今迄无佳本。盖以中国人著中国史,常苦于学识之局而不达。以外国人著中国史,又苦于事实之略而不具。要之,此事终非可望诸他山也。不得已而求其次。

在梁启超看来,如市村瓒次郎、泷川龟太郎所著《支那史》等虽然有其优长,但"我国学校据为教科书"并不适当,因为:

> 日人以此为外国史之一科,则其简略似此已足。本国人于本国历史,则所以养国民精神,发扬其爱国心者,皆于是乎,在不能以此等隔河观火之言充数也。①

---

① 梁启超:《东籍月旦》,《新民丛报》第 11 号,1902 年 7 月 5 日。

此语可以视为梁启超对过分借助日本学者成果对中国"新史学"发展带来负面影响的先见之明。对此判断,章太炎亦颇赞同:

> 顷者东人为支那作史,简略无义,惟文明史尚有种界异闻,其余悉无关闳旨。要之彼国为此,略备教科,固不容以著述言也。……顷阅《新民丛报》,多论史学得失,十一期报中又详举东人所修中史,定其优劣,知公于历史一科,固振振欲发抒者,鄙人虽驽下,取举世不为之事而以一身任之,或亦大雅所不弃乎。[1]

历史已经证明,章太炎预计自己以一年之力大约可成六七十万言,是过于乐观了。他的《中国通史》,一生未能完稿。章太炎信中"取举世不为之事而以一身任之"一语,还有可发覆处。在章氏看来,以"新史学"的理念来独立原创中国通史,是一件艰难之事,国人畏难不前。有此判断的,除了章太炎外,还有江苏的"国学社"。在《国学社编辑教科书》中,作者指出:

> 海内明智之士亦尝有意于教科书矣,然率勇于译述而怯于编著,工于谈外情而拙于谈国故,甚或三千年之历史,十八省之地志,亦复求书异域,奋笔抄胥。

国学社中人感到此种行为简直是数典忘祖的行为,悖于教育宗旨,乃下决心自己编纂教材,以"明内外之大别,发爱国之公心"[2]。

章太炎与"国学社"的观点,从侧面反映了清末"新史学"在遇到问题之后的路径转折:从严重依赖日本"东洋学"到向"国学"靠拢。由于新教育的骤然实施,新式历史教科书成为清末"新史学"的重要表现,在需求急迫的情况下,借助日本"东洋学"论著进行编纂本来是务实之策,但是其中的弊端又日益明显,尤其是"日人口吻"及其立场情感,让不少中国传统学养深厚的学人不能接受,遂投身到历史教科书的编纂工作之中。

1905年对清末"新史学"发展而言,是一个转折之年。就梁启超个人言,1901—1905年是梁氏史学历程第一阶段,此一阶段,服膺进化史观,"以国民发达史为主,以求致用为先",在史学上有众多质量上乘的史学论著。[3]

---

① 《章太炎来简》,《新民丛报》第13号,1902年8月4日。
② 《国学社编辑教科书启》,《江苏》第1期,1903年4月27日。
③ 许冠三:《新史学九十年》,岳麓书社2003年版,第12—17页。

从 1905 开始,他在史学领域投入的精力越来越少,论著锐减,可以说是逐渐淡出了史学界,1905 年梁氏与史学有关者的论著,仅《德育鉴》与《节本明儒学案》两部,"多属治心治身之书",难说是"新史学"之作。① 梁氏的淡出,或与革命派的论战日益激烈,及清政府下诏预备立宪有关。与梁启超淡出史学界同时发生的,是"保存国粹"倡议的出现。1905 年 1 月,邓实、黄节、刘师培等人在上海成立国学保存会,随后创办了以"发明国学,保存国粹"为宗旨的《国粹学报》,给"新史学"的发展带来了显著影响。

国学保存会的创立者和参与者,如章太炎、刘师培、邓实、黄节、陈去病、马叙伦等,基本上都是此前"新史学"的响应者、提倡者。他们由提倡效法"泰西良史",转向"发明国学,保存国粹",背后是他们对待"新史学"态度的重大转变。为何在短短几年之间他们的史学思想就发生如此明显的转变? 粗略推测,其原因至少有二:其一,章太炎、刘师培、邓实、黄节、陈去病等人都是集政治活动和学术研究于一身的学人,在政治上,他们主张用革命的激烈手段推翻清朝统治,效法西方列强,建立新的政治体制。因此在学术上也表现出较激烈的味道,在 1902 年前后响应"新史学",政治思想在其中起到了重要的推动作用。但是 1905 年的政治形势与 1902 年相比已有较大变化,以梁启超为首之"立宪派"与章太炎等人之"革命派"的论战已经硝烟四起,这不能不对他们的学术思想带来影响。其二,此前对传统文化的严厉批判反而使他们发觉了自己对传统文化学术有一种难以割舍的感情。这种感情转化为强烈的危机意识:他们意识到传统学术的彻底被否定、被抛弃并不一定正确,故希望通过对传统文化学术的发掘和整理,"复兴古学",加强中华文化认同建设。这种"存学""保种"文化情感和态度的出现,影响了他们对"新史学"的认识。

"国粹派"参与者在史学方面的主张,与 1902 年"史界革命"刚刚提出时相比,既有坚持,亦有变化。"国粹派"对"新史学"理论的坚持主要体现在以下几个方面:(一)接受了以进化论为指导的新历史观。如刘师培在 1905—1906 年出版的《中国历史教科书》不但采用西方史著之章节体,而且以进化论为指导,考察了中国古代民族、政治、经济、学术、文化等发展过程。章太炎虽然在《俱分进化论》对进化论提出了一些自己的看法,但是本质上并不否定进化论。(二)仍然没有放弃"多学科交叉"来建立"新史学"之设想。刘师培在《国粹学报》第 1—5 期发表的《周末学术史序》即准备将周末学术分为"心理学""伦理学""论理学""社会学""宗教学""政法学""计

---

① 丁文江、赵丰田编:《梁启超年谱长编》,上海人民出版社 2009 年版,第 231 页。

学""兵学""教育学""理科学""哲理学""术数学""文字学""工艺学""法律学""文章学"共16门来论述。而在1908年发表的《论中土文字有益于世界》一文,刘师培更是明确指出社会学对于历史研究之裨益:"中土史篇,记事述制,明晰便章。惟群治之进,礼俗之源探赜索隐,鲜有专家……大抵集人世之现象,求事物之总归,以静观而得其真,由统计而征其实。凡治化进退之由来,民体合离之端委,均执一以验百,援始以验终。使治其学者,克推记古今变迁,穷会通之理,以证宇宙所同然"①。(三)仍然重视"民史""国史",尤其突出史学对国民的教化作用。这种思想在刘师培编纂教科书时有清晰的体现。《国粹学报》在介绍刘师培《中国历史教科书》第一册时说:

> 其所注意之点,则一在历代政体之异同;一在种族竞争之始末;一在制度改革之大纲;一在社会进化之阶级;一在学术进退之大势;不专重君朝而兼重民事,不专详事迹,而兼详典制,诚中国历史教科书未有之佳本也。

在介绍《乡土历史教科书》时又说:

> 敝会窃以小学一级为培养国民之基础,泰西各国教育咸注重乡土史志一门,就其见闻中最亲切有味者以为教授,则其记忆力与感觉力皆易黏触,所以感发其爱乡土之心,由是而知爱国也。②

"国粹派"史学认识上的变化,主要在于基本放弃了对传统史学的激烈否定,转而对传统史学有更多的理解和吸收。在1902年,章太炎、邓实等人对梁启超提出的"新史学"主张,予以了态度鲜明的支持,对传统史学也有明确的批判。但是,随着时间的变化,他们在看到民族危机的同时也看到了传统文化的危机,而且学术文化危机更为深刻,如《国粹学报叙》中说"学亡则亡国、国亡则亡族"③。于是他们又转而为传统文化辩护,企图寻找传统文化存在的价值,论证传统学术的合理性。如黄节对梁启超《新史学》中提出的"正史家谱说"的否定;④邓实对"史"予以高度褒奖,认为"史为古今天下

---

① 刘师培:《论中土文字有益于世界》,《国粹学报》第46期,1908年10月。
② 《国粹学报》第38期之"广告",1908年2月。
③ 黄节:《国粹学报叙》,《国粹学报》第1期,1905年2月。
④ 黄节:《黄史·总叙》,《国粹学报》第1期,1905年2月。

学术一大总归"①;许之衡认为"二十四朝之家谱"的说法并不适当;②章太炎在 1907 年也发表《答铁铮》,认为以"邻家生猫之说""谱牒之流"比喻中国传统史学,"何其妄也"。③

在上述学术认识的基础上,国学保存会希望能编纂出高水平的"国学教科书",以利于"保存国粹"。国学保存会《编辑国学教科书出版广告》指出,国学保存会"欲办之事有五","编辑《国学教科书》"即其一:

> 坊间所有之《国学教科书》,非译自东文,则草率陋劣,竟无一可用之本。本会同人既以保存国学为任,安能任五千余年光明俊伟之学术听其废弃? 然祖国典籍浩如烟海,学人苦无门径,每兴望洋之叹,非提要钩玄,重行编辑,不能合学堂教科之用,同人热心发愤,举以自任,将我国所有经史百家诸书萃荟无遗,再行编辑为《国学教科书》五种,定约以二年编成,其课数条例,悉依学堂章程,举我国五千年之学术其精要重大者,皆融会于五种教科书之中。学者读此,于国学已能窥其全,学有根抵,然后更进以泰西科学,其成就必大。④

国学保存会之要编纂的五种"国学教科书",是指《伦理教科书》《经学教科书》《中国文学教科书》《中国历史教科书》《中国地理教科书》。国学保存会出版了一些教科书,其中以刘师培的《经学教科书》和《中国历史教科书》最为知名。刘氏在编纂《中国历史教科书》时,既注意到了传统史学和已有教科书的问题,力求会通中国典籍与"西籍兼及宗教社会之书",特别注重"历代政体之异同""制度改革之大纲""社会进化之阶级""学术进退之大势"。⑤ 该书采用"课"为单位,能较好地将传统的编年体、纪事本末体等结合起来,并能注意从经济、政治、文化等方面比较各时代的异同及其原因。不过遗憾的是,该书第二册于 1906 年 8 月出版后,再未见第三册面世。清末学人《中国通史》未竟之作,再添一桩。后来国学保存会又由刘师培、黄节等编辑了江苏、广东等四省"乡土教科书"。

---

① 邓实:《国学微论》,《国粹学报》第 2 期,1905 年 3 月。
② 许之衡:《读〈国粹学报〉感言》,《国粹学报》第 6 期,1905 年 7 月。
③ 章太炎:《答铁铮》,《民报》第 14 号,1907 年 6 月 8 日。
④ 国学保存会:《编辑国学教科书出版广告》,转引自汤志钧:《刘师培和〈经学教科书〉》,赵昌智主编:《扬州文化研究论丛》第 8 辑,广陵书社 2012 年版,第 2 页。
⑤ 刘师培:《中国历史教科书》,《刘申叔先生遗书》第 4 册,中共中央党校出版社 1997 年影印版,第 275 页。

通过上述对清末历史教科书编纂情况的梳理,我们可以认识到清末"新史学"其实存在着"名实不副"的现象,实际的学术成果并不能与其在思想方面的影响相称。过往诸多关于清史"新史学"的研究,主要集中在《新史学》等理论性、评论性的文献,或一些代表性论著上,且主要是探究"新史学"超越"旧史学"的观点与成就,少有人能将眼光投射到"新史学"发展的内部,分析其为何有些"名实不副"。简要说,清末的"新史学"成就,主要集中在史学认识论领域,在具体史学成果上,甚至找不到一部完整且学术水平较高的中国历史教科书。当新教育骤然展开之际,从政府核心官员到知识阶层,为了尽快满足新教育的需要,认为自日本已有中国史或"东洋史"著作为底本进行编译是终南捷径,大量日本教科书涌入国内"充斥于市肆,推行于学校",①柳诒徵编译《历代史略》对相关不符合中国情况者进行改订,已是良心之作。不少译本是质量低劣之作,甚至有教科书直接"在日文假名旁边,注上相应的汉字而已"。② 面对此种情况,一些传统学术素养深厚的学人开始自编教材,虽然有一些学者的努力略有成效,但总体上效果并不好。即使像国学保存会那样将编纂教科书列为重要任务,亦未能达到预期。无论是借助"东洋学",还是转向"国粹学",皆不是中国"新史学"理论上的正常发展路径。清末中国历史教科书的窘境,也折射出清末"新史学"发展的窘境。

第三节　清末的学术反省与学术转向

中国自古以来,亡国之祸叠见,均国亡而学存。至于今日,则国未亡而学先亡。……今之人,不尚有旧,自外域之学输入,举世风靡,既见彼学足以致富强,遂诮国学而无用。而不知国之不强,在于无学,而不在有学;学之有用无用,在乎通大义,知古今,而不在乎新与旧之分。今后生小子,入学肄业,辄束书不观,日惟骛于功令利禄之途,卤莽灭裂,浅尝辄止,致士风日趋于浅陋,毋有好古博学,通今知时,而务为特立有用之学者。由今而降,更三数十年,其孤陋寡闻,视今更何如哉?嗟乎!户肄大秦之书,家习劫卢之字,宿儒抱经以行,博士倚席不讲,举凡三仓之雅诂,六艺之精言,九流之坠绪,彼嬴秦蒙古所不能亡者,竟亡于教育

---

① 诸宗元:《译书经眼录序》,顾燮光辑:《译书经眼录》,熊月之主编:《晚清新学书目提要》,上海书店出版社 2007 年版,第 219 页。
② 汪向荣:《日本教习》,中国青年出版社 2000 年版,第 171 页。

普兴之世,不亦大可哀邪!固国学之阨,未有甚于今日者也。①

这段话语出自邓实 1907 年《拟设国粹学堂启》。笔者最早注意到此文,是追溯王国维"学无中西新旧有用无用"源头时,发现邓实在此已经提出了学无新旧有用无用的观点。随着对清末学术发展体会的加深,笔者对这段话的感知也在不断加深,认为此语较好地折射了甲午惨败以后十余年中国学术发展的历程及其问题:甲午惨败后,急于谋富强,救危亡,中国知识阶层对中国传统学术进行了反思批判,有一些学者提出了传统学术"无用"的严厉否定,并倡导全方位地学习西方;为了鼓励学习西方,政府大力奖励留学、译书等,反使现代学术成为利禄之途,导致学术进步缓慢、道德伦理水平下降等不良问题;传统学术深厚的学人有鉴于此,乃倡导"保存国粹",对传统进行现代转化,补弊救偏,又产生了"化经为史"的学术动向。

世变之下,学术必变,是清末学人的共同感受。《国民日日报》在 1903 年刊登的一篇社论中说,"一时舆论之所趋向者,即为一时之世风",四十年间,中国先后经历了"格致汇编之世风""经世文续编之世风""盛世危言之世风""时务报之世风""清议报之世风""新民丛报之世风"。虽然此文主旨在批评清政府应对世变之措施不适当,但也从侧面反映了晚清世变之下舆论人心之变化,以及学术文化随世变而变化的景象。甲午惨败之后,政治剧变引发的思想剧变对中国知识人产生了整体性冲击,也引发了他们对形势以及在此形势下的学术,有了新的认识。对此时思想界影响巨大的严复说,"今日之世变,盖自秦以来未有若斯之亟也",处此中西冲突时代,"我四千年文物声明,已涣然有不终日之虑"。② 梁启超在著名的《变法通议》中指出,在"大地既通,万国蒸蒸日趋于上"的情势下,"变亦变,不变亦变",而"变法之本,在育人才,人才之兴,在开学校,学校之立,在变科举,而一切要其大成在变官制"。③ 在梁氏的观念里,中国走到衰败危亡境地的根源是学术不兴,无论是练兵、开矿,还是开民智,关键都在于更新学术。言下之意,中国学术处于剧变时代但无力应对已是事实,需要考虑的是怎样引导学术向着有利于救亡图存的方向发展。这种意识,在张之洞的《劝学篇》中也有清晰的体现。张之洞认为,"今日之世变,岂特春秋所未有,抑秦、汉以至

---

① 邓实:《拟设国粹学堂启》,《国粹学报》第 26 期,1907 年 3 月。

② 严复:《论世变之亟》,汪征鲁等主编:《严复全集》第 7 卷,福建教育出版社 2014 年版,第 11—12 页。

③ 梁启超:《变法通议》,《饮冰室合集》文集之一,中华书局 1989 年影印版,第 8、10 页。

元、明所未有也",但是"图救时者言新学,虑害道者守旧学,莫衷于一",学术界已分裂对立,学术之变,已是不可改变之事实。①

清末新政开始后,对中国学术进入剧变时代的判断,更是见于很多文献中。兹举几例如下:郑浩认为通商以来,中国学术"由腐败而变通,由变通而开放,由开放而精辟"②;高旭认为五口通商之后,中国人始知"中学以外,尚有他学",西方的学术与思想大规模传入,是为"西学输入时代","'文字收功日,神州革命潮',是乃近时学界之一大变象也"③;刘师培认为,"文学之衰,至近岁而极。文学既衰,故日本文体因之输入于中国",且"时势所趋,相习成风",中国文学前景堪忧。④ 进入民国后,对学术剧变的判断仍然屡见不鲜,所不同者,在于对学术发展取向的判断。如吴贯因认为,"自孔子以至于今,为儒者之势力范围时代,自今以往,则将成为国民之势力范围时代",因此史家的位置必然发生变化。⑤ 可是数年之后,王国维则指出,由于"时势又剧变","世之言学者辄怅怅无所归,顾莫不推嘉兴沈先生,以为亭林、东原、竹汀者俦也",⑥向传统回归的倾向跃然纸上。

紧随学术必变而来的问题是,学术为何要变及该向哪里变? 清末学人之所以认为学术必变,是基于"有一代之变,即有一代救变之学"的认知。⑦在寻求"救变之学"的导引下,学术能否尽快承担起救危亡、谋富强的责任,就成为判断学术的基本标尺和决定学术发展方向的根本依据。由此观念出发,急于求成的清末学人发现,中国传统学术不仅"无用",甚至对中国的发展进步有明显的负面作用。对中国传统学术"无用"严厉批判,可以说是主张变法图强者的共识性认识。兹举几位著名学者的阐述为证。严复在《原强》中说:

> 中国名为用儒术者,三千年于兹矣,乃徒成就此相攻、相感、不相得

---

① 张之洞:《劝学篇》,苑书义等主编:《张之洞全集》第 12 册,河北人民出版社 1998 年版,第 9704 页。

② 郑浩:《中华民族学术变迁论》,《新民丛报》第 17 号,1902 年 10 月 2 日。

③ 高旭:《学术沿革之概论》,郭长海、金菊贞编:《高旭集》,社会科学文献出版社 2003 年版,第 491—492 页。

④ 刘师培:《论近世文学之变迁》,《国粹学报》第 26 期,1907 年 3 月。

⑤ 吴贯因:《史家位置之变迁》,《庸言》第 5 期,1913 年 2 月 1 日。

⑥ 王国维:《沈乙庵先生七十寿序》,谢维扬、房鑫亮主编:《王国维全集》第 8 卷,浙江教育出版社 2010 年版,第 618—620 页。

⑦ 邓实:《明末四先生学说》,《国粹学报》第 15 期,1906 年 4 月。

之民,一旦外患忽至,则糜烂废痿不相保持。其究也,且无以自存,无以遗种,则其道奚贵焉?然此特鄙人发愤之过言,而非事理之真实。子曰:"人能宏道,非道宏人"。儒术之不行,固自秦以来,愚民之治负之也。①

严复虽然不赞成对"儒术"全盘否定的言论,但是也承认"儒术之不行",中国传统的学术、知识,无力承担挽救世变的重任。严复在另一篇重要文献——《救亡决论》中指出,"求才为学二者,皆必以有用为宗",八股取士"锢智慧""坏心术""滋游手",导致国无人才,学术不修,挽救危亡之道在于"痛除八股而大讲西学"。②

"求才为学二者,皆必以有用为宗",在清末可以说是一个普遍的认识。梁启超在《变法通议》中说:

> 今吾盖见通商各岸之商贾,西文学堂之人士,攘臂弄舌,动曰四书六经为无用之物,而教士之著书发论,亦侃侃言曰:中国之衰弱,由于教之未善。夫以今日帖括家之所谓经,与考据家之所谓经,虽圣人复起,不能谓其非无用也,则恶能禁人之不轻薄之而遗弃之也。③

梁启超对传统学术的否定,激烈超过严复,但是在学术必须有用这一点上,与严复并无太大不同。梁启超列举的振兴中国主要措施,有兴学校、改科举、建学会、译西书等,综合起来,仍然是"求才为学二者,皆必以有用为宗"。作为清末政治和学术文化领域皆举足轻重的领袖人物,张之洞对传统学术的态度更为稳健,但是也承认:

> 士之学取,办于讲章墨卷;官之学取,办于例案;兵之学取,办于钝器、老阵,如是已足。(近日宋学、汉学、词章、百家之学,亦皆索之故纸,发为空言,不必征诸实事,考诸万物。)④

---

① 严复:《原强》,汪征鲁等主编:《严复全集》第7卷,福建教育出版社2014年版,第22页。
② 严复:《救亡决论》,汪征鲁等主编:《严复全集》第7卷,福建教育出版社2014年版,第45—47页。
③ 梁启超:《变法通议》,《饮冰室合集》文集之一,中华书局1989年影印版,第19页。
④ 张之洞:《劝学篇》,苑书义等主编:《张之洞全集》第12册,河北人民出版社1998年版,第9732页。

张之洞的这些认识,在著名的"江楚会奏变法三折"第一折中有很多体现。张之洞、刘坤一认为,"中国不贫于财而贫于人才,不弱于兵而弱于志气",救亡图存必须以"育才兴学"为先,入手之方是改科举、新学校,"讲求有用之学"。①

众所周知,在国内情势压力和"江楚会奏变法三折"影响等综合因素下,清政府1901年颁布了改科举、废八股、兴学堂等新政措施。在这两个谕令里,对学术现状的不满直言不讳:科举取士"二百余年,流弊日深,士子但视为弋取科名之具,剿袭庸滥,于经史大义,无所发明,急宜讲求实学,挽回积习"②;"近日士子,或空疏无用,或浮薄不实,如欲革除此弊,自非敬教劝学,无由感发兴起"③。自此以后二三十年间,虽也有"国粹派"等为中国传统学术辩护,但对中国传统学术或学术现状的不满与批判,屡见不鲜,对现代中国学术观念生成影响颇大。最为著名的有:梁启超对传统史学"四弊二病三难"的总结,随后邓实等人提出的"中国无史论"、陈独秀等人对经学的批判、胡适等人的"科学整理国故"、陈垣等人提出的"把汉学中心夺回中国"等,皆引起一时关注,并对中国现代学术发展产生了重大影响。

在亡国灭种的急剧世变面前,中国学术思想界很多人总结、批判中国传统学术,根源于他们一个重要的观念意识——健康有用的学术才是救亡图存根本之策。在救亡图存为中国第一急务、要务的巨大压力下,并非一时之功的学术之重要性却更加凸显。这种看似不符合逻辑的现象,却是清末知识人一个逻辑意识的产物。在严复、梁启超等人看来,中国衰弱的根源在于人才缺乏,人才缺乏的原因在于教育落后,教育落后的原因是学术僵化无用,因此,挽救危亡之策,虽然是新教育、造人才,但是根本需要凭借的是学术之更新升级,要像西方学术那样有意义、能实用。正如严复所说:

夫今日中国所处之时势,既大异于古初矣,则今日之才,方之于已

---

① 张之洞、刘坤一:《变通政治人才为先遵旨筹议折》,苑书义等主编:《张之洞全集》第2册,河北人民出版社1998年版,第1393—1406页。

② 《光绪二十七年七月十六日谕以策论试士禁用八股文程序》,璩鑫圭、唐良炎编:《中国近代教育史资料汇编·学制演变》,上海教育出版社2007年版,第5页。

③ 《光绪二十七年八月初二日谕于各省、府、直隶州及各州、县分别将书院改设大、中、小学堂》,璩鑫圭、唐良炎编:《中国近代教育史资料汇编·学制演变》,上海教育出版社2007年版,第7页。

往者,虽忠孝廉贞之德,不能不同。而其所具之才,所以斡济时艰,策外交而辅内理者,必其详考古今不同,而周知四国之故者也。①

清末民初学人对"学术"作用的重视,在很多文献中皆有清晰表述。在清末"新民运动"发动之初,对学术重要性进行透彻阐述的文献有两篇,一篇是梁启超的《论学术之势力左右世界》,另一篇是邓实的《学强》。梁启超在《论学术之势力左右世界》中提出:

> 亘万古,衷九垓,自天地初辟以迄今日,凡我人类所栖息之世界,于其中而求一势力之最广被而最经久者,何物乎?……然则天地间独一无二之大势力,何在乎?曰智慧而已矣,学术而已矣。

梁启超以"近世史中文明进化之迹"为例,史论结合,论证了西方之所以强,是因为哥白尼、培根、笛卡尔、孟德斯鸠、卢梭、富兰克林、亚当·斯密、伯伦知理、达尔文等学术大家推动了学术的发展,文明的进步,并进而得出学术可谓"有左右世界之力"的结论。②

《论学术之势力左右世界》发表两个月之后,邓实在《政艺通报》发表了《学强》一文。在邓实看来,"国何以强?曰强于人。人何以强?曰强于学",中国不强的根源就在于"无学","无学故无知识,无知识,故上梦于官府,下梦于私室",导致战无将、政无士、垄无农、厂无工、衢无商。③ 此后类似关于学术重要性的言论,时有出现。如:陈独秀认为,"造就英雄,转移世运,全靠的是学术"④;黄节认为"学亡则国亡,国亡则族亡",邓实等人决定创办《国粹学报》的原因是"痛吾国之不国,痛吾学之不学"⑤。《国粹学报》以"发明国学,保存国粹"为主旨,刊发文章以学术史论为主,其中强调学术重要性的言论更是屡见不鲜,如邓实的"国学五论"等。强调学术的重要性,除了学者个人的表述,在清政府的一些重要谕令中也有很清楚的体现。如清廷改书院为学堂谕令的第一句话就是:"人才为政事之本。作育人才,

---

① 严复:《拟上皇帝书》,汪征鲁等主编:《严复全集》第7卷,福建教育出版社2014年版,第68页。
② 梁启超:《论学术之势力左右世界》,《新民丛报》第1号,1902年2月8日。
③ 邓实:《学强(鸡鸣风雨楼著议第二)》,《政艺通报》第3期,1902年4月8日。
④ 瑟詹(陈独秀):《近代安徽学案》,《安徽俗话报》第16期,1904年11月21日。
⑤ 黄节:《〈国粹学报〉叙》,《国粹学报》第1期,1905年2月。

端在修明学术"①。

对传统学术的僵化无用进行批判,对学术现状深感不满,并认为学术对于国族存续发展至关重要,在清末学人中可以说是共识性意见。另外一个可以视为共识性意见的是引入西方学术。既然学术如此重要,振兴人心、造就人才、挽救危亡、为国争光等等,皆依赖之,那么就必须尽快向西方学术借鉴学习,将中国学术更新发展。即使是叶德辉等所谓"顽固派",也特别表示对向西方学习的赞同:"方今朝廷言学,中西并采,屡见纶音,吾辈草野寒儒,尊奉宸谟,岂于西学尚有嫌忌?"②清末民初的学人很清楚,向西方学术借鉴,不是情感上学不学的问题,而是形势上必须学的问题。正如张之洞所言:"沧海横流,外侮洊至,不讲新学则势不能行,兼讲旧学则力不给"③。又如1908年的一篇文章指出:"学术中于人心,关于进化,东西一揆也。……当今新理日出。竞争日烈,世界各强国莫不深究其国固有之学,导其源而浚其流,究其本而齐其末,使其学术崭新,确立于万国优胜之地位,所以强其民族、扩张范围也",我国也必须尽快"开通学术"、开放心态,力求"合古今、贯东西而熔铸于一炉",才能救亡图存。④

在上述共识性意见的前提下,还应该看到思想界、学术界在一个重大问题上存在着明显的分歧。这个问题就是如何向西方学习? 在这个问题上,一个比较有影响的倾向是尽可能全方位地向西方学习,可以说是"全盘西化"的萌芽。另一个比较有影响的倾向是"中体西用"。在清政府推行新政以后,"新民思潮"风起云涌之际,尽可能全方位向西方学习的倾向影响颇大。在1902年、1903年涌现的报刊,大力提倡"新史学""新文学"等,皆可视为这种倾向的表现。一些学者也认为此时应该"大开门户,容纳新学"⑤。此一时期,对传统的学术的批判和否定已深入人心,即使一些相对稳健的学人,也承认传统经史之学已经是无用的"古董",无力应对世变,中国必须学习西方现代学术,即使是中国传统学术,也需要借助西方现代学术才能复

---

① 《光绪二十七年八月初二日谕于各省、府、直隶州及各州、县分别将书院改设大、中、小学堂》,璩鑫圭、唐良炎编:《中国近代教育史资料汇编·学制演变》,上海教育出版社2007年版,第7页。

② 《湘省学约》,苏舆编:《翼教丛编》,上海书店出版社2002年版,第151页。

③ 张之洞:《劝学篇》,苑书义等主编:《张之洞全集》第12册,河北人民出版社1998年版,第9726页。

④ 凡人:《开通学术议》,《河南》第5期,1908年6月5日。

⑤ 黄遵宪:《致梁启超函》(1902年9月),陈铮编:《黄遵宪全集》上册,中华书局2005年版,第433页。

兴。陈黻宸就说：

> 今之《十三经》，是四万万人公共之古董耳，今之五帝三王孔孟，是数千年古冢之朽骨耳，故经必以能行为要……今之尊经者，幼童习艺，白首不详，竭数十年之力，从事于一字一句之间，虫角雕镂，鞶帨致饰，而要于经奚当欤？夫敝其精于一无所用之地，而于己何功？且示人以登天不可阶之情之形，而于人何济？然且俨然自许曰：吾尊古。夫古者，枯槁不可施于今之谓也。……今日者，乃正经术世界中之一大变动时也。……自大者则以其非经也，用夏变夷，喃喃满口，半部《论语》，坐致天平。以迂远不切事情自旧说，日出其所诵习所依傍者，悍然与欧美诸巨子相抗衡于学术大竞争之世。……今且不必断断与人争欧学之行与不行，而但以益人理想，振人精神，为救中国要策。……学问之道，持之有故，而言之成理者，必有当于世之用。故我谓知孟德斯鸠、伯伦知理、卢梭之书有用，即可知孔孟之书有用。……经果不忘，即欧学亦行，此理之必无可疑者。①

陈黻宸的这段话，比较全面地表达了作者在1902年前后较为复杂的学术认识。概括来说，陈氏的学术认识可以总结为四点：第一，时势大变，中国传统经史之学已经进入了剧变时代；第二，在西方学术的映照下，中国传统学术琐碎僵化、自大无用等问题已经被放大，不主动改革自新，将会被彻底淘汰；第三，在救亡图存为中国要务的情况下，学术的重要性更加凸显；第四，中国学术文化的健康发展，既要继承中国优秀遗产，也需要以开放的心态借鉴、吸收西方学术文化的精华。

梁启超、陈黻宸等清末学人皆是接受传统学术训练成长起来的，在他们深知仅仅依靠传统学术无法完成严峻的救亡图存任务时，对传统学术文化进行批判是理性的表现，但是他们的思想情感里，对传统的经史之学又饱含着情感。即使是1902年的梁启超，一方面发表《新史学》等对传统史学进行严厉批判，另一方面也有创办《国学报》"取旧学磨洗而光大之"的想法。② 1902年左右的梁启超，思想一直摇摆不定，不但在改良与革命问题上表现出复杂的态度，在对待中国传统文化上也是如此。一位研究梁启超思

① 陈黻宸：《经术大同说》，陈德溥编：《陈黻宸集》上册，中华书局1995年版，第537、539、548、552、553页。
② 丁文江、赵丰田编：《梁启超年谱长编》，上海人民出版社2009年版，第192页。

想的学者这样说道：

> 梁决不是像他这一时期有时看来的那样，是一位激进的文化革命者。正如中国文化传统在他看来是复杂和多样化的一样，他对中国文化传统的态度也是复杂和多样化的，有时由真实的理智判断来决定，有时为一些说教的因素所支配，有时还不知不觉受他保留文化认同愿望的影响。①

这种"保留文化认同"的愿望随着现实的变化逐渐显露汇合，成为一股强劲的学术动力——以塑造"国魂"为主要目的"保存国粹"倡议。在1905年之后，"保存国粹"可以说是一个朝野皆有行动的学术行为。在民间，毫无疑问是以邓实、黄节等人领导的"国学保存会"为中坚；在政府，则主要是张之洞等人在教育体系内对传统经史教育的坚持和"存古学堂"的创办。正如罗志田先生指出的那样，"把国势之盛衰系于国学的兴废，是相当数量清季士人大致的共识"②。所以，尽管大多有反满革命倾向的"国学保存会"成员和张之洞等朝廷官员在政治上有着不可调和的矛盾，但是在希望"保存国粹"这一点上，有其思想认识的共通处。

从文献上来看，1905年之后的"保存国粹"倡议，主要体现在以下几个方面：（一）对此前过分否定传统学术观点的纠正，邓实、黄节、刘师培、章太炎等"国学保存会"的表述且不必说，即使是此前倡导向西方学习的严复，在1906年的《政治讲义》中，也对此前被自己誉为"石破天惊"的《新史学》中否定传统史学的观点提出了批评；③章太炎等人也指出，"国学之不知，未有可与言爱国者也；知国学者，未有能诋为无用者也"④。（二）对中国传统学术进行重新衡估，以求实事求是。《国粹学报》的核心目标是"于我国学术源流派别疏通证明，原原本本，阅者得此可以知读书门径"及"于泰西学术其有新理精识，足以证明中学者，皆从阐发，阅者因此可通西国各种科学"。⑤从《国粹学报》刊发的文章来看，更多的是侧重于对中国学术源流

---

① ［美］张灏：《梁启超与中国思想的过渡（1890—1907）》，崔志海、葛夫平译，江苏人民出版社1995年版，第139页。

② 罗志田：《国家与学术：清季民初关于"国学"的思想论争》，生活·读书·新知三联书店2003年版，第114页。

③ 严复：《政治讲义》，汪征鲁等主编：《严复全集》第6卷，福建教育出版社2014年版，第13页。

④ 《国学讲习会序》，《民报》第7号，1906年9月5日。

⑤ 《国粹学报略例》，《国粹学报》第1期，1905年2月。

进行疏通证明,邓实、刘师培、章太炎、陆绍明、黄节等人在《国粹学报》刊发了大量有关中国学术史的研究成果,对梳理中国学术源流、对辨析中国学术的精华与糟粕等皆有重要贡献。① (三)重新从理论上论证了"国"与"学"的关系,及以传统学术为基础塑造"国魂"的重要性。相关阐述众多,简要列举一二为证。如:黄节认为,"灭其种族,则必灭其国学而后可","学亡则亡国,国亡则亡族","国学者,明吾国界以定吾学界者也";②潘博认为"国之衰也,乃学之不明,而非学之无用";③邓实也认为传统学术被认为"无用"是因为未得其真,如汉学宋学"得其真而用之,皆可救今日之中国","国学存则爱国之心有以附属,而神州或可再造"。④ 邓实基于以上认识,提出了区分"国学"与"君学"、"真儒之学"与"伪儒之学"的想法,并初步提出了学无新旧有用无用之说。章太炎在《原学》中也指出,"仪刑他国者,惟不能自恢弢,故老死不出译胥钞撮",故"今中国不可委心远西,犹远西之不可委心中国也"。⑤ (四)批评"新学"的负面作用,并明确提出以传统学术匡正之。为尽快培养人才,张之洞、刘坤一在"江楚会奏变法第一折"中提议给考核合格的留学归国者授予"进士"或"举贡"等功名,⑥此后政府一面大力提倡留学,一面大力发展新教育,但是以"功名利禄"推动新学术、新教育的发展必然很快带来负面效果。正如陈天华在《绝命辞》中所言,"以东瀛为终南捷径,其目的在于求利禄,而不在于居责任。其尤不肖者,则学问未事,私德先坏,其被举于彼国报章者,不可缕述"。⑦ 倡议"保存国粹"的学者不仅注意到了这一现象,而且希望"国学"能起到补弊救偏的作用。章太炎等人认为"新学者,亦利禄之途也","其弊害自与科举等",只有昌明国学方可"谋所以整齐收拾之道"。⑧

在倡议"保存国粹"学者的努力之下,中国现代学术的发展路径在1905年之后开始发生了显著的转变。就史学而言,在此之前数年,学者们关注、思考的是如何在现代语境下"书写历史";在此之后数年,焦点问题已经逐

---

① 其中最有价值的应该是邓实对"国学"与"君学""真儒之学"与"伪儒之学"的辨析。
② 黄节:《国粹学报叙》,《国粹学报》第1期,1905年2月。
③ 潘博:《国粹学报叙》,《国粹学报》第1期,1905年2月。
④ 邓实:《国学今论》,《国粹学报》第5期,1905年6月。
⑤ 章太炎:《原学》,《国粹学报》第66期,1910年5月。
⑥ 张之洞、刘坤一:《变通政治人才为先遵旨筹议折》,苑书义等主编:《张之洞全集》第二册,河北人民出版社1998年版,第1405页。
⑦ 陈天华:《绝命辞》,刘晴波、彭国兴编,饶怀民补订:《陈天华集》,湖南人民出版社2008年版,第230页。
⑧ 《国学讲习会序》,《民报》第7号,1906年9月5日。

渐转换到如何实事求是地融合中西新旧再造"国魂"上。如果说此前数年学术界主流是一边张开双臂拥抱西方现代学术,一边用西方学术的观念来批评否定中国传统学术的话,那么在此后数年学术界的主流则已转换成以西方学术为参照"化经为史",对中国传统学术进行现代转化。史学界的努力方向,悄然从"书写历史"向"研究历史"转变,以"书写历史"为中心的"新史学",既无为人信服的成果,又或被视为是政治斗争的宣传工具,又或被视为"利禄之途",其式微可以说是历史的必然。

小 结

从略宏观的角度看,"新史学"在 1905 年之后的式微及中国现代学术发展路径的转向,既有其"来龙",亦有其"去脉"。从"来龙"而言,晚清以降,经学的衰落和史学的崛起是一个较为明显的史学动向。① 具体说来,道咸以后,经学的学术队伍分流、学术名家减少、学术成果亦少,以至于其在学术体系中心地位逐渐动摇,最终被边缘化;而史学则从经学队伍中吸收了不少学术资源,在边疆史地、旧史补订改作、金石学等领域开疆拓土,不断取得成绩。尤其是在"经世致用"学风全面复苏的清末,不能承担"救变"的经学一步一步走向穷途,是历史的必然。与此同时,史学由于其"鉴来知往"的功用,日渐脱离经学并发展壮大,而且最终转型成为独立的现代学科。总而言之,晚清"经消史长"这一学术变化,是清季民初史学发展的一个总体背景。②

甲午惨败之后,热血志士们挽救危亡的努力一再受挫之后,希望用现代史学来培养新国民,建立新国家。但是这一努力,在后人看来,也未必成功。虽然"史界革命"经梁启超登高一呼,学界影从,但"其兴也勃,其亡也忽",由于现代知识积淀不足,在以学术服务政治等问题之外,"新史学"并未取得令人信服的成绩而趋于式微。导致这一结果出现的原因有多种:从"新史学"提倡者们的角度来看,其自身的学养不足,尤其是对西方现代学术的了解并不深入,低估了现代历史书写的难度,梁启超等人以学术服务政治的思路给"新史学"带来了过重的现实负担,以学术为手段而非目的虽可一时风起云涌,但对学术长久健康发展反而是严重伤害;从整个学术发展的角度

---

① 李帆:《章太炎、刘师培、梁启超清学史著述之研究》,商务印书馆 2006 年版,第 44—47 页。

② 具体情形可参阅周予同《五十年来中国之新史学》(《学林》第 4 期,1941 年 2 月)、路新生《经学的蜕变与史学的"转轨"》(上海古籍出版社 2006 年版)等研究。

来看,在现代学术未经历专业化、学院化发展之前,"新史学"缺少必要的知识积淀,仅仅依靠对日本或欧美现代学术的译介,真正意义上的交叉研究不可能实现。在此情况下,清末"新史学"的发展出现了名实不副的情况,不仅未出现一部完整的高水平中国历史教科书,反而出现了比较明显的负面问题。

章太炎、刘师培等学者逐渐意识到,中国学术的发展需要在借鉴西方现代学术的基础上,对中国传统学术进行现代化改造。梁启超、章太炎等出身传统经史之学的学者在急剧世变中,逐渐走出了一条"化经为史"的道路,做了传统经史之学的终结者。早在 1904 年修订《訄书》时,章太炎就对孔子及儒学作出批判性的分析,指陈其学说的弱处和思想的局限,勇敢地否定孔子儒家宗师的至尊地位,强调孔子作为历史学家的历史贡献,指出"孔氏,古良史也。辅以丘明而次《春秋》,料比百家,若旋机玉斗矣"①。1906年他又在《国粹学报》上撰文说:"有商订历史之孔子,则删定六经是也"②。章太严认为像康有为那样尊孔子为"素王",只会再一次严重束缚人们的思想。他对孔子和"经"都进行了去意识形态化的解释,如认为"经"并无至高无上的意义:

> "经"者,编丝缀属之称,异于百名以下用版者。亦犹浮屠书称"修多罗"。"修多罗"者,直译为"线",译义为"经"。盖彼以贝叶成书,故用线连贯也,此以竹简成书,亦编丝缀属也。③

章太炎将笼罩在孔子和经学头上种种意识形态化的光辉抹去,只是其以史学转化经学的前提条件。更重要的是,章太炎在章学诚"六经皆史"说的基础上,消解了"经"的意识形态色彩,开启了"化经为史"的道路。章太炎这种"化经为史"的观点,给国粹学派在经史关系上奠定了基调,他们对待经学和史学的关系也多与章太炎同。刘师培于 1905 年在《国粹学报》第 1 期发表《古学出于史官论》,认为"古代之初,学术铨明,实史之绩"。不但"六艺出于史","宣尼删订六经,实周史保存之力";而且"九流出于史""术数

---

① 章太炎:《订孔第二》,《章太炎全集》(《訄书》初刻本、《訄书》重订本、《检论》),上海人民出版社 2014 年版,第 133 页。在《检论》中,又改为"仲尼,良史也。辅以丘明而次《春秋》,料比百家,若旋机玉斗矣"。
② 章太炎:《诸子学略说》,《国粹学报》第 20 期,1906 年 9 月。
③ 章太炎:《国故论衡》,上海古籍出版社 2003 年版,第 53 页。

方技之学出于史"。① 这篇文章不仅试图从根源上证明经学源于史学,而且将经学和"九流""术数方技"之学同等对待。刘师培此文和章太炎对孔子与经学的相关论述构成了国粹学派用史学转化经学的理论基础,既为此后"整理国故运动"的出现扫除了一些思想障碍,也为胡适等人用历史的眼光来研究传统经史提供了方法借鉴。② 这可以说是 1905 年中国学术发展路径转变的"去脉"。

---

① 刘师培:《古学出于史官论》,《国粹学报》第 1 期,1905 年 2 月。
② 钱穆曾指出,"适之则依西学来讲国故,大体则有采于太炎之《国故论衡》。惟适之不尊释。其主西化,亦不尊耶。而其讥评国故,则激昂有更超太炎之上者"(钱穆:《现代中国学术论衡》,生活·读书·新知三联书店 2001 年版,第 3 页)。

第三章　世变下的学术回顾与展望

——清末民初的清学史研究及其学术史意义

外界之势力之影响于学术，岂不大哉！自周之衰，文王、周公势力之瓦解也，国民之智力成熟于内，政治之纷乱乘之于外，上无统一之制度，下迫于社会之要求，于是诸子九流各创其学说，于道德、政治、文学上，灿然放万丈之光焰。此为中国思想之能动时代。自汉以后，天下太平，武帝复以孔子之说统一之。其时新遭秦火，儒家唯以抱残守缺为事，其为诸子之学者，亦但守其师说，无创作之思想，学界稍稍停滞矣。佛教之东，适值吾国思想凋敝之后。当此之时，学者见之，如饥者之得食，渴者之得饮。担簦访道者，接武于葱岭之道；缮经译论者，云集于南北之都。自六朝至于唐室，而佛陀之教极千古之盛矣。此为吾国思想受动之时代。然当是时，吾国固有之思想与印度之思想互相并行而不相化合；至宋儒出而一调和之，此又由受动之时代出，而稍带能动之性质者也。自宋以后以至本朝，思想之停滞略同于两汉。至今日，而第二之佛教又见告矣，西洋之思想是也。①

此段引文如果不标注出处，很难想到出自以考证闻名于世的王国维之手。1905 年，王国维尚是在"东西洋学术"里遨游的一名青年学人，不仅对儒学、对汉学、对宋学有"放言高论"，对于中国思想学术的过去、现状与未来，亦有自己的判断。衡诸于清末民初思想学术的发展情况，上文其中体现的王国维之学术认识尚有几处值得申说：（一）对春秋战国时期的思想学术评价甚高，认为此一时期的思想学术有"万丈之光焰"；（二）对汉学、清代学术的评价不甚高，认为是思想"停滞"的产物；（三）对宋代理学的评价略高于汉学与清代学术，特别认为理学是吸收佛教思想后的再创造；（四）对西方思想学术的传入将可能产生的影响，有警惕亦有期待；（五）衡估中国学术发展历程的目的，在于希望能变"受动"为"能动"，开创中国思想学术的新境界。

---

① 王国维：《论近年之学术界》，《教育世界》第 93 号，1905 年 2 月。

"有一代之变,即有一代救变之学"。① 时代变迁对学人的影响,往往会比较直观地体现在他们对以往学术的评判上。对中国传统思想学术进行反思批判,探寻在现代语境下中国学术的发展之路,创造出"救变之学",是从甲午惨败至民国初年二十余年中国思想学术界的一个核心任务。这些反思批判林林总总,既有张之洞《劝学篇》、梁启超《论中国学术思想变迁之大势》这样的长篇之作,也有邓实"国学五论"、王国维《论近年之学术界》这样的紧凑之文。虽然学者们在具体论述上各有侧重,但总体呈现的倾向,和王国维上述认识比较接近。

在风云变幻的清末民初,学者之学术认识随着世易时移而发生剧烈变化的并非孤例。在王国维将汉学归为思想停滞产物的六年之后,他却转身埋首经史,寄情金石,为"新汉学"的开创作出了最显著的贡献。他以汉学蜚声中外后,对汉学、清代学术的评价已非当日,故在《沈乙庵先生七十寿序》中对汉学评价甚高,对学术之过去、现在与未来的评判改变颇大。将《论近年之学术界》与《沈乙庵先生七十寿序》两文一起细读,王国维学术认识中的"变"与"不变",可感性地浮现。把王国维放诸清末民初这个时代,与邓实、陈寅恪等人的相关文本共读,又会发现,他的学术认识或受人影响,或影响了别人。在影响与被人影响之间,展现了这个时代学人对中国文史之学认知的"同"与"异"。"变"与"不变","同"与"异",皆可以视为是中国学人在世变下的反省与努力。

第一节 王国维"清学三阶段论"的形成

在中国学术史研究领域,王国维《沈乙庵先生七十寿序》是非常有影响的一篇文章。此文表面上虽然只是一篇千余字的应酬性文字,但因其中提出了多个精要的学术史论断,尤其是简明扼要地概括出"清学三阶段论"——"国初之学大,乾嘉之学精,道咸以降之学新"的观点,受到中国学术史研究者的重视,对清代学术史的梳理研究产生了持续的影响。

王国维并非如章太炎那样以学术史研究为主要治学领域,亦非如刘师培那样出身学术世家,何以能够如此精到简要地概括出整个清代学术的发展脉络,又何以能够为当时及此后的学术史研究者接受并产生较大的影响?

---

① 邓实:《明末四先生学说》,《国粹学报》第15期,1906年4月。

回顾已有研究,不管是关于王国维数以千计的研究,①还是对清代学术史研究再探讨的相关成果,②对此问题皆未有触及。笔者认为,这两个问题不仅牵涉到对王国维学术思想观念形成的认知,也是梳理清代学术史不得不清理的基本问题,而且是了解清末民初中国学人学术观念的切入口,对了解中国现代文史之学的形成与确立具有相当重要的意义。

与章太炎、刘师培等人不同,王国维并非以学术史研究为主要治学领域,亦无家学渊源,他之所以能提出"清学三阶段论"这个精练的论断,直接的原因可能是他独特的学术素养。王国维自幼并不喜爱经学,③1898 年到上海后,开始学习西方现代学术,先后接触了西方现代物理学、伦理学、逻辑学、美学等,④1902 年转而独自研习西方哲学,以叔本华为主要研读对象,并以研读西方哲学获得的认识来反观中国文化,于 1905 年撰写了《红楼梦评论》。⑤ 此后数年,"渐由哲学而移于文学",又"因词之成功,而有志于戏曲",⑥先后撰写了《戏曲考原》《宋元戏曲史》等论著。王国维这种不是从研治中国传统学术而是从研治西方现代学术走上学术之路的经历,对于他能够精练地提出"清学三阶段论"有多方面的重要影响:(一)不是出身学术世家,也不是自幼研习传统经史之学,使他可以摆脱传统观念的影响、门户之争的制约;(二)由于具备了西方现代学术的参照,使他可以从一个观察者而不是信奉者的视角,清醒、宏观地来观察整个清代学术的发展演变;(三)由于受到西方哲学、逻辑学等学科语言的熏陶,使他能够有意识地用现代学术语言来概括、凝练学术观点,以达到表达的效果。正如日本学者狩野直喜指出的那样,王国维不仅"对西洋科学研究法理解很深,并把它利用来研究中国的学问",而且由于他在治学根底和"精巧的表达方面"皆具备

---

① 仅以"篇名:王国维"为条件在"中国知网"中国期刊全文数据库进行搜索,检索结果就有 2216 篇,检索时间为 2020 年 2 月 10 日。

② 朱维铮是对清学史研究进行再探讨较早的学者之一,他不仅对梁启超的《清代学术概论》和《中国近三百年学术史》进行校注,还撰写了《清学史:汉学与反汉学》等论文;最近十多年,刘巍、李帆、张昭军、武少民、李孝迁等研究者皆有相关论著;武少民《王国维与清代学术史研究》[《东北师大学报》(哲学社会科学版)2011 年第 6 期]等成果对王国维"清学三阶段论"的含义进行阐发,但并未讨论"清学三阶段论"形成等问题。

③ 王国维在 1907 年所写的《自序》中说"家有书五六篋,除《十三经注疏》为儿时所不喜外,其余晚自归塾,每泛览焉"(谢维扬、房鑫亮主编:《王国维全集》第 14 卷,浙江教育出版社 2010 年版,第 118 页)。

④ 袁英光、刘寅生:《王国维年谱长编(1877—1927)》,天津人民出版社 1996 年版,第 13—27 页。

⑤ 谢维扬、房鑫亮主编:《王国维全集》第 1 卷,浙江教育出版社 2010 年版,第 3 页。

⑥ 谢维扬、房鑫亮主编:《王国维全集》第 14 卷,浙江教育出版社 2010 年版,第 121—122 页。

独特的优点,使他提出的学术观点更容易为其他学者领会和接受。①

　　研究王国维的成长经历可知,王国维"清学三阶段论"这个学术观点的提出并不是一蹴而就的,而是有一个不断积累凝练的过程。辛亥革命爆发后,王国维追随罗振玉到日本,在罗氏的影响下,"尽弃前学,专治经史,日读注疏尽数卷,又旁治古文字声韵之学",②想"要树立新的见地","想改革中国经学研究"。③ 根据罗振玉的叙述,罗氏在清末就对王国维在中国传统学术领域的"修学途径"予以指导,并对清代学术发展路径有所分析,认为"国朝学术实导源于顾亭林处士,厥后作者辈出,而造诣最精者,为戴氏(震)、程氏(易畴)、钱氏(大昕)、汪氏(中)、段氏(玉裁)及高邮二王"。但此时的王国维"方治东西洋学术,未遑专力于此"。在王国维转治经史之学后,罗氏又指示他当"先于小学、训诂植其基",并"与论学术得失",王国维也"寝馈于往岁予所赠诸家之书",并与罗振玉等人往复论学,"所造乃益深且醇"④。以此来看,罗振玉对王国维研习中国传统学术的指导及其对清代学术发展历程的一些看法,可能是王国维对清代学术发展历程有所认识的第一个阶段。

　　1913 年,日本人主办的《盛京时报》邀请王国维撰写可连续刊登的学术札记,王国维从 1913 年 7 月 12 日至 1914 年 5 月 5 日断断续续撰写了七十八条札记,其中第五十八条内容是关于清代学术的。该文已显现出作者从全局上梳理清代学术发展历程的意图。细而言之,该文主要有三层含义:(一)初步构建了一个清代学术的谱系,所谓"国朝三百年学术启于黄、王、顾、江诸先生,而开乾嘉以后专门之风气者,则以东原戴氏为首"。受戴氏影响,在礼学方面,"曲阜孔氏、歙县金氏、绩溪胡氏之学皆出戴氏";小学方面"其'转注假借'之说,段氏据之以注《说文》,王、郝二氏训诂音韵之学亦由此出也";在《考工记》等方面,程瑶田"亦同东原之风而起","以悬解之

①　[日]狩野直喜:《回忆王静安君》,陈平原、王枫编:《追忆王国维》,中国广播电视出版社1997 年版,第 344—345 页。

②　谢维扬、房鑫亮主编:《王国维全集》第 8 卷,浙江教育出版社 2010 年版,"《观堂集林》罗序"。

③　[日]狩野直喜:《回忆王静安君》,陈平原、王枫编:《追忆王国维》,中国广播电视出版社1997 年版,第 343—344 页。

④　罗振玉:《海宁王忠悫公传》,陈平原、王枫编:《追忆王国维》,中国广播电视出版社 1997年版,第 8—9 页。罗振玉在 1930 年应日本人之邀"讲本朝学术概略",虽其讲稿显示罗氏重在讲清代学术之渊源而忽略流变,但其最后一部分谈"本朝学术之得失",并指出清代学术"导源于顾处士炎武"(罗振玉:《本朝学术源流概略》,罗继祖主编:《罗振玉学术论著集》第 11 集,上海古籍出版社 2010 年版,第 189—240 页)。

才,兼据实物以考古籍",在精密方面胜过戴氏。嘉道之后,由于西北史地学及辽、金、元史研究的兴起,源自戴震的学术则出现了一些问题,"段、王、孔、金一派犹有继者,程氏一派则竟绝矣"。(二)初步分析了清代不同时期的学术风格,所谓"大抵国初诸老根柢本深,规模亦大,而粗疏在所不免。乾嘉诸儒亦有根柢,有规模,而又加之以专,行之以密,故所得独多。嘉道以后,经则主今文,史则主辽金元,地理则攻西北,此数者亦学者所当有事。诸儒所攻,究亦不为无功,然于根柢规模,逊前人远矣"。(三)表彰程瑶田"据实物以考古籍"这种"于戴氏之外,自辟蹊径"的治学路径,高度赞扬程瑶田在《考工记》等方面的学术论断。① 不难看出,此文与《论近年之学术界》已有显著变化,而依稀有《沈乙庵先生七十寿序》一文的影子。关于此文还需申说三点:一是从此文内容来看,若罗振玉《海宁王忠悫公传》所言不虚,则王国维的确受到了罗氏的指导和启发;二是王国维在此高度赞扬程瑶田"据实物以考古籍"的治学路径及其学术成就,可能与其已初步发现了"二重证据法"有关;②三是王国维在此文中对清代学术发展历程的界断是清初—乾嘉—嘉道,但从叙述的意思来看,其对嘉道时期学术之关注,主要就是此后学术界常说的"道咸新学"。这一时期正是王国维在中国传统学术研究领域的探索时期,可视为其对清代学术发展历程进行梳理的第二个阶段。此一阶段还有一篇文字值得重视,就是《〈殷墟书契考释〉后序》。

1915 年 2 月 6 日,王国维为罗振玉《殷墟书契考释》撰写了后序,虽然主旨在表彰罗振玉在殷墟文字搜集和考释方面的成就,但也是在梳理清代学术史的基础上展开论述的。他认为清代学术"超绝前代者,小学而已":《说文》研究起自顾炎武,大成于钱大昕;古韵之学,"经江、戴诸氏至曲阜孔氏、高邮王氏而尽其微,而王氏父子与栖霞郝氏复运用之,于是训诂之学大明";古文字之学萌芽于乾嘉之际,但"其时大师宿儒,或殂谢,或笃老。未遑从事斯业","至庄葆琛、龚定庵、陈颂南之徒,而古文之厄极矣",直至罗振玉着力搜集考释殷墟文字,才使古文字之学昌明,故他认为"我朝三百年之小学,开之者顾先生,而成之者先生也"③。此文可视为王国维在前文基础上对清代学术发展历程梳理的继续,并且其在学术发展谱系中表彰学者的行文方式,与《沈乙庵先生七十寿序》一文如出一辙。

---

① 谢维扬、房鑫亮主编:《王国维全集》第 3 卷,浙江教育出版社 2010 年版,第 380—391 页。
② 李锐:《"二重证据法"的界定及规则探析》,《历史研究》2012 年第 4 期。
③ 谢维扬、房鑫亮主编:《王国维全集》第 8 卷,浙江教育出版社 2010 年版,第 609—610 页。

1915年4月，王国维从日本返回国内，并在罗振玉的介绍下拜访沈曾植，二人在"相知相闻十多年后"终于见面。经过数年的往复谈论，王国维在音韵学、西北史地学、蒙元历史学等方面受到了沈曾植的影响，"沈曾植则实际上取代了此前罗振玉在王国维心目中的学术地位"①。这一时期可以说是王国维学术研究走向成熟的一个时期，也是他对清代学术认识的第三个阶段。1919年3月30日是沈曾植七十大寿，王国维对沈曾植祝贺的重视程度超过了沈氏其他朋友。② 他不仅特意撰写了有"列仙名在儒林中"这样虚语的长篇寿诗——《海日楼歌寿东轩先生七十》，③而且还撰写了《沈乙庵先生七十寿序》（以下简称《寿序》），将沈曾植置于承继清代三百年学术精华，可与顾亭林、戴东原并立之学术领袖的地位上予以高度褒扬。也就是在这篇寿序中，王国维较为系统地提出了"清学三阶段论"——"国初之学大，乾嘉之学精，道咸以降之学新"的观点。

除去对沈氏个人的赞誉，这个"清学三阶段论"具有丰富的学术内涵：（一）三个阶段皆有清晰的"开创者"——清初之学由顾炎武开创，乾嘉之学由戴震、钱大昕开创，道咸之学由龚自珍、魏源领军；（二）三个阶段的学术形态不同——清初是"以经世为体，以经、史为用"的"经世之学"，乾嘉时期是"以经、史为体，而其所得往往裨于经世"的"经史之学"，道咸时期是"言经者及今文，考史者兼辽、金、元，治地理逮四裔"的"新学"；（三）三个阶段的学术形态虽然不同，但其形成却具有相同的原因——世道之变化，清初学者"多胜国遗老，离伤乱之际，志在经世，故多为致用之学"，乾嘉时期"纪纲既张，天下大定"，对经世的关注下降，"得肆意稽古"，"经、史、小学专门之业兴"，道咸之际，"政治风俗已渐变于昔，国势亦稍稍不振"，虽"学者尚承乾嘉之风"，但为"图变革一切"，故学术"不循国初及乾嘉诸老为学之成法"；（四）三个阶段虽然学术形态不同，但治学方法则大体相同——"学问之品类不同，而其方法则一。国初诸老用此以治经世之学，乾嘉诸老用之以治经、史之学，先生复广之以治一切诸学"；（五）在王国维看来，清学实际上并未因清朝的覆亡而中止，实际上还有第四期——"今者时势又剧变矣，学术之必变，盖不待言。世之言学者辄伥伥无所归，顾莫不推嘉兴沈先生，以为亭林、东原、竹汀者俦也"。这一期的学术，是对道咸新学的反动，是对国初之学、乾嘉之学的复归。沈曾植之所以可以成为学术领袖，是因为他的学

---

① 彭玉平：《论王国维与沈曾植之学缘》，《中山大学学报》（社会科学版）2010年第2期。
② 许全胜撰：《沈曾植年谱长编》，中华书局2007年版，第477页。
③ 谢维扬、房鑫亮主编：《王国维全集》第8卷，浙江教育出版社2010年版，第651页。

术"于人心、世道之污隆,政事之利病,必穷其源委,似国初诸老;其视经、史为独立之学,而益探其奥窔,拓其区宇,不让乾嘉诸先生"①。

对于"清学三阶段论",王国维自己也较为满意自得。他在给罗振玉的信中说"为乙老作寿序,似藻周虑密,惜不能写寄"②。而《寿序》的主人公沈曾植,对王国维关于清学的梳理,也是较为认同的。他在致王国维的信中说"大篇度不敢当,然名理雅意,固所忻迓!"③从王国维和沈曾植这些话语来看,两人对此文中关于学术的过去、现在及未来之论断,均甚为满意认可。不过,要对这些论断进行更全面的解读,还需要有更宏观些的思维,将其置于清末民初整个时代中观察。

第二节　邓实与"清学三阶段论"的初创

通过文本对比,笔者发现,从现有的文献来看,"清学三阶段论"的原创可能是邓实而不是王国维。邓实早年师从经学名家简朝亮,庚子事变后到上海,1902 年创办《政艺通报》以救国保学,先后发表《论经学有关国政》《学强》《国学保存论》《国粹学》等文章。1905 年 2 月与黄节等人一起创办《国粹学报》,并在第 1—4 期发表《国学原论》《国学微论》《国学通论》《国学今论》四篇文章梳理中国学术史。在 1905 年 5 月 23 日《国粹学报》第 4 期(6 月 23 日第 5 期连载)上发表的《国学今论》中,邓实就初步提出了清代学术三变的观点。在这篇文章里,邓实不仅开篇就明确提出了"神州学术,至于本朝,凡三变矣"的观点,且在文中对此三变又多有申说。

为了便于比较邓实之说和王国维之说的异同,特取邓实《国学今论》(以下简称《今论》)和王国维《沈乙庵先生七十寿序》两文,分从几个方面参校其异同,并作出相关性分析。为便于直观对比,列成对照表如下:

---

① 谢维扬、房鑫亮主编:《王国维全集》第 8 卷,浙江教育出版社 2010 年版,第 618—620 页。
② 《致罗振玉》(约 1919 年 3 月 31 日),谢维扬、房鑫亮主编:《王国维全集》第 15 卷,浙江教育出版社 2010 年版,第 487 页。将此篇《寿序》和《〈殷墟书契考释〉后序》一文比较可知,王国维对沈曾植的褒扬超过了罗振玉,故王国维不将此文抄录给罗振玉看,或许也有担心因对沈曾植的推崇引起罗振玉不满的考虑。
③ 许全胜撰:《沈曾植年谱长编》,中华书局 2007 年版,第 477 页。许全胜称此处的"大篇"是指王国维所撰《海日楼歌》,此一论断可能稍有不确。《海日楼歌》只是一篇充满虚语的寿诗,根本谈不上"名理",更不会让沈氏"忻迓",能让沈氏说"度不敢当",又因"名理"而"忻迓"的,很可能是这篇《寿序》。

表一　邓实《国学今论》与王国维《沈乙庵先生七十寿序》文字对照表

文章 / 主要内容	邓实《国学今论》	王国维《沈乙庵先生七十寿序》	解析
清代学术三阶段的划分	神州学术,至于本朝,凡三变矣。顺康之世;乾嘉之世;道咸之世	我朝三百年间,学术三变:国初一变也,乾嘉一变也,道咸以降一变也	二者观点、表述基本一致
清代学术三阶段的具体表述	顺、康之世,明季遗儒,越在草莽,开门讲学,惩明儒之空疏无用,其读书以大义为先,惟求经世,不分汉、宋,此一变也。乾嘉之世,考据之风盛行,学者治经,以实事求是为鹄,钻研训诂,谨守家法,是曰汉学。方(苞)、姚(姬传)之徒,治古文辞,自谓因文见道,尸程、朱之传,是曰宋学。治汉学者诋宋,治宋学者亦诋汉,此再变也。道咸之世,常州学派兴,专治今文,上追西汉,标微言大义之学,以为名高,此三变也	顺康之世,天造草昧,学者多胜国遗老,离丧乱之后,志在经世,故多为致用之学,求之经、史,得其本原,一扫明代苟且破碎之习,而实学以兴。雍乾以后,纪纲既张,天下大定,士大夫得以肆意稽古,不复视为经世之具,而经、史、小学专门之业兴焉。道咸以降,途辙稍变,言经者及今文,考史者兼辽、金、元,治地理者逮四裔,务为前人所不为。虽承乾嘉专门之学,然亦逆睹世变,有国初诸老经世之志	二者视角、表述大体相近。但邓实对"汉宋之争"有言及,对道咸时期的西北史地学及辽、金、元史研究未提及。王国维对"汉宋之争"未提及,但指出了西北史地学及辽、金、元史研究是道咸时期学术的主要内容之一
对清代学术三阶段特点的概括	六先生(按:黄梨洲、顾亭林、王船山、孙夏峰、李二曲、颜习斋)之学,何其大也。盖先生(按:惠栋)之学,精眇渊博,甄明古谊,不愧大师。其(按:戴震)学长于考辨,立义多所创获,及参互考之,确不可易。生平著述,以《孟子字义疏证》《原善》二书,为最精深	国初之学大,乾嘉之学精,道咸以降之学新	邓实实际上已经指出了清初之学大,乾嘉之学精的特点,但语言上显然不如王国维概括得精炼。邓实未明确指出道咸时期学术的特点,而王国维概括出道咸之学的特点是"新"

续表

文章 主要 内容	邓实《国学今论》	王国维《沈乙庵先生七十寿序》	解析
对清代学术出现三个阶段原因的分析	顺康之世，天下草创，方以收拾人心为务，文网未密，而明季二三有学君子，得以抱其不事二姓之节，讲学授徒，风厉天下。流风所扇，人人知趋向实学，追汉采宋，不名一家，国家尝收人材之实。 雍乾之世，天下既定，网罗日密，文字之狱屡起，严立会结社之禁，而晚明讲学之风顿息。于是学者怀抱才慧，稍欲舒炫，举足荆棘，无所于施，则遁于声音训诂无用之一途以自隐，而汉学之名以起。 道咸之世，外侮踵至，朝廷方殷外务，无暇致密其文网，诸儒复得侈言经世。以西汉今文之学，颇切世用，易于附会，而公羊家言三世改制之说，尤与变法相吻合，故外托今文以自尊，而实则思假其术以干贵人、觊权位而已	顺康之世，天造草昧，学者多胜国遗老，离丧乱之后，志在经世，故多为致用之学，求之经、史，得其本原，一扫明代苟且破碎之习，而实学以兴。雍乾以后，纪纲既张，天下大定，士大夫得肆意稽古，不复视为经世之具，而经、史、小学专门之业兴焉。道咸以降，途辙稍变，言经者及今文，考史者兼辽、金、元，治地理者逮四裔，务为前人所不为。虽承乾嘉专门之学，然亦逆睹世变，有国初诸老经世之志	二者的观察视角基本相同，表述虽然差异不小，但意思比较接近，特别是在指出清初之世"实学"兴起，乾嘉之世经学、小学兴起这两点上基本无差别。唯邓实对于道咸今文经学的兴起持贬义，而王国维对于道咸之学则持褒义，并将其与"乾嘉专门之学""国初诸老经世之志"联系起来。这一分歧大约与二人治学差别有关，邓实虽然主张汉宋兼治，但其偏于古文经学，故对今文经学持贬义，且可能有师门的影响①。王国维并非研治经学出身，其治蒙元史实上接道咸。此外，《寿序》主人公沈曾植之学也曾"为道咸之学"，故其对道咸之学多有肯定

① 邓实之师简朝亮对康有为的今文经学学说多有批驳，详见张纹华、傅永聚《简朝亮与康有为述论》[《聊城大学学报》(社会科学版)2012年第4期]一文。

续表

文章 主要 内容	邓实《国学今论》	王国维《沈乙庵先生七十寿序》	解析
对自身所处时代学术情势的判断	今日之变,则上古所未有也	今者时势又剧变矣,学术之必变,盖不待言。世之言学者辄怅怅无所归,顾莫不推嘉兴沈先生,以为亭林、东原、竹汀者俦也	二者都意识到学术正在发生巨大的变化。但是邓实希望真正的汉学、宋学复兴,甚至希望在"孔子六艺之外,而更立一学派"——"周秦学派"。王国维则认为将清初之学和乾嘉之学优点结合起来才是学术发展的正确道路。二者这种判断的差异,主要是由于二者所处时代及治学取向的不同。邓实处于新学勃发的观念解放时期,学界主流都希望能创出新学术,造就新社会,但他们在内心深处又希望用中国的学术来保持中国的特性。王国维等"遗老"学人,遭遇政权覆亡和社会变动,一方面希望的是用传统学术来传承道德伦理,以使中国之为中国;另一方面亦希望能继承发扬乾嘉学人求真实证的治学精神

　　通过对比可知,王国维的"清学三阶段论"在几个主要方面与邓实的"清学三阶段论"都相同或相似。邓实之文发表在前,王国维之文写作在后,故王国维的"清学三阶段论"极可能源自邓实的"清学三阶段论",或至少是受到了邓实《今论》一文的影响。之所以有如此判断,不仅仅是因为邓实文章先发表,且王国维读到此文的可能性非常大,[1]而且还有一个可以作

---

① 《国粹学报》在上海发行,影响颇大,王国维其时正在上海,且王氏也曾是《国粹学报》的作者。

为有力旁证的现象:王国维还有其他两篇文章的观点也和邓实的两篇文章相近。

1905 年 2 月,王国维在《教育世界》第 93 号发表《论近年之学术界》,其中指出"近三四年,法国十八世纪之自然主义,由日本之介绍而入于中国,一时学海波涛沸渭矣","庚辛以还,各种杂志接踵而起,其执笔者,非喜事之学生,则亡命之逋臣也。此等杂志,本不知学问为何物,而但有政治上之目的。虽时有学术上之议论,不但剽窃灭裂而已","欲学术之发达,必视学术为目的,而不视为手段而后可",留学生"以纯粹科学专其家者,犹无所闻","近数年之留学界",又"或抱政治之野心,或怀实利之目的",不肯钻研学术,学术之争"以国家、人种、宗教之见杂之,则以学术为一手段,而非为一目的也",最后他指出"吾国今日之学术界,一面当破中外之见,而一面毋以为政论之手段,则庶可有发达之日欤"①。1903 年 1 月,邓实在《政艺通报》发表《政论与科学之关系》一文就已指出:"今日日本之输入泰西学术,输入其政论者耳,吾国转贩泰西学术于日本,亦转贩其政论者耳";由于政论易作且"其风潮入少年之脑筋也易",而科学则恰恰相反,故"学人之好为政论者多","好为科学者鲜",但科学不发达"而与论国群政教鲜不大缪";政论起源于 18 世纪的法国,经日本而传入中国,"今之操政论者",其"质点之未分,原理之未明","贸贸然"地进行政论,将会产生祸害中国的效果,故他指出"今日言中国莫不曰师日本矣,然东瀛学风其影响于吾国学术界者唯政论,唯有力焉,而吾国学界青年之思潮,而唯喜政论而不喜科学,将来流弊恐为吾群之害,有非新学诸君子所及料者,吾甚愿诸君子之一审焉"②。从以上征引的文献来看,二者的主旨基本是相同的,即:批评政治目的过于明显之"政论",提倡踏实的学术研究。而且二者的一些判断也是相似的,如认为政论源自 18 世纪的法国,经日本而传入中国,中国的政论家学无根底又热衷于发表容易打动青年人的政论。1911 年 2 月,王国维为罗振玉创办的《国学丛刊》撰写了序言,其中提出了"学无新旧也,无中西也,无有用无用也"的观点,认为应当努力于追求真正的学术,而不必争执学术的新旧、中西、无用有用。③ 这一学不分新旧、中西、有用无用的观点,其实邓实在 1907 年 3 月发表的《拟设国粹学堂启》一文已有所阐述:"维今之人,不尚有旧,自外域之学输入,举世风靡,既见彼学足以致富强,遂诮国学而无

---

① 王国维:《论近年之学术界》,《教育世界》第 93 号,1905 年 2 月。
② 邓实:《政论与科学之关系》,《政艺通报》壬寅第 23 期,1903 年 1 月 13 日。
③ 谢维扬、房鑫亮主编:《王国维全集》第 14 卷,浙江教育出版社 2010 年版,第 129—133 页。

用。而不知国之不强,在于无学,而不在有学;学之有用无用,在乎通大义,知今古,而不在乎新与旧之分。"①不难看出,邓实此文的主要观点已基本具备了学无新旧、中西、有用无用的思想萌芽了,只是他不能如王国维那样用易让人理解接受的现代学术语言将其学术观点清晰、明确、简练地概括出来。

学术观点不是无源之水、无本之木,通过对文献的参校异同,往往不仅可见其"流",而且常常也可追溯其"源"。王国维之所以能以千余字清晰地概括了清代学术的发展历程及其延续趋向,并简明精练地提出"清学三阶段论",除了王氏自身独特的学术素养外,还有一个更为重要的因素就是他站在了前人的肩膀上,吸纳综合了他们的心得与识见。不仅如此,细细考索相关文献,笔者发现"清学三阶段论"这个学术观点,可能有更为久远的渊源。

第一个可能的渊源是《四库全书总目·经部总叙》。此文指出"自汉京以后,垂两千年,儒者沿波,学凡六变",最后一变是清代学术:自明正德嘉靖以后,其学各抒心得,及其弊也肆(如王守仁之末派,皆以狂禅解经之类)。

　　　　空谈臆断,考证必疏,于是博雅之儒引古义以抵其隙。国初诸家,其学征实不诬,及其弊也琐(如一字音训动辨数百言之类)。要其归宿,则不过汉学、宋学两家,互为胜负。②

从思路上来看,清末学人对学术发展历程分期之判断与此文相似;从对清代学术发展的历程特点来看,清末学人的概括和此文对从清初到此文写作的乾隆时期的学术发展之概括相似度也较高。

第二个可能的渊源是朱次琦。咸丰八年(1858年),朱次琦开始在故乡礼山讲学。朱氏讲学"上辨古人,下穷今日",③对于学术也注重梳理源流,如关于清代学术,他认为"乾隆中叶至于今日,天下之学多尊汉而退宋,以考据为宗";顾亭林之学"可行于天下而先王之道必不衰";"纪文达汉学之前茅也,阮文达汉学之后劲也,百年以来,聪明魁异之士多锢于斯"等。④ 朱次琦的这些观点虽然不甚明显,但亦能显示他有梳理清代学术发展的意图。

①　邓实:《拟设国粹学堂启》,《国粹学报》第26期,1907年3月。
②　永瑢等撰:《四库全书总目》,中华书局1965年版,第1页。
③　朱次琦:《朱九江先生集》,清光绪刻本,"简朝亮序"第2页。
④　简朝亮:《清朱九江先生次琦年谱》,(台北)商务印书馆1978年版,第48—55页。

朱氏的这些观点及其取向,可能会通过两个途径影响到清末的学人。一个途径是朱次琦—简朝亮—邓实,另一个途径是朱次琦—康有为—梁启超。①第一个途径因为没有发现简朝亮关于清代学术的系统论述尚不能坐实,但第二个途径则可以勾勒出其基本线条:康有为在《长兴学记》的开首就指出,"尝侍九江之末席,闻大贤之余论,谨诵所闻,为二三子言之",②康氏讲学亦特别关注"古今学术源流",如《康南海先生讲学记》《万木草堂口说》《南海师承记》《万木草堂讲义》等文献中颇有一些内容是康氏对清代学术发展的看法,其中的一些论断能看到朱次琦论清学的影子③,另一些论断则可看到梁启超论清学的影子④。

此处需要特别申明的是,上文试图证明王国维"清学三阶段论"或"学无中西新旧"说可能源自邓实,并追溯"清学三阶段论"的源头,目的并不是要检讨王国维或邓实的学术规范问题,而是要揭示清末民初的一个学术现象:在纷繁复杂的时代中,虽然由于现代媒体的出现让学人们可以快速、自由、多元地表达自己的观点,对传统学术进行反思、总结,对当时的学术进行批判、评议,对未来的学术进行展望、规划,但是在歧异多元、言人人殊的背后,也存在着共识的凝聚,以及传统的影响。就清末民初的学人来说,在清代学术评价问题上,与邓实、王国维有相似观点的,还有多位学者。

第三节 "清学三阶段论"的学术史意义

就清学史研究这一具体领域而言,无论是王国维的"清学三阶段论",还是邓实的"清学三阶段论",其实都可视为是清末学人对清学反思与总结的结晶,对整个清学史研究影响深远。就整个中国学术史发展这一宏观视角而言,"清学三阶段论"的凝聚并成为共识,则体现了清末民初学人对中

---

① 这个"朱次琦—康有为—梁启超"清代学术史认识的影响链条,可能会在一定程度上修正周予同提出的观点,即梁启超关于清学史的看法主要是受到章太炎的影响(周予同:《中国经学史》,朱维铮编校:《周予同经学史论》,上海人民出版社2010年版,第581页)。

② 康有为:《长兴学记》,姜义华、张荣华编校:《康有为全集》第1集,中国人民大学出版社2007年版,第341页。

③ 如"本朝聪明讲考据,愚者讲八股","阮文达汉学之大宗"等(康有为:《万木草堂讲义》,姜义华、张荣华编校:《康有为全集》第2集,中国人民大学出版社2007年版,第291页)。

④ 如"廉耻坏于乾隆","开本朝学派者,黄、顾二先生","乾隆专言考据,王学尽灭,朱学亦微"等(张伯桢记录:《南海师承记》,姜义华、张荣华编校:《康有为全集》第2集,中国人民大学出版社2007年版,第258—259页)。

国学术的反省与开拓,对中国现代文史之学的形成与发展至关重要。

　　虽然在19世纪20年代西方的现代史地知识和学术信息就开始传播到中国,①但西方学术开始对中国学术产生全方位的冲击则是在甲午惨败之后。"割台湾偿二百兆"的惨痛教训唤醒了国人"四千余年大梦",②"海内稍有知识者,咸恍然于新旧之相形,其势不可以一日安",③以历史学为前锋的西方现代学术大规模涌入中国,不仅摧毁了"华夷"观、"天下中心"观等曾经主宰了中国人数千年的传统观念,而且也给中国传统学术带来了严重的冲击。曾经被认为是赋予了承载帝统、道统与伦常大义的经史之学,因为在救亡方面的无力、无用,④正面临着"学亡"的巨大压力。就中国学术内部发展的轨迹而言,整个清代学术的发展"以复古为解放",至清末时期已经到达了"复先秦之古"且再无"古"可"复"的阶段。⑤ 换言之,在甲午之后,中国学术外部承受着西方现代学术涌入的竞争和无力拯救世变的巨大压力,内部发展亦无可以继续开发的资源,走到了必须进行全面反思,然后吸纳"外学之真精神"以使中国传统学术焕发新光,并担负救亡图存重任的地步。⑥ 在"兴学以救国"等观念的影响下,以从反思谋发展为旨归的学术史研究在清末十多年间迅速发展起来。⑦ 此一时期的学人们清醒地认识到,反思中国学术史,不仅仅是要"于我国学术源流派别疏通证明原原本本",使"阅者得此可以知读书门径",⑧而且要"钩元提要,括垢磨光,以求学术会通之旨",⑨为中国学术在新时期、新形势下的发展寻找新路径。这种反思、梳理学术史的风气至民国初年仍然热度不衰,即使是以"遗老"面目示人的罗振玉、王国维也在有意识地从事着学术史梳理的工作。⑩ 清末以来

---

① 姜萌:《族群意识与历史书写:中国现代历史叙述模式的形成及其在清末的实践》,商务印书馆2015年版,第34—42页。

② 梁启超:《戊戌政变记》,《饮冰室合集》专集之一,中华书局1989年影印版,第1页。

③ 《论中国宜注意下流社会》,《选报》第33期,1902年10月31日。

④ 严复:《救亡决论》,汪征鲁等主编:《严复全集》第7卷,福建教育出版社2014年版,第45—58页。

⑤ 梁启超:《清代学术概论》,上海古籍出版社1998年版,第7页。

⑥ 梁启超:《论中国学术思想变迁之大势》,上海古籍出版社2006年版,第108—110页。

⑦ 李帆:《刘师培与中西学术:以其中西交融之学和学术史研究为核心》,北京师范大学出版社2003年版,第126—131页。

⑧ 《国粹学报略例》,《国粹学报》第1期,1905年2月。

⑨ 《国粹学报发刊辞》,《国粹学报》第1期,1905年2月。

⑩ 1914年罗振玉将已停办的《国学丛刊》复刊,在王国维代罗振玉撰写的序言中,亦明确地指出"编类既竟,书其端曰:秦汉以还,迄于近世,学术兴替,可得而言"(王国维:《〈国学丛刊〉序》,谢维扬、房鑫亮主编:《王国维全集》第8卷,浙江教育出版社2010年版,第605页)。

梳理学术史的学人们虽立场不同、视角不同,但因从事学术史研究的主要目的在于为中国学术发展寻找"康庄大道",故他们的落脚处大多是对清代学术发展历程的反思与梳理。①

章太炎被认为是"中国近代第一位有系统地尝试研究学术史的学者",②他在 1900 年结集刊行了《訄书》。该书:

> 引导读者反省中国统治学说的形成和变化,再由历史转向哲学和社会学,讨论由比较中西学说而引出的一系列问题,又转向讨论社会改造,纵论古今,衡说中外,从不同制度对比中引出他的关于社会改革的全面设想。③

数月之后,章氏又为《訄书》"补佚"了《辨氏》《学隐》二文,《学隐》实质上就是一篇关于清代学术的反思。在 1903 年春天,章氏又完成了对《訄书》的重订,其中关于学术史的梳理更为明显。该书第一篇即为学术史的文字——《原学》,此后多篇都有学术史梳理的内容,尤为重要的是第十二篇《清儒》,实系清末第一篇系统梳理清代学术史的重要文字。在该文中,章氏并未明确对清代学术进行分期,但其论述的内容则已显示出这种分期的意识:满清政权"多忌"和"愚民"的政策,导致"家有智慧,大凑于说经";考据学始自顾炎武,但清初硕儒"草创未精博,时糅杂宋明谰言。其成学箸系统者,自乾隆朝始",其主要人物则有惠栋、戴震;此后学术又分途而行,"有常州今文之学",至道光时期,魏源"夸诞好言经世",并倡今文经学,龚自珍"亦治《公羊》,与魏源相争誉"④。关于此文尚有两点可稍稍申说:(一)此文是章氏从学术"源流清浊之所处,风化芳臭气泽之所及"的角度来考察学术流变的清代部分,故其立论多瞩目于学者的学术品格与学术形态之得失;(二)章氏既然提到了魏源的"经世"取向,显然是已注意到了道咸时期西北史地等学术研究的兴起,只是此处他着眼于"经学",故未提及。但总体上来看,章氏此文实际已经将清代学术三阶段的轮廓初

---

① 桑兵指出,"近代学人往往好谈清代学术,或者说,近代学人的学术研究,很难脱离清代学术的渊源"(桑兵:《近代学术的清学纠结——本期专栏解说》,《中山大学学报》(社会科学版)2010 年第 6 期)。

② 侯外庐:《中国近代启蒙思想史》,人民出版社 1993 年版,第 181 页。

③ 朱维铮:《本卷前言》(《章太炎全集》(《訄书》初刻本、《訄书》重订本、《检论》),上海人民出版社 2014 年版,"前言"第 11 页。

④ 《章太炎全集》(《訄书》初刻本、《訄书》重订本、《检论》),上海人民出版社 2014 年版,第152—160 页。

步予以勾勒。

梁启超可能是受到章太炎《清儒》一文影响而梳理清代学术发展历程的第一个学者。① 作为较早反思中国学术发展历程的清末学人,梁氏在1902年创办《新民丛报》时就明确提出了"有新学术,然后有新道德、新政治、新技艺、新器物,有是数者,然后有新国、新世界"的观点。② 从《新民丛报》第3号始,梁启超开始连载被誉为"第一部有系统之中国学术史"——《论中国学术思想变迁之大势》。③ 该文在连载到第六章《佛学时代》后,因梁氏前往美国游历等事而中止,直到1904年9月24日《新民丛报》第53号才开始重新连载第8章《近世之学术》。在此文中,梁氏对清代学术进行了分期:第一期为"顺康年间",即"自明永历(即清顺治),以迄康熙中叶",顾炎武、黄宗羲、王夫之、颜元、刘献廷等大儒"抱经世之志,怀不世之才",在学术上开疆拓土,影响至大;第二期为雍乾嘉年间,由于文字狱屡兴,"学者举手投足,动遇荆棘,怀抱其才力智慧,无所复可用,乃骈辕于说经",惠栋、戴震为其领袖;第三期为道咸同年间,龚自珍、魏源将刚刚复兴的今文经学发展光大,魏源"又好言经世之术";第四期为光绪年间,因康有为倡言孔子改制,"于孔教宗门以内,有游、夏、孟、荀异同优劣之比较","于孔教宗门以外,有孔、老、墨及其他九流异同优劣之比较"。④ 梁氏此文还有两点应注意:一是行文中小节标题等时间表述和他在最后列出的"清代学术变迁表"的时间表述有少许差异;二是他在"清代学术变迁表"下附注说明"上表不过勉分时代,其实各期衔接搀杂,有相互之关系,非能划若鸿沟。读者勿刻舟求之",显示出作者对通过划分阶段来反思学术发展历程这一做法的正确态度。

可能受到章太炎影响,在《清儒》等论著的基础上对清代学术进行进一步梳理的另一位重要学者是刘师培。⑤ 1904年12月,刘师培在《警钟日报》发表《近儒学案序目》,对清代学术进行了简要梳理,认为黄梨洲、顾亭林、孙夏峰、李二曲等明末清初学人治学去空取实,到了乾隆时期,戴震倡导

---

① 周予同:《中国经学史》,朱维铮编校:《周予同经学史论》,上海人民出版社2010年版,第581页。

② 梁启超:《近世文明初祖二大家之学说》,《新民丛报》第1号,1902年2月8日。

③ 素痴(张荫麟):《近代中国学术史上之梁任公先生》,《大公报·文学副刊》1929年1月21日。

④ 梁启超:《论中国学术思想变迁之大势》,上海古籍出版社2006年版,第82—108页。

⑤ 朱维铮执行主编:《刘师培辛亥前文选》,生活·读书·新知三联书店1998年版,"导言"第9页。

实学,"道咸以来,治学之儒多以汉学为破碎"①。刘氏此文虽然是以汉学、宋学的发展及其分合为着眼点,但仍可看出他实际上也注意到了清代学术发展三个变化显著的阶段。刘师培的这一观察在其 1907 年 6 月发表的另一篇清代学术史的重要文章——《清儒得失论》中有了更清晰的体现。刘师培在此文中认为"考证之学,发原顺治、康熙间",顾炎武、张尔岐等人在挽救明朝政权失败后,"乃以说经自勉,而其志趣于求是";到了乾隆时期,"及四库馆开,而治汉学者踵相接",戴震经学冠绝一时,后学众多,汉学遂大发展;到了道光时期,"经济之学"受到重视,不仅今文经学发展强劲,而且"若夫朴僿寒冗,文采不足以自表,则旁治天算地舆,以自诩实用",徐松等人开始研治西北史地。② 刘氏在《近儒学案序目》中明确指出清学第三阶段是"道咸以来",在《清儒得失论》中却未特别清晰地指出第三阶段的时间起止点。但综合来看,刘师培是以清学发展三阶段为框架来反思梳理清代学术史的。

在章太炎、梁启超、刘师培、邓实之外,皮锡瑞是另一个将清代学术进行阶段性分析的清末学者。皮氏被认为是"用会通的眼光来写中国经学史的第一人",③他在 1907 年刊行的《经学历史》,被认为是一部"为经学史辟了一新途径"的著作。④ 在这本书中,皮氏认为清代是"经学复盛时代",其发展大约有三次变化:"国朝经学凡三变。国初,汉学方萌芽,皆以宋学为根柢,不分门户,各取所长,是为汉、宋兼采之学。乾隆以后,许、郑之学大明,治宋学者已尠。说经者皆主实证,不空谈义理。是为专门汉学。嘉、道以后,又由许、郑之学导源而上……汉十四博士今文说,自魏、晋沦亡千余年,至今日而复明"。⑤ 虽然皮锡瑞着眼于经学,但经学是清学的内核,故从此清代经学三变而推演出清学三变也是顺理成章之事。须特别指出的是,皮氏此文对清代经学的第三阶段时间的界断与王国维 1913 年为《盛京时报》所写的那篇文字的界断是相同的,即"嘉、道以后",所指内容仍是今文经学的兴起,与其他学者无大不同。

以上通过参校文献异同的方法对"清学三阶段论"进行了追源溯流的

① 朱维铮执行主编:《刘师培辛亥前文选》,生活·读书·新知三联书店 1998 年版,第 142—143 页。
② 朱维铮执行主编:《刘师培辛亥前文选》,生活·读书·新知三联书店 1998 年版,第 168—172 页。
③ 周予同:《中国经学史》,朱维铮编校:《周予同经学史论》,上海人民出版社 2010 年版,第 579 页。
④ 皮锡瑞著,周予同注释:《经学历史》,中华书局 1959 年版,"序言"第 14 页。
⑤ 皮锡瑞著,周予同注释:《经学历史》,中华书局 1959 年版,第 341 页。

研究,使我们基本认清楚了这一学术观点的来龙去脉。通过参校文献异同的方式来追溯学术观点源流的方法其实不是新颖的治学方法,但通过对"清学三阶段论"这个学术观点源流的追溯可知,这一治学方法在中国现代学术史、思想史领域还有广阔的利用空间。尽管关于清末民初学术史的研究成果不断涌现,但是这一时期中国学术发展脉络仍然还不太清晰。究其原委,一是这一时期是新旧学术、中西思想交汇碰撞的时代,各种学术、思想旁逸斜出,各位学人、各种论著此显彼伏,使人很难抓到前后一贯的线索;二是既有的研究常以人、以杂志、以团体为研究视角,而缺少对相似学术观点、思想观念、学术现象源流的追踪梳理。换言之,清末民初的学术思想名家辈出,其思想观念也是混杂歧出,虽然梳理出清晰的线索是很困难的任务,但相关研究若能够坚持在参校文字异同的基础上考辨思想、观念、现象之源流,不仅能将各学术思想名家的思想、观念之渊源予以探索清楚,将学术现象予以合理解释,而且也非常有助于我们梳理出中国现代文史之学发生发展的线索。

行文至此,我们不得不追问一个问题,即章太炎、梁启超、邓实、刘师培、王国维等人,为什么会不约而同地对清代学术进行反省、总结?简而言之,清末学人已经充分认识到,中国进入了前所未有的时代,中国的学术也将进入全新的阶段,无论何去何从,皆需要对中国学术进行反省与总结。

小　结

当笔者在追寻中国现代文史之学是如何生发的这一问题时,接触了不少清末民初学人关于学术史或学术评论的论著。读到一定数量后,似曾相识的感觉越来越清晰,将感觉最强烈的邓实与王国维之文放在一起对比,感觉得到证实。这些文本无论是立意还是文字,确实比较相近。对于这一发现,与其说是"学术不规范",毋宁说是"英雄所见略同",展现的是两人学术观念的接近,或者两人在学术问题上的共识。

带着这一发现,把视野扩展到清末民初的学术发展,笔者发现了一个值得高度重视的现象:清末民初的学人们,虽然在学术背景、学术取向乃至政治观念等方面存在着很大的差异,但在学术的一些根本性的问题上,如对传统学术空虚无用、僵化琐碎的批判,对中国学术现状的不满,对学术于国于族的重要性以及必须尽快追求可以救亡图存的学术,对发展中国学术必须向西方现代学术借鉴学习等方面,有着普遍的共识。这些共识性意见,对中国现代人文学术乃至整个现代学术的发展,起到了难以估量的深远影响。比如,严复提出的"求才为学二者,皆必以有用为宗",经过清末各种形式的讨论、实践,实际上已经内化到中国人的观念里。当然,也必须承认,在共识性意见比较突出的另一面,也还存在着不少观念分歧。在汉学、宋学的优劣,古文、今文经学典籍的真伪等老问题上,在如何向西方学习、向西方学习什么等新问题上,见仁见智,言人人殊,歧异之大,在人类学术史上都比较稀见。

从较宏观的视角来看,清末民初学人们在学术认知上的共识与歧异,形塑了中国的现代文史之学。共识性意见是中国学术快速现代化的强大助推力,减少了方方面面产生的向"东西洋"学习之阻力,而分歧性认识又让向"东西洋"学习呈现出多元性。我们如要深入理解中国现代文史之学是如何生发的,以及对当下中国学术进行理性反省,皆需要对这些共识与歧异,以及这些共识与歧异如何深刻形塑了清末民初时期的文史之学,有尽可能专业深刻的研究。对这些问题的深刻认知,也会影响到今日中国文史之学的发展。

行文至此,本该结束这一章。不过有一个小问题却让笔者忍不住打一个小补丁。那就是陈寅恪《冯友兰〈中国哲学史〉下册审查报告》是否曾受到过王国维《论近年之学术界》一文的影响? 陈文从佛教传入与宋代"新儒家"产生说起,认为"佛教学说,能于吾国思想史上,发生重大久远之影响者,皆经国人吸收改造之过程",最后指出:

> 窃疑中国自今日以后,即使能忠实输入北美或东欧之思想,其结局当亦等于玄奘唯识之学,在吾国思想史上,既不能居最高之地位,且亦终归于歇绝者。其真能于思想上自成系统,有所创获者,必须一方面吸收输入外来之学说,一方面不忘本来民族之地位。此二种相反而适相成之态度,乃道教之真精神,新儒家之旧途径,而二千年吾民族与他民族思想接触史之所昭示者也。①

这段论述,向来为人注意。不过笔者读此文,总会想到王国维在《论近年之学术界》中提出的佛教在中国思想学术发展中的作用及"受动""能动"说。即使二者无联系,也不能否定,无论是王国维,还是陈寅恪,对中国学术发展

---

① 陈寅恪:《冯友兰〈中国哲学史〉下册审查报告》,《陈寅恪集·金明馆丛稿二编》,生活·读书·新知三联书店 2001 年版,第 282—285 页。

的未来,皆希望能在外来思想学术的刺激下,融会中西,创造出符合中国情势的现代学术形态。

荟萃古今中外思想学术精华,再造适应现代中国的思想学术,只是无数清末民初学人的主观希望,至于能否将希望变成现实,则要经受许多现实因素的考量。民初一个很好的案例就是,很多人都希望能荟聚古今中外史学编撰的精华,将《清史稿》编纂成一部良史之作,以为中国正史之结束。但是实际上,纂修工作受到了种种的限制与束缚,最终成了为人诟病的芜杂之作。

第四章 清末民初的学人认同与知识生产

——以《清史稿》编纂为中心的探讨

> 寄近撰《元秘史地理今释》一书,合诸公之说,证误释疑,似不无微长,将脱稿矣(凡十二卷)。别撰《黑龙江驿程录》四卷,《柳外归程录》一卷,后录于辽金元东北疑地,多所诠释,为小方壶斋主人取去,拟刻入丛书(惜字太小)。别后所学,如此而已(别有《东陲释地诗》百首,成七十一首,未竟)。我心维新,我学守旧,公则乾嘉诸老之风,寄亦道咸时学之党也。

多年以前,笔者读到屠寄致缪荃孙此信,眼前不觉一亮。屠寄这句"我心维新,我学守旧,公则乾嘉诸老之风,寄亦道咸时学之党"这句话究竟想传递什么讯息,以及折射了什么样的学术现象?这个问题时常萦绕在脑际,读书时遇到相似问题,不免会想到这句话,并有所揣摩。

由于《艺风堂友朋书札》未标具体日期,兹先考此信时间,然后再细说其中可能蕴含的学术信息。除上文交代的著作讯息,信中还有 5 处值得重视,一是"前月匆匆相遇",二是"因印图经手非人,字墨模糊",三是"于回里度岁,明春阳和少煊,再收拾北行",四是"年过四十,精气尚可自勉",五是后缀写信时间"十一月十七日"。① 屠寄写信时,情况大约如下:(一)屠寄和缪荃孙前月曾经见过一面;(二)《黑龙江舆图》已刻印;(三)屠寄已不在黑龙江,但尚未回乡;(四)计划回乡过春节,然后回黑龙江。因此,只要确定年份就可确定此信的准确时间。屠寄子嗣所撰《先君敬山先生年谱》,光绪二十五年(1899 年)有如下记载:

> 岁己亥,四十四岁。是春三月,舆图告成,既精绘付印,即于是冬送图进京。旋乞假南旋。先君在黑数年,于黑省沿革考订极详,所著《黑龙江驿程日记》四卷。

---

① 屠寄:《致缪荃孙信·二十七》,顾廷龙校阅:《艺风堂友朋书札》,上海古籍出版社 1980 年版,第 497—498 页。

年谱第二年有"春三月，复赴黑龙江"记载。① 信与年谱中所言"图""舆图"该是指《黑龙江舆图》，年谱中《黑龙江驿程日记》与信中所言《黑龙江驿程录》是一书。另查《艺风堂老人日记》，知光绪二十五年十月二日缪荃孙与屠寄曾在上海相见，十一月二十六日又有"接屠静山信并《黑龙江图》卅分"记载。② 据此，可断此信写于光绪二十五年即农历己亥年十一月十七日。

光绪二十五年（1899年）在近代中国历史上最为独特之处，是处于戊戌、庚子两个剧变年份间。戊戌变法的疾风骤雨尚未完全平息，庚子事变又山雨欲来。彼时的思想学术界，也正处于一个独特时期。甲午惨败之后"新派"与"旧派"的纠缠暂告一段落，学人的认同正在经历现实的审视检验，并重新凝聚。屠寄"我心维新，我学守旧，公则乾嘉诸老之风，寄亦道咸时学之党"一语，正传递出这种重新凝聚的倾向。细究此语，似乎至少包含两层意思：（一）政治或思想与学术倾向是可以两分的，政治或思想的"新"取向与学术的"旧"取向并不矛盾；（二）虽然屠寄意识到与缪荃孙在治学上有所不同，一治乾嘉汉学，一治西北史地之学，但他认为二人实际皆属于同一学术形态。这封信似乎传递出这样一种讯息，即热心维新事业的屠寄试图减弱和缪荃孙之思想差异，以构建和缪荃孙的学术认同。

关于近现代中国学人间弱化政治或思想差异而寻求学术认同的尝试，笔者还看到了其他一些例子。比如顾颉刚曾说：

> 我们交往的人，也许有遗老、复辟党、国粹论者、帝国主义者，但这决不是我们的陈旧的表征。我们的机关是只认得学问，不认得政见与道德主张的。只要这个人的学问和我们有关系，或者这个人虽没有学问，而其生活的经历与我们的研究有关系，我们为研究的便利计，当然和他接近。我们所接近的原不是他的整个的人格，而是他与我们发生关系的一点。③

顾颉刚也曾写信给王国维，希望能拜其为师。可见其"只认得学问，不认得政见与道德主张的"的主张是真切的。关于"新派人物"与"老派人物"的交往，还有一个很好的例子。蔡尚思在回顾和柳诒徵的交往时曾说：

---

① 屠孝实等：《先君敬山先生年谱》，常州市地方志编纂委员会办公室、常州市档案局编印：《常州地方史料选编》第8辑，内部资料，第188页。
② 张廷银、朱玉麒主编：《缪荃孙全集·日记》第2册，凤凰出版社2014年版，第42、51页。
③ 顾颉刚：《一九二六年始刊词》，《北京大学研究所国学门周刊》第2卷第13期，1926年1月6日。

　　由于柳先生和我有前辈后辈的不同,在思想上如是否尊孔之类,在历史上如是否信古之类,我和柳先生是不大可能一个样的。我初见面一谈,他就在《日记》里写明我的谈吐"甚奇",也许与此有点关系吧!但我们之间专谈学问,不谈思想,越来越相得,竟超过了一般师生的感情。①

　　在"专谈学问,不谈思想"的情况下,两个代际、两种思想倾向的学人,能"越来越相得,竟超过了一般师生的感情",着实让人讶异。屠寄、蔡尚思、顾颉刚的上述表述,让笔者感觉到,清末民初的学术文化界,似乎存在一种意识——思想的新旧与学术取向并不是必然一致的。

　　学人以思想或学术取向来构建认同,以别亲疏,并影响知识生产,是中国知识阶层的常态。不过,在屠寄、蔡尚思、顾颉刚等人看来,政治主张或思想意识与学术取向应当两分,也可以两分。或者说,政治主张或思想意识的歧异与学术的同调,是可以存在于两个或多个学人之间的。笔者禁不住追问,这种现象在清末民初是否是普遍存在的? 以及清末民初知识人的认同建构对知识生产的影响是否已经明显降低? 清末民初是思想学术大变化的时代,学人间的认同建构与承平时代相较,更复杂而强烈。② 经过多年阅读找寻,笔者倾向于认为,屠寄、顾颉刚、蔡尚思等人言论体现的意识虽非孤例,但更普遍的现象,可能是政治或思想差异仍然深刻影响着知识人的认同建构与知识生产。这种现象有很多事例可为佐证,其中尤为显著的是以缪荃孙为代表的学人群体及其主导编纂的《清史稿》。

　　通读《艺风堂友朋书札》,显示构建认同的语句颇为明显,且不少与知识生产联系在一起。如王先谦在致缪荃孙信中说"承示唐志,注至历算类,明夏可成,另人想望,不胜欣幸。我辈余年,尚赖此事开拓心胸也"。③ 再如罗振玉致缪荃孙:

　　　　承示书局停止并售图书馆古书之说,闻之令人叹诧。时流知识如此,几乎南北一辙,宜长者之闭门高蹈也。④

① 蔡尚思:《柳诒徵先生之最》,《中国近现代学术思想史论》,广东人民出版社 1986 年版,第508 页。

② 学人的"认同",既包含学术认同,也包含政治认同,且二者相互纠结,相当复杂,实难清晰区分。

③ 王先谦:《致缪荃孙信·七十》,顾廷龙校阅:《艺风堂友朋书札》,上海古籍出版社 1980 年版,第 47 页。

④ 罗振玉:《缪荃孙信·二》,顾廷龙校阅:《艺风堂友朋书札》,上海古籍出版社 1980 年版,第 998 页。

在清末民初学人的书信文本中,类似"我辈""吾党""同志"等表示认同建构的词语,不绝如缕,显示出此时学人们多有通过学术倾向、思想主张、地缘等关系构建认同的努力,而且这种认同往往还带有一个隐含的"他者"。如王先谦的"我辈"与"他人"、罗振玉所言的"时流"与"长者"。

"学术者,乃天下之公器",①是中国学术界长期为人熟知的理念。但是,地分南北,人有亲疏。学缘、地缘、血缘,乃至现实利害重重裹缠下的学人,对待学术的态度往往难以纯粹洒脱。"言人人殊"与"好丹非素"的背后,总能看到学人的认同倾向对知识生产的显著影响。这一现象在中国现代文史之学发展过程中,尤为明显。一些研究对此已有所揭示,如"民国学界的老辈"②、历史书写及学术史书写差异③等。这些研究提高了我们对清末民初学术界及知识生产的认知水平,但是尚未直接探讨清末民初学人的认同建构及其与知识生产的关系,以及认同建构影响知识生产的深度。

笔者试图在梳理清末民初学人认同情况的基础上,结合《清史稿》编纂的具体事务,正面解析这一问题。选择以《清史稿》编纂为中心,关键在于它可以集中反映清末民初学人认同建构及其对知识生产的影响。纂修人员的安排是知识生产组织工作的核心,体例的确定、内容的去取是知识生产的关键事务,因此笔者侧重从这三个方面展开分析。关于《清史稿》编纂,目前已有一些研究,不过尚未见有研究者从此角度讨论。④ 至于《清史稿》编纂时学人的不同认同对史稿编纂之影响,林志宏《民国乃敌国也——政治文化转型下的清遗民》一书已略有探讨,⑤但本研究旨趣与其有异。

---

① 黄节:《李氏〈焚书〉跋》,张建业主编:《李贽全集注》第1册,社会科学文献出版社2010年版,第341页。

② 桑兵:《民国学界的老辈》,《历史研究》2005年第6期。

③ 参阅王学典《"二十世纪中国史学"是如何被叙述的——对学术史书写客观性的一种探讨》[《清华大学学报》(哲学社会科学版)2008年第2期]、姜萌《族群意识与历史书写:中国现代历史叙述模式的形成及其在清末的实践》(商务印书馆2015年版)等。

④ 中国大陆方面:朱师辙:《清史述闻》,生活·读书·新知三联书店1957年版;戴逸:《〈清史稿〉的纂修及其缺陷》,《清史研究》2002年第1期;邹爱莲:《〈清史稿〉体例的讨论与确立》,《清史研究》2003年第3期;伏传伟:《新朝与旧主的抉择——清史馆设置缘起与赵尔巽的就任》,《学术研究》2006年第5期;许曾会:《桐城派与〈清史稿〉的编修》,《史学史研究》2016年第2期等。港台方面:许师慎辑:《有关〈清史稿〉编印经过及各方意见汇编》(1979年)汇编了众多文献;汪宗衍、冯明珠、胡健国、衣若兰等学者皆有相关专门研究,此不再列举。

⑤ 林志宏:《民国乃敌国也——政治文化转型下的清遗民》,(台北)联经出版事业公司2009年版,第134—143页。

第一节　清末民初学人认同素描

民初可以引起不同思想主张、不同意识的知识人共同关注的学术大事，首推《清史稿》编纂。各种倾向的学人围绕史稿编纂之言行，具体而微地反映了民初的学术情势，及学人认同对知识生产的影响。概而言之，在史稿纂修中，主要有三种学术取向的学人：新学、宋学、汉学。新学除梁启超外，只有夏曾佑、严复、王桐龄、朱希祖等数人；宋学人数亦不多，有马其昶、姚永朴、姚永概、秦树声、朱孔彰等；汉学相对人数众多，内以缪荃孙为首领，吴士鉴、章钰、陶葆廉、吴廷燮、金兆藩、张尔田等为主要支持者，外有沈曾植等呼应者。这三种力量形成了两种角力关系：新学人士与包括汉宋学人在内的旧学力量；旧学内部之汉学人士与宋学人士。在体例讨论时期，新学人士与旧学人士围绕史稿体例分歧明显；在编纂时期，汉学与宋学的学术与人事之争若隐若现。新学与旧学、汉学与宋学，既是学术形态，也是认同形式，要充分理解史稿编纂过程中不同认同及其知识生产主张，不能不对清末民初学人的认同建构追源溯流。

众所周知，在甲午惨败前的清代学术，主要有两种对立的学术形态，汉学与宋学，古文经学与今文经学。汉宋之争历时最久，是清中期学术界的主要矛盾，但二者本质上都是经学，冲突对立还是传统学术范畴内部的争议。有此基础，在世变日亟的大环境里，经过曾国藩等有力人士的努力调和，两者的对立趋于减缓。① 与此同时，汉学、宋学内有题无剩义之困扰，外有世变日亟之压力，道咸之际，发生新的裂变，今古文之争死灰复燃。庄存与、刘逢禄开其端，龚自珍、魏源在清代政治"陵夷衰微"之际，"以经术作政论"，使今文经学的复兴引起很多人关注，邵懿辰、戴望、廖平等学者也陆续有力作面世，扩展了今文经学的范围。康有为著《新学伪经考》，有意"排古"，使"清学正统派之立脚点，根本动摇""一切古书，皆须重新检查估价"，掀起思想文化界的"大飓风"，让今文经学成为学界的关注点。②

最初的汉宋之争与今古文之争，根源是学人的学术认识差异，虽有思想意识的歧异因素，并不过多直接牵涉政治问题。这种相对单纯的学术讨论，学人的认同对知识生产的影响，主要体现在门户之见上。但是甲午惨败给

---

① 参阅罗检秋《嘉庆以来汉学传统的衍变与传承》（中国人民大学出版社 2006 年版）等研究。

② 梁启超：《清代学术概论》，上海古籍出版社 1998 年版，第 74—78 页。

中国知识人产生的整体思想冲击，已不是可以在学术领域化解的，康有为的今文经学主张，也不再是纯粹的学术问题，而是维新变法的理论基础。在此情况下，今古文之争，转变为新旧之争，既是思想的新旧之争，又是学术的新旧之争，更是政治的新旧之争。在重重争论甚至斗争角力之中，建基于思想意识与政治主张基础上的认同问题，成了学人自我认识的核心问题，并深刻影响了知识生产。简要说，从甲午惨败至甲寅清史馆成立，近二十年间，中国知识阶层的认同建构，经历了三次大的冲击：甲午之后的新旧认同，庚子之后的族群与政治认同，辛亥之后的民国认同。

甲午惨败带来的思想观念冲击虽是整体性的，但是个体感受有明显差异。既有康有为、严复、梁启超等变法者痛心疾首，热切反复追问"中国为什么积弱到这样田地呢""不如人的地方在哪里呢""政治上的耻辱应该什么人负责任呢""怎么样才能打开一个新局面呢"等问题；①也有思想观念比较保守或陈旧的人，或利己主义的官僚士绅对于变革比较陌生或消极，以至于"胆识兼优、敢于竭力进言者京外均甚罕见，锐意酌改者更寥落如晨星"②。在此情况下，康梁等迫切希望尽快借鉴西方经验进行变法的人士，将学术文化的变易更新视为突破方向。甲午之前，康有为已经采取了以学术突破带动政治突破的策略，甲午之后，梁启超、谭嗣同、夏曾佑等人进一步实践了这一策略。利用学堂、报刊等方式大力提倡"新学"。根据梁启超的阐述，"新学"本身包含着否定与肯定两个倾向：否定的是"荀学"以及"汉以后的学问"，全部要不得，必须打倒；肯定的是"外国学问"和"各经的正文和周秦诸子"。③ 梁启超在长沙时务学堂时，倡言"民权论"，论学术"自荀卿以下汉、唐、宋、明、清学者，掊击无完肤"，谭嗣同、唐才常等又设"南学会"，与梁氏呼应。④

梁启超认为，于世人不知变法、民权为何物的时代，援引今文经学经典理论宣传变法改良思想，是迫不得已之事，所谓"不引征先圣最有力之学说以为奥援，安能树一壁垒，与二千年之勍敌抗耶"⑤？ 但在反对者看来，这一

① 梁启超：《中国近三百年学术史》，《饮冰室合集》专集之七十五，中华书局1989年影印版，第28页。

② ［英］麦肯齐：《泰西新史揽要》，李提摩太、蔡尔康译，上海书店出版社2002年版，"译本序"第2—3页。

③ 梁启超：《亡友夏穗卿先生》，《饮冰室合集》文集之四十四，中华书局1989年影印版，第21—22页。

④ 梁启超：《清代学术概论》，上海古籍出版社1998年版，第85页。

⑤ 梁启超：《论中国学术思想变迁之大势》，上海古籍出版社2006年版，第107页。

行为恰是"灭圣经""乱成宪"的"邪说",是"造逆之谋、乱政之罪"①,实属包藏祸心,大逆不道:

> 三五少年,或逞其躁进之谋,或徇其自私之利,于是虑老成之挠我也,多方以排挤之;惧正人之仇我也,连类而剪除之。圣人之纲常不可攻也,假平等之说以乱之;天威之震肃不可犯也,倡民权之义以夺之……②

　　在变法者看来,叶德辉等人有意将学术思想之争,演变为"政争";在叶德辉等人看来,学术思想之争本是表象,实质就是"政争"。在举国向西方学习的大环境下,叶德辉等人为显示自己并不是顽固守旧,刻意将"新"与"西"区隔,宣示自己赞同学习西学,③反使康梁等人失去一个重要的反驳着力点。
　　戊戌变法时期的新旧之争,实质是中西之争。晚清中国的变革大体上经历了"始于言技,继之以言政,益之以言教"的过程,④围绕着"政"的争论在甲午之前已断断续续进行了十几年,甲午之后,中西碰撞逐渐上升到学术文化与价值伦理层面,也即"教"的层面。中西学术文化与价值伦理优劣问题,又与传统的"夷夏之防"紧密联系,直接触及了知识阶层的立场、情感与认同。有研究者指出,中学与西学"各自有一套完整的信仰、观念、规范和价值判断",当近代中国人面对中西的碰撞"变局",就必须完成这样一个时代任务:"沟通中西并在此基础上创建兼有二者之长的学术文化体系"。⑤必须要指出,完成这一任务首先需要对中学与西学进行评鉴。康梁等"趋新"人士与苏舆、叶德辉等"守旧"人士的争论,既有对中学评鉴的歧异,也有对西学评鉴的歧异。戊戌变法时期知识生产呈现的面貌,根源正在这些歧异。而且此时学人新旧认同的分歧,在《清史稿》编纂过程中也可以找到发生影响的痕迹。
　　清末学人的第二次认同建构,是反满思想引发的。对一些汉族青年知

---

① 苏舆编:《翼教丛编》,上海书店出版社 2002 年版,"序"第 1—2 页。
② 叶德辉:《〈读西学书法〉书后》,苏舆编:《翼教丛编》,上海书店出版社 2002 年版,第124 页。
③ 《湘省学约》,苏舆编:《翼教丛编》,上海书店出版社 2002 年版,第 150—151 页。
④ 曾廉:《上杜先生书》,《蠡庵集》第 13 卷,光绪年间邵阳曾氏刻本,第 18 页。
⑤ 王先明:《近代新学——中国传统学术文化的嬗变与重构》,商务印书馆 2000 年版,第100 页。

识人在甲午之后数年间的反满动向,康有为在1902年春概括为三个阶段:

> 戊戌之春,湖南已发自立易种之论,幸而皇上赫然维新,故异说稍释。及己、庚之间,溥儁立,京城失,人心骚动,革命之说复起。及去年旧党渐诛,回銮日闻,天下人人侧望,咸以为皇上立即复辟,异说渐静。及回銮后,不闻复辟,至今半年,天下复嚣然愤然而谈革命自立矣,广西之乱又起矣。①

中国国民党"一大"决议案中对此有更精辟的表述:"中国之革命,发轫于甲午以后,盛于庚子,而成于辛亥,卒颠覆君政"。② 庚子之前,梁启超等人虽已经有反满言论,但总体影响甚小,庚子之后,这一状况开始发生根本性改变。庚子事变不仅造成了京津地区的满目疮痍,也造成了汉族知识阶层的愤怒与疏离。相对平和者,如严复只是嗟叹"万事皆非,仰观天时,俯察时变,觉维新自强为必无之事";③比较稳健者,如张元济,已决计不再为清廷效力;④相当激进者,如章太炎,则断然"解辫发""谢本师",走上反满革命道路。章氏自陈断发易服的根本原因,是"满洲政府无道"引发他极度失望愤怒,"愤东胡之无状,汉族之不得职,陨涕泫泫"。⑤

现实的不满愤恨引发了族群认同的危机,族群认同的改变又直接带来了学术观念的改变,并影响了知识生产。章太炎不仅公开痛斥老师俞樾无立场的"仕索虏"⑥,还通过《辨氏》《学隐》等文章,重构汉族世系、评判清代学术,将"一切以种族为断"的理念全面落实到知识生产与评价中。⑦ 革命者在1904年重印《訄书》之际,写在扉页上的一段话,清楚地显现了章太炎的认同对其知识生产的影响:

---

① 康有为:《答南北美洲诸华商论中国只可行立宪不能行革命书》,姜义华、张荣华编校:《康有为全集》第6集,中国人民大学出版社2007年版,第325页。

② 《中国国民党第一次全国代表大会宣言及决议案》,中央执行委员会1924年版,第1页。

③ 严复:《致张元济书·十一》,汪征鲁等主编:《严复全集》第8卷,福建教育出版社2014年版,第146页。

④ 张元济:《戊戌政变的回忆》,《张元济全集》第5卷,商务印书馆2008年版,第236页。

⑤ 《章太炎全集》(《訄书》初刻本、《訄书》重订本、《检论》),上海人民出版社2014年版,第351页。

⑥ 章太炎:《谢本师》,朱维铮、姜义华编注:《章太炎选集》,上海人民出版社1981年版,第122—123页。

⑦ 《章太炎全集》(《訄书》初刻本、《訄书》重订本、《检论》),上海人民出版社2014年版,第23页。

　　章太炎先生,名炳麟,浙江余杭人也。素雄于文,博治经史百家,而尤注意于明季文史,深维汉族亡国之痛,力倡光复主义,作《訄书》以见志,文渊奥古,俗吏未之察也。及去年作《答康有为政见书》,遂被逮。而《訄书》改订本则已于前数月脱稿。阅一年,其友为之出板。网罗古今学说,折衷己意,而仍以光复主义为干。先生之学术,其荦荦者,略具于是书矣。①

此条材料反映了章氏在撰写、修订《訄书》时所受认同影响之深刻,明确是以"光复主义"为导向。

　　针对梁启超等人的反满动机,康有为在 1902 年 5 月连写两篇长文,陈述他对革命、族群的认识。康氏认为无论是法国的革命,还是印度的自立,皆是前车之鉴,中国革命必然导致"内乱相残,必至令外人得利"的局面。②他还从"同化论"的角度指出,满人已被汉文化同化,"汉人与满人无异,一切平等",革命自立之说,实无理论基础。③ 针对康氏言论,章太炎著《驳康有为论革命书》,认为其"不论种族异同,惟计情伪得失以立说",逐条驳斥康有为的"同化"论,力陈满汉"种族异同",及反满革命之必要。④ 就知识生产这一问题而言,康、章的辩论,展现了不同认同者对同一事实书写与解释的完全对立。这种对比反差,反映了此时知识人知识生产所受认同支配之强烈。

　　章太炎对康有为之驳斥,实开革命派与立宪派清末大辩论序幕,不仅在现实政治方面有深远影响,对清末的知识生产亦有显著影响。1905 年爆发的革命派与立宪派大辩论,在革命、反满主题之外,扩及民权、土地等问题。两派的辩论最终以立宪派的示弱而告终,此后"革命风潮一日千里"⑤。此次辩论较细致地展现了中国知识阶层初入现代化语境的知识生产景象,值得学术史研究高度重视。细读这些辩论文本,大多有"以论代史"色彩,各自的政治倾向与族群认同决定了各自对历史与现实的认识,⑥甚至有以结

①　章太炎:《訄书》,东京翔鸾社 1904 年版,"扉页"。
②　康有为:《答南北美洲诸华商论中国只可行立宪不能行革命书》,姜义华、张荣华编校:《康有为全集》第 6 集,中国人民大学出版社 2007 年版,第 317 页。
③　康有为:《与同学诸子梁启超等论印度亡国由于各省自立书》,姜义华、张荣华编校:《康有为全集》第 6 集,中国人民大学出版社 2007 年版,第 346 页。
④　《章太炎全集》(太炎文录初编卷),上海人民出版社 2014 年版,第 176—189 页。
⑤　郭廷以:《近代中国史纲》,香港中文大学出版社 1980 年版,第 380—384 页。
⑥　关于此一时期政治认同对族群意识、历史书写的影响,可参阅姜萌:《族群意识与历史书写:中国现代历史叙述模式的形成及其在清末的实践》(商务印书馆 2015 年版)等研究。

论决定论述的倾向。

清末民初知识人的第三次认同建构,是围绕民国认同发生的。面对辛亥革命,无论是江苏巡抚程德全"人心如此,良可慨痛"的哀叹,①英国记者莫理循"所遇到的每一个人都赞同革命"的亲历见闻,②还是吕思勉"所谓土崩瓦解,非复人力所可支障者也"的现场感受,③都在表明清政府的覆亡根源在于政治措施不能应对世变,导致人心崩解。但是一些对清朝尚有感情的人,却有不同的看法。恽毓鼎虽然承认"大局之坏,根于人心",但是认为"人心之坏,根于学术",而"学术之坏,则张之洞、张百熙其罪魁也",又认为"乱事皆成于留学生,背负国家,荼毒生灵"。④ 民国初年的"遗民",如罗振玉、梁济、郑孝胥、恽毓鼎等人,在清末时期对政治也颇有主张,期盼现代化改革。但辛亥革命的发生,却引发了他们思想的反动,"唤起了他们对亡清的忠的感情,并使他们怀疑现代化的方向和正确性"⑤。这种思想意识,使数百位知识人选择继续效忠清室,不仕民国,并对"民主共和"的现代价值颇为排斥。除了集会酬唱,许多遗民还选择以撰述著作来寄托哀思,表达忠心,建构认同。更引人注意的是,并不是"遗老"的严复,也对清政府之覆亡颇为惋惜,认为导致这一局面的根源是康梁急于政治变革,言论激进多变,引发了非理性的革命思潮,"今夫亡有清二百六十年社稷者,非他,康、梁也"⑥。

类似这种认识,对历史认识与历史书写产生了直接的影响。民初遗民学术活动一个较为突出的表现就是通过历史书写来体现自己对清室之尽忠,如编纂《清史稿》《元遗民录》等。⑦ 在这些文本中,《清史稿》的编纂最能展现遗民的政治认同及他们对历史的认知。当《清史稿》纂修时,政治、社会情况更加复杂,不仅政治认同与族群认同对知识生产的影响依然存在,而且还夹杂着纂修者对历史、对现实,尤其是对清朝覆亡的反思。简单说,

---

① 程德全:《抚吴文牍》(1911 年 10 月 23 日致内阁电),扬州师范学院历史系编:《辛亥革命江苏地区史料》,江苏人民出版社 1961 年版,第 48 页。

② [澳]骆惠敏编:《清末民初政情内幕——〈泰晤士报〉驻北京记者袁世凯政治顾问乔·厄·莫理循书信集(1895—1912)》上卷,刘桂梁等译,知识出版社 1986 年版,第 768 页。

③ 吕思勉:《士气》,《吕思勉全集》第 26 册,上海古籍出版社 2016 年版,第 109 页。

④ 恽毓鼎著,史晓风整理:《恽毓鼎澄斋日记》,浙江古籍出版社 2004 年版,第 562 页。

⑤ [美]周明之:《近代中国的文化危机:清遗老的精神世界》,山东大学出版社 2009 年版,第 39 页。

⑥ 严复:《与熊纯如书·三十》,汪征鲁等主编:《严复全集》第 8 卷,福建教育出版社 2014 年版,第 311 页。

⑦ 林志宏:《民国乃敌国也——政治文化转型下的清遗民》,(台北)联经出版事业公司 2009 年版,第 131—134 页。

《清史稿》的纂修、编印,乃至禁止刊行,从始至终都被认同影响着,不仅有清朝与民国认同问题的影响,还有此前新旧之争、立宪与革命之争以及汉宋之争的影响。

第二节　新旧角力与《清史稿》体例的确定

开馆修史,首要工作当是确定体例。金梁《清史稿校刻记》对史稿体例的确定情形,有如此叙述:

> 开馆之初,首商义例。馆内外同人,如于君式枚、梁君启超、吴君士鉴、吴君廷燮、姚君永朴、缪君荃孙、陶君葆廉、金君兆藩、朱君希祖、袁君励准、王君桐龄等,皆多建议。参酌众见,后乃议定用明史体裁,略加通变。①

在金梁笔下,新旧、汉宋学人围绕清史体例,贡献智慧,切磋讨论,似乎一幅和谐平等的学术交流景象。不过,这一描述却与历史真实有不小的距离。清史馆开馆之时,已是民主共和时代,社会的价值观念早已今非昔比,"史界革命"已发生十二年,国人对现代史学的认知也较熟稔,史稿却沿用《明史》体例,在体例、内容等很多方面既不符合社会期待,也几无体现现代史学观念。仅以此来推论,金梁之语,也可能遮蔽了大量讯息。考诸文献可知,不论是史稿体例的讨论确立,还是史稿的修纂,都没有做到新旧和谐、汉宋交融。真实情形是:虽无血雨腥风,但也充斥着党同伐异、好丹非素,深刻体现了不同认同对知识生产的影响。

在史稿体例讨论初期,确曾短暂出现过"参酌众见"的民主、平等气象。纂修清史定案后,民间多认为"修史之难,莫难于前清一代",不仅"文事武功,超轶前代",而且许多新生事物亦非前代所有,加之国体政体变更,实乃"自古未有之局"。如能利用新时代"新理与旧学吻合"的有利条件,借鉴古今,融合中外,秉笔直书,未尝不能编纂出一部能为"转运之总枢、载道之极轨"之"信今启后"的一代信史。② 有材料显示,馆长赵尔巽最初是有此理念的,在给总统袁世凯呈文中说:

---

① 金梁:《清史稿校刻记》,赵尔巽等:《清史稿》,中华书局 1977 年版,第 14737 页。
② 《论修清史》,《东方杂志》第 10 卷第 12 号,1914 年 6 月 1 日。刘法曾《清史纂要》(中华书局 1914 年版)亦对如何纂修清史有所议论。

大清一朝,兵刑、食货、外交、交通等事,均视前代大有变更,不能尽沿前史之例。凡兹办法俱待讲求,拟一面先请到馆人员斟酌古今,草定修史例略,以待群贤毕集,即行开会讨论决定进行。①

在此意识主导下,馆内外关心清史修纂者先后就清史修纂的体例提出建议近二十条。不仅学人主动建议,清史馆也积极举办讨论会,听取各方意见。1914 年 9 月 20 日,清史馆约集参与者开第一次会议,"耆儒硕彦群集一堂,到会者二百余人"。赵尔巽在会上"词意极为婉转"地请"诸贤对于修史入手办法各抒所见"。其后,王闿运、梁启超、严复、吴士鉴分别演说对于修史之意见。王闿运提出要注重本纪,及稿成后要由馆长独裁去取;梁启超提出"仿《史记》体例",及详近略远等数十项建议;严复建议"公平著笔并须有世界眼光"。个人分别演说后,"众决议采任公之说,以后开会先拟出问题,逐条讨论积极进行"。媒体认为参加第一次会议的"诸名士尽欢而散",显示出纂史工作"现象至佳也"②。

不过,至佳现象迅即消失。新旧学人开放平等地互相切磋商讨,以寻求合理体例的良好势头并未能延续,清史馆第一次体例讨论会之决议亦未能遵守。在第一次体例讨论会议召开后不久,清史馆又突然于 10 月上旬"约集纂修及名誉职员十余人开审查体例会",议决"皇后仍立传,宣统即称皇帝",各种建议"余皆打消",惟"前朝所无之事,如外交宗教则仍为增入"③。此次会议不久,赵尔巽就在正式咨文中宣布"本馆现修艺文志,公议决定沿元明前史之例,断代为书"④。

"史之撰述,先重体裁,体裁不立,未由着笔"⑤。修史体例之重要性,古今于修史有所知晓者皆深知此点。但清史体例讨论从 9 月初开馆始到 10 月上旬体例确定,前后只有一个多月的时间,虎头蛇尾,可以说是尚未展开即已结束。更可怪之处,赵尔巽第一次会议前后态度迥异,在短时间内改变前期的开放与民主作风,武断突兀地决定采取最保守之方案,即于式枚、缪

① 《清史馆馆长赵尔巽为报开馆日期事致袁世凯呈文》(1914 年 8 月 31 日),《政府公报》第837 号,1914 年 9 月 3 日。
② 《清史馆修史之第一次会议》,《盛京时报》1914 年 9 月 25 日。
③ 《纂修清史办法之决定》,《盛京时报》1914 年 10 月 8 日。
④ 《清史馆咨各省巡按使本馆现修艺文志请转饬各道县知事查明境内通儒硕彦从前著作于三个月内汇送择录等情请查照施行文》(1914 年 10 月 15 日),《政府公报》第886 号,1914年 10 月 23 日。
⑤ 朱师辙:《讨论体例第一》,朱师辙:《清史述闻》,生活·读书·新知三联书店 1957 年版,第 1 页。

荃孙等人之建议——仿明史体例。就赵尔巽行事风格言,时人称他是"老史中之最新者",①虽有使建议者"不复进一言"的情形,②但行事较能遵从民主共和时代的规则,似不应该短时间内完全抛弃开放和民主态度;就赵尔巽工作需要言,他"虽起词林",但"仅功帖括",③于史学并无功力,确实希望相关人员能多所赞画。在前引其致袁世凯的公文中,也曾明确指出"兵刑、食货、外交、交通等事,均视前代大有变更,不能尽沿前史之例"。赵氏在短时间内突然改变态度,不能不让人觉得,其中必有颇多值得推敲考覆之事。另,吴士鉴在第一次体例讨论会时"大体颇赞成任公之议论,不过稍有出入耳",也同意当时达成的规则,④但在此后推翻第一次讨论会决议的活动中,又是主要组织者,也颇让人疑惑。

对于清史修纂应以传统的正史纪传体为基础,新旧学人本无分歧。旧派学人张宗祥、袁嘉谷、陈敬第等人认为"清史为结束二十四史之史"⑤,"自当以纪表志传四者为定"⑥。梁启超也指出"本史既以结马班以来断代正史之局,未容自紊体例"⑦,故梁启超、朱希祖等人亦是在纪传表志之正史体例基础上提出建议。新旧双方分歧真正之处在于,新派学人主张多借鉴西方史学编纂经验,以现代观念与精神来创设篇目,编纂史文。严复明确指出希望修史诸君要公平着笔,要有世界眼光。为了帮助史稿修纂能够实现这一目标,严复还准备"译述欧西各国修史手续以备参考"⑧。袁励准与王桐龄认为"近世史迹复杂,不宜拘守旧例,致多挂漏",所以于"志""表""传"部分多所创新:如在"志"的部分,创设了教育志、新学志、工艺志、交通志、通商志、外交志、宗教志;在"传"的部分,创设了新学家传、教育家传、实业家传、客卿传等。⑨ 朱希祖本着"史之职,固在藏往知来,不专在褒善贬

---

①　沃邱仲子:《民国十年官僚腐败史》,中华书局 2007 年版,第 90 页。

②　张宗祥:《清史述闻·张记》,朱师辙:《清史述闻》,生活·读书·新知三联书店 1957 年版,第 3 页。

③　沃邱仲子:《民国十年官僚腐败史》,中华书局 2007 年版,第 89—90 页。

④　《清史馆修史之第一次会议》,《盛京时报》1914 年 9 月 25 日。

⑤　张宗祥:《清史述闻·张记》,朱师辙:《清史述闻》,生活·读书·新知三联书店 1957 年版,第 3 页。

⑥　袁嘉谷、陈敬第:《清史凡例商榷》,朱师辙:《清史述闻》,生活·读书·新知三联书店 1957 年版,第 207 页。

⑦　梁启超:《清史商例初稿》,《饮冰室合集》专集之三十一,中华书局 1989 年影印版,第 3 页。

⑧　《清史馆修史之第一次会议》,《盛京时报》1914 年 9 月 25 日。

⑨　袁励准、王桐龄:《袁励准王桐龄上纂修清史管见书》,朱师辙:《清史述闻》,生活·读书·新知三联书店 1957 年版,第 227—233 页。

恶"之思想出发,建议先修志表后修纪传,且对志表多改创,如创设度支志、军备志、邮传志、八旗志等。①

梁启超《清史商例》是新学学人提出最系统的修史主张,其主要主张和观念可概括为四点。(一)合理设目,秉笔直书。如不必为满清"发祥沿革"设"专篇"或"闰纪";在纂修本纪时于"主德污隆,务存直笔"等。(二)详略得当,简洁有趣。如对于"大征伐之方略,大制度之变置"以及"为治绩所关者"的用人,尤其是"破格超拔"者等,应该详记。(三)寻求因果,以利于借鉴。如对于事关重大的人事,则应浓墨重笔详记,如太平天国、捻军起义这个"清代第一大事",则一定要单列一表,详述前因后果;而清代的财政收支情况与清王朝兴旺有着紧密的关系,应特创"国用志","以鉴来兹"。(四)关注"今务",用心"别裁","一代之史,必有一代着异之政俗",对清代出现的新事物特别关注,主张设置新的篇目以示重视。如为突出科学,用"历象志"代替"天文志";为突出"都市""物产",将之从"地理志"中分出;为海关、厘金、盐政设"征榷志""盐法志";关注金融货币制度设"钱法志";对于学校、邮传、"邦交"等新事物都设志或合传。②

总体上看,梁启超等新学学人的主张可以说是既注意了中国的史学传统,也发扬了新史学的精神,不仅固守学术本位,且基本上符合民国新肇的形势和社会的期望,因此具备较大的吸引力,获得了舆论的认同和不少人的支持。媒体报道,梁启超"对于修史体例已有数十项,均中肯要",就连旧派中坚人物吴士鉴也"颇赞成任公之议论"。梁启超甚至还主导了清史体例讨论的议事规则。众多迹象显示新派学人的主张在清史体例讨论初期占据了上风,依照此种形势发展,梁启超必将成为清史修纂之学术领袖,清史也很有可能被修纂成为一部既能继承传统史学优点,又能贯注现代观念与精神的良史之作。

但是,一些旧学中人在清末就有"恶新"之念,许多人又因为辛亥革命丢掉了官职与政治社会地位,有着"国不国矣"的伤痛,③所以他们在民国初年"恶新"更甚。除了前述恽毓鼎对张之洞、张百熙及留学生之言论,还可找出一些类似例子。譬如对于新的事物,无论好坏,他们都不能接受。吴昌

---

① 朱希祖:《拟清史宜先修志表而后纪传议》,朱师辙:《清史述闻》,生活·读书·新知三联书店1957年版,第262页。

② 梁启超:《清史商例初稿》,《饮冰室合集》专集之三十一,中华书局1989年影印版,第1—12页。

③ 吴庆坻:《致缪荃孙信·四》,顾廷龙校阅:《艺风堂友朋书札》,上海古籍出版社1980年版,第225页。

绶在致缪荃孙信中使用了"代表""私家团体",便自标明"新名词该打"①"又写新名词,该打多少"等语。② 对于新名词尚如此排拒,对于纂修清史的新观念、新体例,自是更难赞同。有多条材料显示,原本散漫沉默的旧派学人,突然在第一次体例讨论会后集体活跃起来,在公私场合发表与梁启超等新派学人不同的修史意见。

王闿运在参加清史馆第一次会议后,对严复含有新思想之主张颇有调侃之意:"史馆而设讲堂,所谓善学外国者。严又陵言修史要有精神,盖外国有无精神之事。"③与王闿运私下调侃不同的是,不少遗老学人旗帜鲜明地反对。张尔田后来回忆《清史稿》编纂工作时,仍然认为"梁启超所言尤繁伙,然多不中义例"④。张尔田所言梁启超建议"多不中义例",显然是意气之说,却也是不少遗老遗少的同感。于式枚虽一直不应清史馆之聘,却特别著文对梁启超等人之建议进行批驳。于式枚认为:(一)"明遗臣传""死节传"都不必设,"不必特仿欧史,示微意孤愤矣";(二)"一家之中,祖孙父子兄弟,各有特别勋业者,宜各自为传,其余列入附传"考虑欠周全;(三)列传之"论"需要"全史告成后,再由数人分任之"不可行;(四)"记载宜有通史之意"实无意义;(五)"地理志分为二部,一本国地理志、一世界地理志"不合体例等。⑤ 于式枚针对梁氏各项意见皆有批评,但重点是在有关皇室、八旗入关时的投降者与抵抗者评判、明遗民等问题上。吴士鉴之父吴庆坻在致缪荃孙信中明确指出"兴学专志万不可,此痛心事也",因为"兴学、练兵,亡国之媒"⑥。于式枚、缪荃孙、秦树声、吴士鉴、杨钟羲、陶葆廉六人更是联合发表主张,认为《明史》"不漏不蔓,体例最善",所以"今日修史,惟专仿明史,不必高谈皇古也"。⑦

在《清史稿》体例定案过程中,于式枚等六人联合署名之《谨拟开馆办

---

① 吴昌绶:《致缪荃孙信·一百六十二》,顾廷龙校阅:《艺风堂友朋书札》,上海古籍出版社1980年版,第931页。

② 吴昌绶:《致缪荃孙信·一百九十五》,顾廷龙校阅:《艺风堂友朋书札》,上海古籍出版社1980年版,第947页。

③ 王闿运:《湘绮楼日记》,岳麓书社1997年版,第3330页。

④ 张尔田:《清史稿纂修之经过》,朱师辙:《清史述闻》,生活·读书·新知三联书店1957年版,第282页。

⑤ 于式枚:《修史商例按语》,朱师辙:《清史述闻》,生活·读书·新知三联书店1957年版,第142—152页。

⑥ 吴庆坻:《致缪荃孙信·一》,顾廷龙校阅:《艺风堂友朋书札》,上海古籍出版社1980年版,第224页。

⑦ 于式枚、缪荃孙、秦树声、吴士鉴、杨钟羲、陶葆廉:《谨拟开馆办法九条》,朱师辙:《清史述闻》,生活·读书·新知三联书店1957年版,第116页。

法九条》意义重大。除史稿体例最终依据这一主张之外,六人联合还显示出旧派学人在批驳新派学人思想与主张之同时,也有意进行力量整合,以掌握修史主动权。清史馆设立时,编纂人员多为"各省之所保荐,大总统之所发交,以及尔巽知交之所汲引",号称"皆一代名流"①,实际上"均多遗老遗民"。② 在开馆之初,这些遗老遗民多不愿出头露面,而推许缪荃孙为"大方领袖",③希望缪氏"主持一切",④自己可"得操觚而随其后"。⑤ 更有甚者,不少遗老虽然应聘但基本不参与其中。吴士鉴致信缪荃孙说:

> 樊山(按:樊增祥,总纂)从不一来,春榆(按:郭曾炘,总纂)来而不开口,瑞臣(按:宝熙,总纂)绝不言史事,终日买卖书画。近将为人拉入某会,亦大苦事。柳溪(按:李家驹,总纂兼纂修)专心宪法起草。凤荪丈(按:柯劭忞,总纂)日前晤言两次,伊极明白,而退让不遑。⑥

被寄望"主持一切"的缪荃孙,开馆初也一直在上海校刻旧书、游乐士林。所以在开馆初期,旧派人士虽远多于新派人士,不过力量并未显示出来,反被人数较少但兴致高昂之新派人士占据了上风。

但编修人员多是遗老学人,办事人员亦"多与旗族有关系之遗老",⑦他们一旦为形势所迫团结起来,力量很快显现出来。旧派学人纷纷改变了原来的沉默态度,开始寻求联合发声。农历八月一日(阳历 9 月 20 日)第一次体例讨论会在京召开,缪荃孙日记中此后有不少内容是与纂修清史有关:八月二日条记"叶葵初来,示次珊电报,随又送千元来,嘱转致晦若、聘三、子琴、在廷";三日条记"拜叶葵初、于晦若、王聘三,于、王辞聘……与子琴、篁楼请樊山,同人咸集……两接禄保信、闰枝信"。四日条记"接章式之信";五日条记"发禄保信、闰枝信";八日条记"发式之信";十日条记"子培

---

① 《赵馆长网络群贤之盛事》,《盛京时报》1914 年 8 月 9 日。

② 《国史馆与清史馆之比较观》,《盛京时报》1914 年 7 月 19 日。

③ 吴昌绶:《致缪荃孙信·六十一》,顾廷龙校阅:《艺风堂友朋书札》,上海古籍出版社 1980年版,第 880 页。

④ 吴士鉴:《致缪荃孙信·十一》,顾廷龙校阅:《艺风堂友朋书札》,上海古籍出版社 1980 年版,第 450 页。

⑤ 章钰:《致缪荃孙信·三十九》,顾廷龙校阅:《艺风堂友朋书札》,上海古籍出版社 1980 年版,第 602 页。

⑥ 吴士鉴:《致缪荃孙信·十九》,顾廷龙校阅:《艺风堂友朋书札》,上海古籍出版社 1980 年版,第 457 页。

⑦ 《国史馆与清史馆之比较观》,《盛京时报》1914 年 7 月 19 日。

借史馆办法去";十八日条记"发吴絅斋信",并拜访沈曾植、康有为等人;十九日条记"子培寄开馆议稿来,已揉烂不堪矣";二十日条记"史馆送章程来";二十七日条记"又接吴絅斋信";二十八日条记"定史馆说贴";九月初一条记"发京师史馆赵次珊信,寄史议,又吴絅斋信、董授经信";三日条记"接章式之信";四日条记"发式之快信"。① 这些简略的记载已让我们考证不出具体情形如何,但从上述这些与《清史稿》纂修颇有关系的人员频繁活动来看,应该与如何修史有关。与编纂人员对梁启超等人的主张批驳相配合,馆中办事人员可能也用实际行为限制梁启超等人具有新观念新精神之主张的传播。柳诒徵在《清史刍议》中说"开局伊始,商订义例,巨制闳文,袞然成册",②可知清史馆当时是将各种建议集中印发参预诸人,以供讨论。梁启超在清史体例商讨期间,先后写了《清史商例》第一书和第二书,③但朱师辙说"梁任公清史商榷第二书,馆中未印小册,余曾见其原函"④。是不是存在这样的可能,即清史馆办事人员有意将梁氏第二书冷处理而未公之于众?

清史纂修体例的大反转,正是在这一时期,而在清史馆内主导了这一反转的,是这一时期与缪荃孙联络紧密的吴士鉴与章钰。吴士鉴在致缪荃孙信中说:

> 十二日审查体例,仅十三人,将各家拟例汇集(共十余份),逐条斟酌。尊撰史例,早归入其中。是日结果,大致以侄与式之、籛孙主持为稍多,梁任公所拟未尽从之,其他离奇光怪之表志名目,取消殆尽。⑤

吴士鉴所谓"十二日审查体例",即为第二次清史体例审查会。此次会议仅有十三人参加,十三人中,郭曾炘、宝熙、吴士鉴、章钰、金兆藩、吴廷燮、陈敬第、袁嘉谷、姚永朴九人,不管属于汉学或宋学,都属于旧派中人;此外,王式通虽然是近代法学家,但是从他1912发表之《答人问史稿凡例》一文来看,其史学主张多遵传统;钱恂虽然出使西洋多国,但是其与缪荃孙关系

① 缪荃孙:《缪荃孙全集·日记》第3册,凤凰出版社2014年版,第336—341页。
② 柳诒徵:《清史刍议》,《柳诒徵史学论文集》,上海古籍出版社1991年版,第15页。
③ 第二书似已佚失,在《饮冰室合集》和新近夏晓虹编辑的《〈饮冰室合集〉集外集》中亦未有收录,翻检当时报刊,如《大公报》《旗族》等刊录的均是第一书。于式枚《修史商例按语》一文引用了第二书部分观点。
④ 朱师辙:《清史述闻》,生活·读书·新知三联书店1957年版,第108页。
⑤ 吴士鉴:《致缪荃孙信·十二》,顾廷龙校阅:《艺风堂友朋书札》,上海古籍出版社1980年版,第451页。

密切,且为名誉职位。真正有新史学主张的新派人物只有梁启超、夏曾佑二人,梁启超为名誉职位,夏曾佑进入民国后厌世消极,新学派势单力薄可以想见。在这次会议上,梁启超之主张,除了"明遗臣传"和反对为皇后立纪而不为宣统立纪外,其他的主张和新思想都被归入"离奇光怪"之内而"取消殆尽"。最终于式枚、缪荃孙两人主笔的《谨拟开馆办法九条》胜出,《清史稿》体例仿《明史》体例,稍变通而已。从吴士鉴致缪荃孙信中"将来长者到馆,再加坚持,决无异议"等语,①大约可知在体例审查会结束后,对体例审查会的保守决定也有不同的声音,不过旧学派主导清史体例大局已定,获得胜利的旧学人一边敦促缪荃孙"早日到馆,俾有准绳",②一边已经无视异议,开始分配任务着手编纂了。缪荃孙日记中,九月九日条已显示他将入京,十一日"收拾行礼",十二日自上海出发,十六日与章式之在天津见并同于十七日到京,十八日"拜吴绹斋、赵次珊。到清史馆会同事诸人",二十日"到馆,书定儒林、文苑、孝友、隐逸诸传"③。如此连贯紧凑之行动,与吴士鉴致缪荃孙信中所计划者,完全合拍。

旧学派学人除了以上两个方面的反制举动外,还有证据显示他们在人事问题上也曾有所行动。对梁启超、严复两位既不在史馆,又正被袁世凯倚重的新学领袖,除了批驳反对外,基本上对他们无可奈何,但是对于那些其他有新观念的人,则在有可能的情况下予以排斥打击。柳诒徵在1922年发表《清史刍议》时说:

> 此在都门代某君所撰稿,其中皆就旧史法立论,不敢讲新史学之义例也。后某君竟以此见摈于当事。盖史馆诸公,十九清之达官,即此亦不谓然也。

一句"不敢讲新史学义例",道出了清史体例讨论时的言论氛围,"某君"因此"见摈",也可见主持者党同伐异之程度。"某君"为谁已不可考,不过细察《清史刍议》,比较敏感的只有四处:(一)认为不能"苟于清朝,甘从曲笔",对革命等事要"主于持平,婉而成章,尽而不污,必本《春秋》,义无歧重",对扬州屠城、文字之狱、满汉歧视等都"不可为讳";(二)将清统一以前

---

① 吴士鉴:《致缪荃孙信·十二》,顾廷龙校阅:《艺风堂友朋书札》,上海古籍出版社1980年版,第451页。
② 吴庆坻:《致缪荃孙信·十五》,顾廷龙校阅:《艺风堂友朋书札》,上海古籍出版社1980年版,第228页。
③ 《缪荃孙全集·日记》第3册,凤凰出版社2014年版,第342—343页。

诸帝，"总为世纪，以省篇题，径名满洲，示非正统"；（三）宣统"逊国之后，仍拥帝号。今兹修史，不宜辄纪"，应"附诸德宗"；（四）"名臣事迹，仅录章奏，其人性行，未由窥见。安溪卖友，湘阴嫉才，散见他文，宜加甄采"。① 柳氏《清史刍议》后附《修史私议》，有颇多"新史学"思想的主张，如：

> 朝章国故，史不胜书，故其病在偏重庙堂，略于民事，一国宝书，几等家牒。民国肇造，政体鼎新，天下非一家之私，史例自因时而变。

柳氏在此文前也加按语说"此稿亦在都门所作，时王湘绮任国史馆事，有议改旧史者，故为此议，亦未质之湘绮"。② 若如此，大约可知柳诒徵的这些"新史学"思想并未在清史体例商讨中有过多表露，《清史刍议》实已为保守之作。但即使如此，"某君"还因此即"被摈"。

其他在清史体例讨论中有新思想者，多类柳诒徵所言之"某君"，被"见摈于当事"。如，"某纂修者，狂士也，尝上书馆长论史裁，颇褒贬人物。赵阳嘉纳，未几以经费不继裁员，某与其列焉"。③ 朱师辙《撰人变迁》一文，明言辞退之纂修，仅刘师培一人。④ 刘之被聘用，旧学中人大概认为其乃"名家之子，旧学本优，此次认办《满汉世爵表》，当肯尽心办事"。⑤ 在纂修人员中，另有一明言辞退者，乃是协修朱希祖，亦新派学人，曾希望清史纂修能汲取新史学的优长。另外一位参与清史体例讨论之新派学人王桐龄，虽是留学生中为数不多的攻读史学专业之人，但并未能被清史馆聘用。以《最新中学中国历史教科书》闻名学界之夏曾佑虽在开馆后被聘为纂修，任外交志，但一无所成，仅作王文韶传一篇，亦未被采用。

第三节　汉宋之争与《清史稿》编纂

史稿体例讨论时间颇短，主要体现的是新旧不能融合。史稿编纂则历时较长，其中多次遭遇政治动荡、人员变动、经费削减，可谓过程曲折、情况复杂。所谓"复杂"，主要体现在两个方面，一是人事关系复杂，二是书写内

---

① 柳诒徵：《清史刍议》，《柳诒徵史学论文集》，上海古籍出版社 1991 年版，第 15—27 页。
② 柳诒徵：《修史私议》，《柳诒徵史学论文集》，上海古籍出版社 1991 年版，第 31 页。
③ 沃邱仲子：《民国十年官僚腐败史》，中华书局 2007 年版，第 90 页。
④ 朱师辙：《清史述闻》，生活·读书·新知三联书店 1957 年版，第 57 页。
⑤ 吴士鉴：《致缪荃孙信·二十》，顾廷龙校阅：《艺风堂友朋书札》，上海古籍出版社 1980 年版，第 458 页。

容复杂。在此过程中,学人认同对纂修队伍构建、书写内容去取,皆有显著影响。

赵尔巽任馆长之后,"物色史才,必须由翰苑起家,学问渊博,掌故熟悉,或精通满蒙藏各文者,方为合格",先后延聘数百人。① 后又为"安置前清遗老"②,先后聘任"名誉职员"约三百人。③ 故实际修史者多第一批延聘的具有学术底蕴的学人,尤其是一些原来在翰林院或国史馆担任过职务的汉宋两派学人。④ 这种人事安排,为《清史稿》纂修时期汉宋两派学人的角力埋下了伏笔。虽然两者的角力在清末已经缓和,但是清史纂修却让门户樊篱与学统之争再度出现。可以说,在清史修纂过程中,汉宋两派围绕着人事、篇目、内容等问题的冲突,取代了体例讨论时新旧的交锋,成为对垒双方。

乾嘉以后,汉学虽遭经世致用风潮和桐城派之冲击,声势有所低落,但根基并未动摇,晚清多数学者求学时依然接受汉学训练,所以在史稿编纂人员中,汉学出身的学者人数众多。在这些学人里,起主导作用的力量是学有根底之江浙学人:被推为首领的缪荃孙为江苏江阴人,先后任翰林院编修、国史馆总纂,治学"恪守乾嘉诸老学派,治经以汉学为归";⑤实际主持清史体例定案和协调史稿编纂的总纂吴士鉴为浙江杭州人,历官翰林院侍读、江西学政,"以评骘金石、考订碑版、精研史籍,有名于时";⑥纂修张尔田,浙江杭州人,举人出身,曾任知府,"嗜经史,善为文","专心乙部";⑦总纂吴廷燮,江苏南京人,举人出身,曾任知府,以撰述史表闻名;纂修金兆丰,浙江金华人,进士出身,先后为翰林院编修、国史馆编修等;纂修章钰,江苏苏州人,进士出身;纂修金兆藩,浙江嘉兴人,进士出身;纂修邓邦述,江苏苏州人,进士出身;提调邵章,浙江杭州人,进士出身,翰林院编修;协修吴昌绶,浙江杭州人,举人出身。简单列举,即可看出《清史稿》编纂人员中江浙学人之数量,此外尚有不少不及细考的编修人员,沈曾植等一些有职务而未参与实际编纂工作的人员,也是江浙学人。

① 《赵次珊到京后之情形》,《盛京时报》1914年6月9日。
② 刘禺生撰:《世载堂杂忆》,中华书局1960年版,第260页。
③ 《赵馆长网络群贤之盛事》,《盛京时报》1914年8月9日。
④ 邹爱莲、韩永福、卢经:《〈清史稿〉纂修始末研究》,《清史研究》2007年第1期。
⑤ 《缪艺风先生行状》,北京图书馆编:《北京图书馆藏珍本年谱丛刊》第180册,北京图书馆出版社1999年版,第755页。
⑥ 吴谏斋、于京盥、陈晴岚辑撰:《艺风堂主人并友朋各家小传》,顾廷龙校阅:《艺风堂友朋书札》,上海古籍出版社1980年版,第1069页。
⑦ 王钟翰:《点校本序》,张尔田著、黄曙辉点校:《史微》,上海书店出版社2006年版,"点校本序"第1页。

桐城派一直是晚清宋学的中坚力量,在嘉道咸同时期一度声势高涨,于朝于野都有较大势力。尽管桐城派晚期的领袖张裕钊、吴汝纶在清末先后去世,力量显著衰微,不过桐城派在民国学界仍具有一定的影响,除了范当世、贺涛、马其昶、姚永朴、姚永概等外,相关的著名人物还有王先谦、秦树声等。在清史馆初创时,所聘人员主要是有功名出身的遗老,宋学人士只有姚永朴、秦树声几人,无论是体例讨论,还是篇目设定,宋学人士原本是不太重要的配角。随着徐世昌担任国务卿等要职后,凭借徐氏与桐城派的特殊关系,①桐城派学人在清史馆声势增涨,主要人物有:总纂秦树声,河南固始人,进士出身,曾任按察使、提学使;总纂马其昶,安徽桐城人,从吴汝纶、张裕钊学古文,光绪末年授学部主事,京师大学堂讲师;②纂修姚永朴,安徽桐城人,举人出身,凤山书院山长,安徽高等学堂教习,学部咨议官等;协修姚永概,安徽桐城人,乡试解元,安徽高等学堂教务长。桐城派中学术底蕴最为深厚的王先谦,汉宋兼治,颇善史学,原有传闻被徐世昌保荐为"总裁",且其"似足以餍人望",但最终并未被聘为清史编纂人员。③

此外,还有一些与桐城派关系密切或汉宋兼治的学人,如吴汝纶之婿柯劭忞,与吴汝纶关系密切之王树枏,与秦树声关系密切之朱孔彰、朱师辙父子等也参与了清史修纂。但就学术来说,汉学对这几位学人的影响可能要大于宋学:总纂柯劭忞汉宋兼治,"凡经、史、词章、小学、天文、历算、金石,无不精通";④总纂王树枏"早岁治学,仍沿乾嘉诸儒蹊径,而尝肆心力治朴学",⑤后虽与吴汝纶、马其昶交游,但他仍自言"素喜考订之学";⑥协修朱孔彰之父朱骏声乃钱大昕之徒,精通训诂小学,为"清代小学四大家"之一,朱孔彰、朱师辙父子还与沈曾植关系较深。这几位学人可以说并不是纯粹

---

① 徐世昌母亲为桐城派早期代表人物刘大櫆后人,徐氏深受母亲影响(贺培新编:《水竹邨人年谱》,陈祖武编选:《晚清名儒年谱》第15卷,北京图书馆出版社2006年版,第407—408页)。

② 在1914年、1915年并无记载其被清史馆聘任及修史记录,至民国五年方有"清史馆长赵尔巽复聘先生总纂史事,乃再入京师"记录(陈祖壬编:《桐城马先生年谱》,北京图书馆编:《北京图书馆藏珍本年谱丛刊》第184册,北京图书馆出版社1999年版,第42页)。

③ 叶德辉:《致缪荃孙信·三十三》,顾廷龙校阅:《艺风堂友朋书札》,上海古籍出版社1980年版,第555页。

④ 王森然:《柯劭忞先生评传》,王森然:《近代名家评传》(初集),生活·读书·新知三联书店1998年版,第51页。

⑤ 《陶庐老人随年录整理说明》,王树枏撰:《陶庐老人随年录》,中华书局2007年版,第4页。王树枏虽被聘为总纂,却在徐世昌的支持下纂修《大清畿辅先哲传》,"备清史取裁",似未实际参与清史馆工作。

⑥ 王树枏撰:《陶庐老人随年录》,中华书局2007年版,第23页。

的宋学派,而是处于汉宋之间的中立地带。如朱师辙言"先君任协修,常与夏润枝丈商略史例,柯凤孙、王晋卿二老复与余善";①"先君谢世,师辙继之,勤赴史馆,常与秦、夏二丈,柯、王、马三老,纵谈文史,皆与余善"。② 从此叙述看,这几位汉宋兼治的学人交往是比较亲密的。另外,上引吴士鉴致缪荃孙信分析史馆形势时说总纂柯劭忞"日前晤言两次,伊极明白,而退让不遑",似也透露出几位汉宋兼治学人在史馆的处事策略。

通过以上对比可知,在史稿编纂过程中,汉学派的力量总体上超过宋学派。更需要注意的是,经过几代人的调和,桐城派的门户之见已经弱化,对于汉学表示了一定程度的认可,视汉学为研究经学、获取义理的必要学术素养,如张裕钊认为专守义理而摒弃考证,会导致"训诂、制度之失其实";③姚永朴认为治经应该"守汉儒之训诂名物,而无取专己守残;宗宋儒之义,而力戒武断"④。带着这种汉宋兼综的取向和自我反省意识,参与清史编纂的宋学学人也主动向汉学学人释放善意。但汉学学人既已形成了可左右修史局势的学术团队,又具备强烈门户意识,处处阻挠,故马其昶等人很难发挥自己的能力。

马其昶1916年以总纂身份入馆后,取代缪荃孙撰修儒林、文苑及光宣大臣传。吴昌绶向缪荃孙报告马其昶入馆后的情形说,"马通伯已入馆,闻闰翁言,尚谈得拢,且欲绶常去,有所商"⑤。但汉学学人似乎仍受"国家可毁,而门户不可毁"观念主导,⑥对马氏善意,吴昌绶以"然绶一病颓唐,实抱愧荒惰也"以报,且私下纠合同人以不交史例来排斥马其昶、维护缪荃孙,称"史例未交,当日三数同人商榷,亦自有用意,无非卫护教主。今请稍缓,必有办法"向缪荃孙自白。⑦"护卫教主"当是指吴昌绶等皆以缪荃孙为领袖,不仅不会支持马其昶工作,而且试图组织反对马其昶之举动。吴昌绶等人"护卫教主"的细节已不可考,但马其昶的确在史馆无法施展才华。其年谱"民国六年"条载,"同馆为文多芜杂无法度,顾自诡甲科不欲为先生下",

---

① 朱师辙:《清史述闻序》,朱师辙撰:《清史述闻》,生活·读书·新知三联书店1957年版,第6页。

② 朱师辙撰:《清史述闻》,生活·读书·新知三联书店1957年版,第40页。

③ 张裕钊:《与钟子勤书》,张裕钊著,王达敏点校:《张裕钊诗文集》,上海古籍出版社2007年版,第86页。

④ 王遽常:《桐城姚仲实教授传》,姚永朴撰、许振轩校点:《文学研究法》,黄山书社1989年版,第2页。

⑤ 吴昌绶:《致缪荃孙信·一百七十八》,顾廷龙校阅:《艺风堂友朋书札》,上海古籍出版社1980年版,第940页。

⑥ 钱基博:《近百年湖南学风骈文通义》,上海古籍出版社2012年版,第97页。

⑦ 吴昌绶:《致缪荃孙信·一百七十八》,顾廷龙校阅:《艺风堂友朋书札》,上海古籍出版社1980年版,第940页。

而赵尔巽"徒震先生名敬礼有加而不能用",故马其昶"虽名总纂,实未尝理董其事,但自纂儒林文苑两传而已"。① 一句"顾自诡甲科不欲为先生下",掩藏了很多耐人寻味的讯息。

吴昌绶这种门户之见,可以说在彼时的汉学学人中颇有普遍性。吴士鉴虽承认"昔年读惜抱文,未尝不服其文品之峻洁",但"于名公巨人之志状,事实从略,专事发摅议论,似不如同时经生之翔核",而"乾嘉以后,强立标帜,一若古文乃专门之学,而经师硕儒反不能与于其列,此则推崇桐城者之过也",对"桐城派末流之失"深为痛绝。② 因汉宋门户而影响学人评价的倾向在叶德辉的思想中也有显著表现。叶德辉对缪荃孙评价王先谦说,"葵园老人终是古文家,可以言文章著述,而不可言考订校勘";③ 又说"葵园老人刻书必附以己注,(老人毕竟是桐城派),注又未必高",因为门户之见,在一些事情上刻意保持距离,"故辉所刻所著,皆不曾有二王先生序。二王老前辈亦甚知己,而终不能强合其学派也"④。

在清史编纂过程中,宋学新学力量相对弱小,基本无法撼动以江浙学人为核心的汉学学人对编纂工作的把持。馆长赵尔巽亦以江浙汉学学人为修史倚靠,愿多援引江浙汉学派学人。吴士鉴曾在致缪荃孙信中说"馆长近亦略知得力之人太少,前次与侄谈及,尚欲觅一二好手",缪荃孙推荐的学生吴昌绶,赵尔巽"尚为爽快"地应允了。⑤ 带着传延久远的门户之见、学统之争,又加上"党同伐异以为把持,声气标榜以为结纳"之心态,⑥缪荃孙、吴士鉴等人也导向明确地构建纂史团队,认为"一切讨论非真正同志不能得益"⑦。江浙汉学派学人在史馆中占据主导地位后,诸人难掩欢欣之意。吴士鉴致缪荃孙信中明言"馆中自闰枝、印臣到后,同志稍多","颇觉吾道不

①　陈祖壬编:《桐城马先生年谱》,北京图书馆编:《北京图书馆藏珍本年谱丛刊》第184册,北京图书馆出版社1999年版,第43页。

②　吴士鉴:《致缪荃孙信·三十二》,顾廷龙校阅:《艺风堂友朋书札》,上海古籍出版社1980年版,第463页。

③　叶德辉:《致缪荃孙信·二》,顾廷龙校阅:《艺风堂友朋书札》,上海古籍出版社1980年版,第535页。

④　叶德辉:《致缪荃孙信·四十三》,顾廷龙校阅:《艺风堂友朋书札》,上海古籍出版社1980年版,第562页。

⑤　吴士鉴:《致缪荃孙信·十八》,顾廷龙校阅:《艺风堂友朋书札》,上海古籍出版社1980年版,第455页。

⑥　钱基博:《近百年湖南学风骈文通义》,上海古籍出版社2012年版,第97页。

⑦　吴士鉴:《致缪荃孙信·十八》,顾廷龙校阅:《艺风堂友朋书札》,上海古籍出版社1980年版,第456页。

孤";①章钰"与闰老、伯宛联席,极有兴会";②吴昌绶到史馆后感受到"友朋文字之乐",特地感谢缪荃孙之提携。③

　　这些汉学学人多具有较强烈的团体意识,在遇到一些事情时,会自动联合行动,如在讨论传记办法时,吴士鉴认为应该"必约二三同志之人(闰枝、印臣、式之、筱孙诸君),将此事定一标准,于心始安,于事方有条理也"④。在传目确定以后,吴士鉴又请缪荃孙主持"所有审定列传目录","邀集闰枝、筱孙、孝先、伯宛、孟劬、通伯诸公,先行办理"⑤。又如《交通志》,吴士鉴在给缪荃孙的信中说"来书论《交通志》标目,俟当合力争之。此外俟大驾到京,主持一切"⑥。

　　以缪荃孙、吴士鉴为核心的汉学派对宋学派的排斥打击,人事方面还是其次,更关键的是在史稿内容上"尊汉排宋"。这一点在《儒林传》与《文苑传》撰写上,表现最为明显。早在阮元主持国史馆纂修《儒林传》时,汉宋两派曾就纂史人员、入传人选等展开过较激烈的争斗。由于清人重儒林轻文苑,桐城派希望更多人入《儒林传》,而非《文苑传》,但是最终未能如愿。有研究者指出,桐城派学者入《文苑传》而非《儒林传》,具有象征意义:

　　　　实际上等于否定了这些桐城学者的经学成就,不承认他们对经典的义理阐发也是对这些典籍的一种研究,也就将治汉学学问以外的学者排斥出学者队伍,真正有资格进入《儒林传》,有资格荣膺学者称呼的就只剩下汉学家了。⑦

　　有清朝国史馆纂修《儒林传》的背景,当《清史稿》纂修时,两派的角力

①　吴士鉴:《致缪荃孙信·十九》,顾廷龙校阅:《艺风堂友朋书札》,上海古籍出版社1980年版,第456—457页。
②　章钰:《致缪荃孙信·三十一》,顾廷龙校阅:《艺风堂友朋书札》,上海古籍出版社1980年版,第599页。
③　吴昌绶:《致缪荃孙信·九十七》,顾廷龙校阅:《艺风堂友朋书札》,上海古籍出版社1980年版,第899页。
④　吴士鉴:《致缪荃孙信·二》,顾廷龙校阅:《艺风堂友朋书札》,上海古籍出版社1980年版,第446页。
⑤　吴士鉴:《致缪荃孙信·四》,顾廷龙校阅:《艺风堂友朋书札》,上海古籍出版社1980年版,第448页。
⑥　吴士鉴:《致缪荃孙信·三十三》,顾廷龙校阅:《艺风堂友朋书札》,上海古籍出版社1980年版,第464页。
⑦　马延炜:《清国史馆〈儒林传〉研究》,中国人民大学历史学院博士学位论文,2009年。

及吴昌绶等人对马其昶担任总纂及撰修《儒林传》的阻挠等行为,已不难理解。缪荃孙、吴士鉴等人在决定何人入《儒林传》时,可以言说的依据是,于经、小学需有著作。吴士鉴致信缪荃孙时说,"越缦于经、小学未有著述,似难列于儒林",可为证据。① 不可言说的依据是,此人是否属于汉学派。吴士鉴致信缪荃孙言"儒林下卷,长者精心甄综,必可直接班书,若学派不明,著述浅芜者,削之宜尽,此事断难假借"②。在阅读了缪荃孙《儒林传》初稿后,吴士鉴在高度赞扬"精实细密,抉择谨严,学派分明,无可攻摘,此班、范二史后第一之巨制也"后,提出有两位学人当入传的意见:

> 一为崔东壁,其所著书,虽无家法,而北学除通州雷、肃宁苗、昌平王三人外,尚觉寥寥。东壁久已悬人心目之中,能否增附于雷传之下,以餍北人之望,而免他日北人攻南之弊,此中消息极微眇,佺非助北学,乃所以护南学耳。一为邹叔绩,咸同以后,湘中颇习汉学,固由风气渐染,抑亦湘皋、默深及叔绩诸公所以启之也。③

此信透露出缪、吴在确定谁能入《儒林传》时,以学术取向和地域关系为基础的考虑,占有相当大的分量。增加一些"北人",主要是为了避免给人留下"攻南"口实,其他区域的学人入传,主要是因为发扬汉学的缘故。如果说吴士鉴为崔东壁、邹叔绩争取入传有颇多考虑的话,对于翁方纲不能入传不言一语也耐人寻味。翁方纲官至大学士,学通经史、考据、金石,参与编纂《四库全书》,属于"颇有例,当立传,以闻见所不及而遗之者"④。缪、吴等人不让翁氏入传,极有可能和翁氏激烈批评汉学、提倡宋学有关。至于桐城派晚期的领袖张裕钊、吴汝纶,只能"徇时论"列入《文苑传》。吴士鉴对缪荃孙摒弃张、吴批评汉学言论的做法,深为折服:"尊旨谓诋斥汉学之语,一语不登,具见卓识。佺亦素不满意于此种人也"。除此之外,即使有著作,

---

① 吴士鉴:《致缪荃孙信·十四》,顾廷龙校阅:《艺风堂友朋书札》,上海古籍出版社 1980 年版,第 452 页。

② 吴士鉴:《致缪荃孙信·三十一》,顾廷龙校阅:《艺风堂友朋书札》,上海古籍出版社 1980 年版,第 463 页。

③ 吴士鉴:《致缪荃孙信·十五》,顾廷龙校阅:《艺风堂友朋书札》,上海古籍出版社 1980 年版,第 453 页。

④ 陈祖壬编:《桐城马先生年谱》,北京图书馆编:《北京图书馆藏珍本年谱丛刊》第 184 册,北京图书馆出版社 1999 年版,第 50 页。

又有徐世昌支持的贺涛，因是"默守桐城宗派者"，亦被缪、吴抵制入《文苑传》。① 更值得注意的是，缪、吴《儒林传》的取舍倾向，时人应该是心知肚明，如谭宗浚在向缪荃孙推荐广东人可入《儒林传》者时，以广东清代宋学兴盛故，只列了胡方、冯成修、陈昌斋、曾钊、陈澧及劳潼六人，尚自标明"如嫌宋人多，则冯、劳二君附胡方传亦合"②。

与缪荃孙等人重经学、小学著述取向不同，马其昶编纂《儒林传》看重的是德行。在《清史儒林传序》中，马氏首先指出，"六经者，圣人教万世之书"，然后概括汉宋源流，区别汉宋优劣，指出宋学"其弊也窒"，王学"其弊也荡"，清学"其弊也琐"，不管学术形态怎样，但不能脱离"因时立教，要必止于圣人之经"的宗旨，《儒林传》的原则应是：

> 不区分汉宋界域，要以重躬修，无愧圣门德行之科者为上卷，说经硁硁著述名家者为下卷。③

对于宋学背景学人，特别是桐城学人不能入《儒林传》，马其昶颇有意见。在《清史文苑传序》中，简要梳理清代汉宋之争源流及桐城派诸名家的贡献后，他指出：

> 前史以经学理学属儒林，辞章属文苑，二者遂分轩轾。然实非也。经纬天地之谓文，文岂劣词乎？……文章自有能事。其工者，往往兼义理考据之胜。今特各从其所重者区之，然亦有记览该博而经学无专书者，虽不以诗文名，并次列于篇。④

此文虽在阐述编纂《文苑传》的指导思想，却让阅读者感受到论说重心是对《儒林传》选人标准的耿耿于怀，对区分"儒林""文苑"的不认同，及对桐城前贤不能入《儒林传》的愤愤不平。马其昶在1925年以"赵尚书即不用先生言，即承修之文亦间有损益"而意不乐，遂称病不出，脱离史馆。⑤ 所谓

---

① 吴士鉴：《致缪荃孙信·三十》，顾廷龙校阅：《艺风堂友朋书札》，上海古籍出版社1980年版，第462页。

② 谭宗浚：《致缪荃孙信·三》，顾廷龙校阅：《艺风堂友朋书札》，上海古籍出版社1980年版，第74页。

③ 马其昶：《清史儒林传序》，《抱润轩文集》第5卷，自刻本1923年版，第13—14页。

④ 马其昶：《清史文苑传序》，《抱润轩文集》第5卷，自刻本1923年版，第14—15页。

⑤ 陈祖壬编：《桐城马先生年谱》，北京图书馆编：《北京图书馆藏珍本年谱丛刊》第184册，北京图书馆出版社1999年版，第50页。

"承修之文间有损益",可能主要是指其纂修之《儒林传》并未采用,而是采用缪荃孙所修之稿。

最后指出的是,在史稿编纂过程中,以缪荃孙、吴士鉴为核心的江浙汉学人士在对宋学排斥打压外,对新学人士或反满革命者也未公允书写。如围绕《畴人传》的入传人选,吴士鉴致信缪荃孙言:

> 《畴人传》当时与某君断断争之,甚不以溆浦陈君为然,侄既非专门之学,故不便揽回,因就浙人中精采若干人撰成,要求加入。他日如到京,万一溆浦陈君太不足观,再提议另纂,尊意以为如何?①

溆浦陈君,可能是指陈棠,著有《四元消法易简草》等,曾参加过《湘报》《湘学报》的编辑、撰稿工作。吴士鉴对其甚不以为然,可能与其参加过维新工作有关。至于革命者的书写问题,经1929年底由时任故宫博物院院长易培基呈给国民政府行政院院长的公文揭示,早已引起关注,此处不再赘叙。

小　结

《清史稿》修纂与此前正史修纂有两个根本不同之处,一是王朝政治覆亡,国体政体发生了根本变化,二是清史的修纂,"正当科学方法发达之会,新法缜密"之时,又恰逢新旧学术嬗变之际,修史不仅可借用新知识新方法,吸收新观念新精神,还可方便地采择"前哲旧有之良法"②。但是,在梁启超发起"史界革命"十二年后修订的《清史稿》,却仍然是一部具备"四弊二病三难"缺点的旧史,不是一部"叙述人群进化之现象而求其公理公例"的良史。尽管受到较多的政治干扰,但《清史稿》编纂毕竟是学术活动,最终还是学术力量对它产生决定作用。史稿修纂如此糟糕,关键在于主导者的门户之见,而学派与门户的背后,又是学人的认同。《清史稿》专仿明史体例的保守决定和纂修时的党同伐异、好丹非素、曲笔难信,给我们提供了一个很好的案例,让我们可以借此分解剖析学人认同对知识生产的巨大影响。

"道"为"天下之公道"、"学"为"天下之公学"的观念,③在中国学术界

---

① 吴士鉴:《致缪荃孙信·三十九》,顾廷龙校阅:《艺风堂友朋书札》,上海古籍出版社1980年版,第468页。
② 傅振伦:《〈清史稿〉之评论(上)》,《史学年报》第3期,1931年8月。
③ 吴光、钱明等编校:《王阳明全集》,上海古籍出版社2011年版,第88页。

由来已久。但实际上,对"道"之解释,对"学"之探究,凭借的却是一个个个体学者的思考与努力,个体学者之间又依据学术意识、政治理念、治学方法等凝聚成学派与门户,朝着一个其认为可能正确的方向努力。更重要的是,中国学术,从其诞生之际,就与政治关系紧密,无论是《庄子·天下篇》的"道术将为天下裂",还是《汉书·艺文志》的"九流出于王官说",都揭示了这一特性。梁启超在评价明末清初的学者时亦说:

> 他们不是为学问而做学问,是为政治而做学问。他们许多人都是把半生涯送在悲惨困苦的政治活动中,所做学问,原想用来做新政治建设的准备,到政治完全绝望,不得已才做学者生活。①

此语亦是梁氏的夫子自道,反映了数千年中国学人的学思历程。在中国的社会与文化中,自古以来,政治是一切的中心,学术与思想绝大多数也是围绕政治展开,所以学人的政治主张往往形塑了学术呈现。易而言之,学人的政治主张,构成了学人的基本认同,深刻影响了学人的理念与取向等,并进而形塑了知识生产的过程和知识的呈现形态。

仅以清初至民初的文史之学为例,就可证明上述论断之于中国学术的普遍性。清初至民初的文史之学,环环相扣,首尾呼应,每一个阶段都可看到学人认同对知识生产之影响。顾、黄、王等人,以遗民之痛,恨晚明学风空疏导致天下崩解,"不忘种姓,有志经世",②力求实事求是、无征不信。此后大一统局面形成,但是"多忌,故歌诗文史梏;愚民,故经世先王之志衰",为避政治高压,"家有智慧,大凑于说经"③。乾嘉汉学繁荣发展数十年,一度"家贾马而户许郑,经师如卿",至道咸之世,出现内忧外患的问题。所谓内忧,是指"后起之儒,于汉学位置,已难占胜,而其业繁博,尤为难治,学者穷老尽气,不能卒业"的局面已生厌倦;所谓外患,是指世变日亟,汉学被人批评为"破碎无用"。④ 在此情况下,元史和边疆史地的研究、今文经学,皆趁时而起,以应对时局。⑤ 与此同时,"好学之士,亦有心厌汉学之繁琐无当,

---

① 梁启超:《中国近三百年学术史》,《饮冰室合集》专集之七十五,中华书局1989年影印版,第14页。
② 钱穆:《中国近三百年学术史》,商务印书馆1997年版,"自序"第1页。
③ 《章太炎全集》(《訄书》初刻本、《訄书》重订本、《检论》),上海人民出版社2014年版,第154页。
④ 邓实:《国学今论》,《国粹学报》第5期,1905年6月。
⑤ 顾颉刚:《当代中国史学》,上海古籍出版社2002年版,第2页。

反求诸宋学以修己教人者"①,随着桐城派的崛起,和一些政治人物对宋学的提倡,宋学又现复兴之势。至咸同年间,"倭仁(艮峰)提倡宋学于上,曾国藩涤生奉为表率,湘儒唐镜海(鉴)为理学名宦,得其拔识,待以殊礼"②,晚清宋学的势力与影响大涨,渐有可与汉学分庭抗礼之势。不过此时外患日盛,内政不靖,汉学、宋学所争之道统、学统,已变得越来越无意义。

甲午惨败后,学术情势更加复杂,知识生产与学人认同的关系也更为紧密。康有为挟今文经学蓬勃之朝气,著《新学伪经考》《孔子改制考》等书,于"汉学、宋学,皆所吐弃";③梁启超、谭嗣同、夏曾佑等人又融合今文经学与西方学术,自标榜"新学"党,用"宗教式的宣传",同传统学人在"学术界里打死仗",努力"要把当时垄断学界的汉学打倒"④。面对"新学"的攻击,传统学人自是深刻感受到"邪说之为害如此其烈",导致"中学遂日荒废"⑤。但是时代剧变彻底改变了知识生产的社会依托,知识生产的更新已经是不能抵抗的潮流。张之洞虽"纠率许多汉学宋学先生们,著许多书"同康梁等人争辩,⑥但是他也承认,中国学术文化的争论对垒,迅速由"汉宋"变换为"新旧",在需"征诸实事,考诸万物"的"新学"之比较下,"索之故纸,发为空言"的"宋学、汉学、词章、百家之学"其实于强国富民方面,乃至于兴学戒烟这些具体事务上,直接作用不大。⑦

戊戌变法失败不仅未使新学势力与影响降低,学术情势在清末新政开办和科举制度废除后反而发生了更快速的转变,新学声势乃至掩盖了旧学光辉。风潮所及,"年少气锐"者,"事事喜新恶旧";而"朝野上下,事事舍旧图新"⑧。学术思想的变化,甚至导致政治上出现了"昔之贱视洋学,仇视维新者,于兹一变,皆甘为归国留学生之门下"的怪现象。⑨ 但就新学来说,"学术"与"政论"混而为一,对现代学术发展产生的不良影响日渐明显。邓

---

① 钱基博:《十年来之国学商兑》,《光华大学半月刊》第 3 卷第 9/10 期合刊,1935 年 6 月。

② 刘禺生:《世载堂杂忆》,中华书局 1960 年版,第 36 页。

③ 梁启超:《清代学术概论》,上海古籍出版社 1998 年版,第 79 页。

④ 梁启超:《亡友夏穗卿先生》,《饮冰室合集》文集之四十四,中华书局 1989 年影印版,第 21—22 页。

⑤ 费念慈:《致缪荃孙信·一百十一》,顾廷龙校阅:《艺风堂友朋书札》,上海古籍出版社 1980 年版,第 374 页。

⑥ 梁启超:《中国近三百年学术史》,《饮冰室合集》专集之七十五,中华书局 1989 年影印版,第 29 页。

⑦ 张之洞:《劝学篇》,苑书义等主编:《张之洞全集》第 12 册,河北人民出版社 1998 年版,第 9732—9733 页。

⑧ 钱基博:《十年来之国学商兑》,《光华大学半月刊》第 3 卷第 9/10 期合刊,1935 年 6 月。

⑨ 刘禺生:《世载堂杂忆》,中华书局 1960 年版,第 109 页。

实在 1903 年尖锐地指出：

> 东瀛学风其影响于吾国学界者唯政论，唯有力焉，而吾国学界青年之思潮，而唯喜政论而不喜科学，将来流弊恐为吾群之害，有非新学诸君子所及料者，吾甚愿诸君子之一审焉。①

两年之后，王国维也发出了类似的批评：

> 庚、辛以还，各种杂志接踵而起，其执笔者，非喜事之学生，则亡命之逋臣也。此等杂志，本不知学问为何物，而但有政治上之目的，虽时有学术上之议沦，不但剽窃灭裂而已。②

在此风气之下，许多趋新人士"以东瀛为终南快捷方式，其目的在于求利禄，而不在于居责任。其尤不肖者，则学问未事，私德先坏"，未能"坚忍奉公，力学爱国"，反而"放纵卑劣"，③引发各种不满，新旧之争甚嚣尘上。关于清末的新旧之争，王国维曾有严厉批评：

> 今之言学者，有新旧之争，有中西之争，有有用之学与无用之学之争。余正告天下曰：学无新旧也，无中西也，无有用无用也。凡立此名者，均不学之徒。即学焉，而未尝知学者也。④

"学术者，天下之公器。"⑤清末不少知识人已经认识到，学术要健康发展，要尽量保持"公心"。但是理念与现实，常常不能一致。"史者，天下之公言，而予夺褒贬者，一人之私断。"⑥史之良劣，首在撰史之人能否秉持公心与否。⑦ 遗憾的是，整个清代学术纷争不止，先有汉宋之争，后有新旧之

---

① 邓实：《政论与科学之关系》，《政艺通报》第 23 期，1903 年 1 月 13 日。
② 王国维：《论近年之学术界》，《教育世界》第 93 号，1905 年 2 月。
③ 陈天华：《绝命辞》，刘晴波、彭国兴编，饶怀民补订：《陈天华集》，湖南人民出版社 2008 年版，第 230—231 页。
④ 王国维：《〈国学丛刊〉序》，《国学丛刊》第 1 期，1911 年 2 月。
⑤ 黄节：《李氏〈焚书〉跋》，张建业主编：《李贽全集注》第 1 册，社会科学文献出版社 2010 年版，第 341 页。
⑥ 陈黻宸：《独史》，陈德溥编：《陈黻宸集》上册，中华书局 1995 年版，第 567 页。
⑦ 古伟瀛：《撰史凭谁定良窳？——试论"良史"的变与不变》，《台大历史学报》第 44 期，2009 年 12 月。

争,再加上"清朝"与"民国"的对立。这些情感包袱给《清史稿》编纂带来了严重影响。在民初纂修清史时,缪荃孙、吴士鉴等人,虽为经史饱学之士,但身怀"故朝"之思,心存旧主之情,不以学术为天下之公器,反保守传统,严持门户,既做不到吸纳新旧,融合汉宋,又不能对传统史学遗产撷其粹、存其真,写出一部"信今启后"的良史,实令后之学人痛惜不已。

痛惜之余,我们还应秉持"学术者,天下之公器"的理念,对学人的知识生产进行认真的分析剖解,加深我们对知识生产过程之认知,对"门户之见"之警醒,对"良史"之理解,以利于当代学术的健康发展。

第五章 "由旧入新"与"无中生有"
——民国初年的文史之学

　　至所聘教习,如非万不得已,总以本国人才为主。其聘请之法,则选本国学博与欧美游学生各科中卒业高等而又沉浸学问无所外慕之人,优给薪水,俾其一面教授,一面自行研究。科本如此,则历年之后,吾国学业可期独立,有进行发达之机。盖一国大学之设,非特以造就学生即云养成师资人才,亦非挚论。盖将以为一国学业之中心点而有裨于一切文实之进行,如此,则较之从前永远丐人余润,以重价聘请一知半解之外国教员,得失之数,不可同年而语矣。此皆惩前毖后,不可不亟改弦者。①

1912 年 5 月,严复就任北京大学校长。此时的北大,由于内外部因素,正在经受着停办的危机。内部因素是刚刚经历辛亥革命引起的动荡,大多数学生与教师尚未回校;外部因素是社会各界对"京师大学堂"多年的不满意,且民国初期,教育经费严重困难。面对内外压力,严复一方面撰写《论北京大学校不可停办说帖》,一方面思考如何对北大师资进行改良。上述引文即为严复改良北大教员的设想。此条材料也显示出,政权鼎革,民国肇建,对中国的教育与学术产生了相当大的冲击。即使是北京大学,也有停办之虞;不过反过来看,这一巨大政治变动对中国的教育与学术也产生了正面影响,使中国教育界和学术界在压力下思考如何除弊兴利,谋求中国教育和学术的独立发展。北京大学在"民国初年"面临的危机,也可能是中国学术发展前进的良机。

　　在此前的学术史、史学史研究中,"民国初年"是一个不太受到重视的时期。此一时期给人的感觉是,政治动荡余波未平,学术成果不彰,属于学术发展的低潮时期。如果从学人或学术成果的角度看,这一判断并没有问题。但是从学术发展的角度看,这一判断就存在一些问题。因为研究学人或学术成果是可以不那么严格地遵守时间连续性的,但是研究学术发展则

---

① 严复:《分科大学改良办法说帖》,汪征鲁等主编:《严复全集》第 7 卷,福建教育出版社 2014 年版,第 403 页。

不能跳跃,必须高度重视时间连续性。也就是说,即使是学术发展的"低潮",亦有其研究的价值,亦需要将其放在学术发展的整体脉络中予以解读。一时代有一时代之情势,故一时代有一时代之学术。从这一思路出发,细心体谅,抽丝剥茧,可以发现民国初年在中国现代学术发展历程中具有重要意义。简而言之,其意义主要体现在两个方面,一是"由旧入新",二是"无中生有"。上述严复整顿北京大学的措施,就可以说是"由旧入新"的一个表现,此后蔡元培在严复等人整顿北大的基础上创造了"国学门"等专业的研究机构,就可以说是"无中生有"了。

第一节　被学术史忽视的"民国初年"

如果说 19 世纪的欧洲可以被称为"历史学的世纪",[①]那么 20 世纪的中国被称为"历史学的世纪"也并不是毫无道理。从政治上看,自甲午惨败历史学走向前台,成为政治运动必不可少的工具之后,此后的历次政治运动,几乎都有历史学的身影;从思想文化上看,不仅从清末开始的历史书写模式更替对传统价值体系的冲击影响深远,而且 20 世纪每次的思想论争或观念解放,历史学都是重要的参与者;从学术上看,20 世纪"是中国史学史上一个新世纪的开端",名家辈出,成果丰硕,基本完成了史学从传统向现代的嬗变。[②] 20 世纪中国历史学的重要与繁荣,也带来了中国近现代史学史研究的快速发展。最近几十年来,相关研究层出不穷,每一个重要的史学事件、史学机构、史家,甚至每一部重要的史著,都可以找到专门的研究论著。[③] 但是热闹之中,也有寂寥。检视中国近现代史学史的已有研究可知,有一个时期的史学,鲜有人问津,这就是"民国初年"。

"民国初年"是一个模糊性的时间概念,学术界对其并无严格界定。一般来说,这一概念大约可以用来指称以下三个时段:民国肇建最初的两三年、民国肇建至袁世凯去世、民国肇建至南京国民政府建立统一政府。本章使用的"民国初年",主要是指从民国肇建到袁世凯去世这段时间,而本书使用的"清末民初",大多数语境里是指从甲午惨败到南京国民政府建立统一政府这段时间。这三十余年是中国文史之学从传统向现代转变的关键

---

① 张广智主著:《西方史学史》,复旦大学出版社 2000 年版,第 170—171 页。
② 王学典主编:《20 世纪中国史学编年(1900—1949)》,商务印书馆 2014 年版,"前言"。
③ 王汎森曾说,"近代中国重要的史家、历史著作、史学流派,或历史机构,几乎都有人研究了,以至于许多人感到好像在这个领域已经没有什么可以着手之处"(王汎森:《近代中国的史家与史学》,复旦大学出版社 2010 年版,"序"第 2 页)。

期。这三十余年的学术发展,有两个高峰。第一个是清末时期,特别是
1902 年前后。第二个是"新文化运动时期",特别是 1917 年之后的几年。
与之对应的是,学术史研究也特别重视这两个高峰。第一个时期,史学史研
究特别重视"新史学运动",文学史特别重视"新小说"和新报刊等。第二个
时期,文学史研究有"白话文",有"新诗",有现代小说,而史学史则关注北
大国学门、史学门等专业学术机构的出现,及"古史辨"等突破性的史学成
果。就学术发展来看,在这两次高峰之间,还有一个相对低潮的时期。这就
是"民国初年"。对这一时期,学术史研究曾经长期一略而过,缺少必要的
关注,更不用说深入细致的研究。比如汪荣祖曾说:

> 民国史学之成立须至五四新文化运动勃兴之后。新史学可谓是新
> 文化之一部分,故随新文化而起。新文化运动固然发端于五四事件之
> 前,但经五四事件之刺激后,始蔚然成为潮流。①

张越将 1915—1927 年视为"五四时期",并认为"内涵丰富的五四新文化运
动所掀起的狂飙,是促成中国史学转型的最重要的推动力",此一时期"是
中国现代史学初步建立的时期"②。

近些年来,随着中国近现代学术发展中的高峰、热点与新颖之处研究的
普遍开展,以及学术史研究对意识形态因素的突破,研究者开始将目光投射
到中国近现代学术的低潮、边缘和日常,并取得了一些成绩。关于"民国初
年",比较有代表性的研究主要是文学史方面的成果,如:通过对民初所谓
"旧派"小说家理念的分析,重新评估中国小说在近现代的演变,发掘了一
些被遮蔽的现象;③在民国初年新知识阶层普遍"精神煎熬"的背景下探讨
鲁迅的精神与生活状态,引起了我们对民国初年学人的日常到底是何种情
形的关注;④此外还有对民国初年文学走向娱乐化的分析等。⑤ 这些研究
对民初学术史研究的开展,皆颇具推动和借鉴意义。

---

① 汪荣祖:《五四与民国史学之发展》,汪荣祖编:《五四研究论文集》,(台北)联经出版事业
　公司 1979 年版,第 226 页。
② 张越:《新旧中西之间——五四时期的中国史学》,北京图书馆出版社 2007 年版,第 13—
　16 页。
③ 黄霖:《民国初年"旧派"小说家的声音》,《文学评论》2010 年第 5 期。
④ 刘克敌:《"无事可做"的鲁迅与"忙忙碌碌"的"周树人"——从日记看民国初年鲁迅的
　日常生活》,《中国现代文学研究丛刊》2011 年第 3 期。
⑤ 郝庆军:《从文学期刊的繁荣看民国初年文学的娱乐化倾向》,《东岳论丛》2012 年第
　10 期。

相比于文学史研究,民国初年的史学史研究则寂寥得多。罗志田、桑兵等研究者虽然曾经将清末民初作为重要的研究时段,其中一些研究对了解民国初年的史学颇具启发,但对民国初年多含混而过。[①] 另外还有一些研究是从清史编纂角度对《清史稿》编纂体例等问题的检讨。据笔者所见,目前专门从史学发展角度研究民国初年的史学史成果似乎不多见,近年来只有陈其泰《民国初年史学领域的新格局》一文比较突出。[②] 作者注意到以往的研究对"民国初年"史学领域发生的变化未予以足够重视,并认为民国初年实际已有一个"史学领域的新格局"。[③] 遗憾的是,其分析路径主要是通过1917年前后的著名学术成果来倒推出民国初年史学存在着发展的情况,而未在清理民国初年文史之学发展具体过程的基础上,对其发展情况进行理论概括。此外,将民国初年的史学发展,估量为"新格局",似也可进一步商榷。1917年之前中国的文史学界出现了一些新气象,从新气象转变为新格局,应是在五四运动之后。

处于两个高峰之间,民国初年被学术史研究忽略,是可以理解的事情。不过除了这个原因外,从学术史研究的角度看,还有以下几个原因值得思考:

第一,此一时期激荡的政治变迁吸引了太多的关注。从1911年辛亥革命爆发到1917年这段时间,是中国政治从传统向现代转变的关键时期,不仅重大政治事件接二连三地发生,而且思想文化界的主要精力也都投入到了与政治有关的论争中。体制之争、政党之争、派系之争、文化之争这些事关中国前途命运的重大争论,此起彼伏,应接不暇。就时人而言,精力、心智皆大多消耗在政治上,不仅当时具有强烈经邦济世之心的主要学人,如梁启超、章太炎,皆投身到政治洪流之中,就是顾颉刚等青年,也加入了各种政治团体,投身到政治运动中。[④] 更为糟糕的是,知识阶层在激荡的政治变迁和争论中,被撕裂成不同的团体,彼此之间越来越不能相容。张朋园曾指出:

---

① 如罗志田在《裂变中的传承:20世纪前期的中国文化与学术》(中华书局2003年版)等论著中,对"清季民初"史学裂变中"历史眼光"、学术认识论等方面的变化之探讨,对于了解民初的史学有一定价值;桑兵在《民国学界的老辈》(《历史研究》2005年第6期)等论著中对被遮蔽的民国学术现象之发掘,使人意识到民国学术还存在其他面向。

② 其实张越《新旧中西之间——五四时期的中国史学》(北京图书馆出版社2007年版)一书是较早梳理、研究"民国初年"的重要成果,对此一时期的史学发展情况梳理颇为清晰,亦给予了较高肯定,但其明确将时间界定为1915—1927年间,与本书的时段划分取向不同。

③ 陈其泰:《民国初年史学领域的新格局》,《社会科学战线》2012年第8期。

④ 顾颉刚:《古史辨自序》,《古史辨》第1册,朴社1926年版,第17—18页。

从开国到二年7月,两党比较,国民党握有较多的实力,是胜利者,占尽上风。进步党未合并之前,力量分散,且"开国无功",处于下风地位。国民党人攻击进步党,宣布对方君主立宪的罪名,振振有词。进步党没有还击的余地,惟有讽刺国民党为"新贵"、为"暴烈分子"。这种意气之争,最伤感情。立宪派人本多士大夫阶级,惟恐人言其对国家民族没有贡献。革命党人初握政权,亦难容忍他人的批评。在较占势力的情况下,即蒙暴烈分子的恶名,果然老拳相向。愈打愈决裂,愈决裂愈打,成了一个恶性的循环。①

政治纷争导致了国人对强有力中央政府的期盼,②"强有力政府"的呼声又为袁世凯打击政治异己提供了必要的社会舆论,最后导致他一步步走向了独裁与复辟。帮助袁世凯清除国民党力量的梁启超曾经悔痛地说:

> 数年来政局经数度之翻覆,我国人实领得一种最良而最切之教训。此教训谓何? 曰:凡政治之作用,当许容异种之势力同时并存,且使各得相当合法之发展机会。此不磨之原则也。若强违反此原则,一种势力伸张过度,而使异己之势力感压迫而起恐慌,甚或滥用势力以图鏖灭异己之势力,则其结果必反动而遭自灭。此种教训,当同盟会全盛时代一领得之,当袁世凯全盛时代再领得之。③

梁氏此语也反映出了,民国最初几年激荡的政治吸引了很多人投身其中,使他们无暇在学术上努力。正如任鸿隽在1914年指出的那样:

> 改革以还,吾国士夫,竞言建设矣。顾其目光所及,唯在政治。于学界前途,未尝措意。岂唯未尝措意而已。方且毁弃黉舍,放锢哲人,划绝之不遗余力。卒之政治上之建设,亦攘攘终年,靡有定止。则吾国人学识之不足,亦大可见矣。侈言建设而忘学界,是犹郤行而乎前也。④

由于这一时期政治变迁的激烈,后人对此一时期的关注、研究,也主要聚焦

---

① 张朋园:《梁启超与民国政治》,吉林出版集团有限责任公司2007年版,第40页。
② 徐傅霖:《强有力政府之效果》,《正谊》第1卷第8期,1915年5月15日。
③ 梁启超:《盾鼻集》,《饮冰室合集》专集之三十三,中华书局1989年版,第134页。
④ 任鸿隽:《建立学界论》,《留美学生季报》第1卷第2期,1914年6月。

在政治事件、思想纷争上,于学术问题注意的比较少。

第二,此一时期的确未有显著的学术成果,连民初的知识阶层自己都不满意。从中国学术发展的长时段来看,在政治剧烈变动之后,一般都会有一个学术思想沉寂的时间。这种现象或许可以理解为知识阶层对剧烈政治变迁的自然心理反应。民国初年既是清末激烈反满、反帝制革命激荡之后,又在政治和思想领域陷入艰苦的反复辟斗争之中,身心疲乏与精神煎熬是彼时学人的普遍状况,学术界的涣散与冷清是一个不争的事实。现在可以从当时人的一些文章中找到一些直观记载。1917 年 7 月初,回到上海的胡适,对这种情况的感受也颇深。中国虽然在七年里经历"革了三次的命,朝代也换了几个"的政治动荡,但是很多人沉迷在"扑克"等娱乐中,而学术界却毫无生气,成果寥寥,几年里"竟可以算得没有出过一部哲学书",文学书里"只有一部王国维的《宋元戏曲史》是很好的",另外还有一部出版到第三版的《中国外交史》"可算是一部好书"。面对"七年来简直没有两三部以上可看的书"的中国学术界,胡适产生了想"放声大哭"的哀痛。① 任鸿隽也曾悲痛地说:

　　　　今试与游于世界强国之都会。于其繁赜深远不可测度之社会中,常见有一群之人焉。汶然潜伏群众之中,或乃蛰居斗室,与书册图器伍,舍其本业与同侪外,未尝与世相竞逐也。……是群也,是吾所谓学界也。于英于德于法于美之各大都会及教育中心所在地见之。乃至于日本之东京而亦见之。而环顾吾国,则吾大索十日而未尝见也。此吾所以为吾国无学界悲也。

任鸿隽认为"国内承平无事"是建立学界的第一基础,"国人向学之诚"是建立学界的第二基础。② 可惜这两个基础在民国初年都非常缺少,因此学术界无所建树。

第三,与中国学术史研究的惯常作业习惯有关。关注学术发展过程中的大事件、显著现象、著名学者与成果,或者追逐学术研究的热点(也包括因时事而引发的热点),或者学术发展过程中的新颖、创新之处,是当前中国学术史研究的惯常作业方式。求新求变是学术研究能够不断发展的动力

---

① 胡适:《归国杂感》,欧阳哲生编:《胡适文集》第 2 卷,北京大学出版社 1998 年版,第 469—471 页。

② 任鸿隽:《建立学界论》,《留美学生季报》第 1 卷第 2 期,1914 年 6 月。

之一,也是每一个时代学术有别于其他时代学术的关键因素。因此,学术史研究关注学术发展过程中的"新"与"变",可以说是题中应有之义。不过,对学术发展"新"与"变"的关注,不能忽视了学术发展中不变或变化较少的部分。这些常常是学术发展延续的核心,虽不绚烂动人,却最能反映时间对学术的考验。换言之,学术史研究在关注高峰、追逐热点与推崇新颖之时,也不能忽略学术发展的低潮、边缘和日常。高峰与低潮、热点与边缘、新颖与日常,综合在一起,才构成了学术发展的完整图景。

第四,意识形态导致的眼光遮蔽。无论是国民政府时期,还是1949年之后,长期都将袁世凯及北洋军阀视为革命的对立面,并产生了反动黑暗的政治必然压迫禁锢学术文化发展的认识,而未能对此一时期的学术发展很好地开展实证性研究。比如尹达在《中国史学发展史》中说:

> 以袁世凯为代表的封建买办势力,在帝国主义支持下,利用中国资产阶级的软弱,窃夺了这场革命的成果,并进而大搞复辟帝制活动。与此相配合,他们在文化思想上掀起了一股以尊孔读经为主要内容的复古思潮。这股思潮一度席卷整个意识形态领域,给当时的历史学界以严重的影响。

尹达在承认王先谦等人的著作"在总结前人成果,搜集和增补历史资料,考订和纠正前人某些错误等方面,也还做了不少的工作,有一定的参考价值"的同时,批评了康有为、王先谦、叶德辉等人的史学取向,章太炎史学观念的"倒退"及《清史稿》的编纂是"封建旧史学的回潮和反扑"等。① 从意识形态角度或政治对学术影响的角度来观察评判学术发展,会较犀利地解释学术发展背后的政治、阶级因素,不过也会存在一些问题,特别是遮蔽学术发展内在因素的影响。民国初年的史学的确受到了政治因素的深刻影响,不过也不能否认学术自我延续的强大力量。很多接受传统文化与学术训练成长起来的学人,在学术界还有相当大的比重,文史之学呈现出比较传统的一面,也符合学术发展的实际情况。

"民国初年"是两千余年帝制结束的时期,是共和国肇建的时期,一方面传统的政治观念和文化意识在知识群体中影响还特别大,一方面共和观念和新学术新文化正在深入人心。那么,"民国初年"在学术史上究竟有没有地位? 又怎样相对准确地估量它的地位? 这确实是不容易判断的问题。

---

① 尹达主编:《中国史学发展史》,中州古籍出版社1985年版,第454—458页。

笔者以为,对这两个问题的回答,应该跳出"民国初年"这个微观角度,从中国学术发展路径这个相对宏观的角度来寻找答案。一般而言,学术发展的路径有两个,一个是"由旧入新",一个是"无中生有"。反过来说,这两个路径也是判断一个时期学术史地位的着眼点。因此,对这两个问题的探讨,需要通过实证性研究,尽可能回到历史场景之中,对民国初年学术发展的"由旧入新"与"无中生有"进行梳理。并以此研究为基础,对当前中国大陆学界的学术史、史学史研究有所反思,以促进我们对中国近现代学术发展有更全面的认知。

第二节　"由旧入新":中国文史之学传统与现代的铆接

> 吾从前以为,近三十年的中国学术思想界是由旧趋新、易旧为新的时期;是用欧变华的时期。但现在看来,实不尽然。第一,古今学术思想的进化,只是一整然的活动。无论如何见得突兀,既然你思想里能够容纳,这容纳的根源,就是已在意识界伏着。这伏着的东西,便是旧的;容纳的东西,便是新的。新的呈现,定然为旧的汲引而出;断不会凭空无因而至。所以说"由旧趋新"则可,说"易旧为新"则不可。①

1919年的顾颉刚已经意识到,由甲午惨败开启的中国学术现代化运动,从性质上而言是"由旧入新",而不是"易旧为新"。更引人关注的是,这种认识在20世纪20年代的学术界,已经不是顾颉刚个人的感受,而是逐渐显现为一种共识性认识。②

顾颉刚等亲历者的感受,主要是对清末民初学术发展整体情况发言,具体到"民国初年",情况怎样呢?笔者以为,中国文史之学,"由旧入新"的蜕变在民国初年开始从多个层面显现:在学术研究层面,王国维、陈垣等人率先在继承乾嘉汉学遗产的基础上,更新了方法,扩大了视野,开拓了领域,为中国文史研究由传统向现代转化打开了新路;在学人层面,时势的变易

---

① 顾颉刚:《中国近来学术思想界的变迁观》,《宝树园文存》第1卷,中华书局2011年版,第125—126页。
② 写于20世纪20年代的多篇学术评论文章都流露出类似的观点,如抗父:《最近二十年间中国旧学之进步》,《东方杂志》第19卷第3号,1922年2月;胡朴安:《民国十二年国学之趋势》,《民国日报·国学周刊》,1923年10月10日;甘蛰仙:《最近二十年来中国学术蠡测》,《东方杂志》第21卷纪念号,1924年1月等。

和代际的转换使原本占据学界中心地位的传统学人,如沈曾植、缪荃孙等逐渐边缘化,而接受了现代学术训练和影响的学人,如王国维、陈垣、胡适等不仅在民国初年登上学坛,且迅速走向中心;在学术研究客观条件方面,蔡元培等有现代思想的学人执掌了北大等机构,对曾经充满腐败堕落气息的大学进行改造,为延揽现代学人、创设现代学术机构提供了可凭借的基础。

　　民国初年文史之学"由旧入新"的第一个重要面向是学术研究典范的"由旧入新"。梁启超、章太炎、刘师培等人在清末时期就试图融会西方现代学科知识对传统文史之学进行现代转化,但他们深受传统学术浸润而西学素养不足,多采取以中学附会西学的路径改造中国传统学术,不仅未能将中国传统学术研究现代化,反而加剧了中国传统学术的存亡危机。① 就梁、章等人的知识结构和学术观念而言,他们的所长在于评判传统学术,至于带领中国文史研究实现"由旧入新"的关键转换则实非所能。具备此种能力之学人,不仅要熟知传统学术,亦要有相当的西方现代学术素养。直到民国初年,才出现了王国维等几位满足此条件的学者。② 王国维早年接受了西方物理学、哲学、教育学的训练和熏陶,③1911 年开始潜心经史研究后,在学术观念上冲破"中西""新旧""有用无用"的束缚,④和日本、法国汉学界建立了联系,对西方现代学术研究方法的理解越来越深,并尝试"把它利用来研究中国的学问"⑤。也就是在这一时期,王国维注意到出土文献的价值,尝试运用地下出土文献与传统文献互证来进行经史研究,⑥先后撰写了《明

① 梁启超:《清代学术概论》,上海古籍出版社 1998 年版,第 95—99 页。另可参阅梁启超《亡友夏穗卿先生》(《饮冰室合集》文集之四十四,中华书局 1989 年影印版)等文,及余英时:《中国知识分子的边缘化》(《二十一世纪》1991 年第 6 期)等研究。

② 张广达对王国维为何能在清末民初中国学术转型中起到关键作用,以及其贡献与不足有专门研究,如《王国维的西学和国学》《王国维在清末民初中国学术转型中的贡献》等论著,颇有价值。两文皆收入张广达《史家、史学与现代学术》(广西师范大学出版社 2008 年版)一书。

③ 王国维:《〈静庵文集〉自序》,谢维扬、房鑫亮主编:《王国维全集》第 1 卷,浙江教育出版社 2010 年版,第 3 页。

④ 王国维:《〈国学丛刊〉序》,谢维扬、房鑫亮主编:《王国维全集》第 14 卷,浙江教育出版社 2010 年版,第 129 页。

⑤ [日]狩野直喜:《回忆王静安君》,陈平原、王枫编:《追忆王国维》,中国广播电视出版社 1997 年版,第 344—345 页。

⑥ 乔治忠先生指出王国维在 1913 年已经提出了"二重证据法"[乔治忠:《王国维"二重证据法"蕴义与影响的再审视》,《南开学报》(哲学社会科学版)2010 年第 4 期]。亦有学者指出,王国维 1913 年提出的是"二重证明法"(李锐:《"二重证据法"的界定及规则探析》,《历史研究》2012 年第 4 期)。

堂庙寝通考》《流沙坠简》《毛公鼎考释》《殷卜辞中所见先公先王考》《殷周制度论》等一系列重要论文,对中国文史研究的"由旧入新"产生了很大的推动作用。① 从学术发展谱系来说,王国维将出土文献与传统典籍互证的"二重证据法",是在乾嘉汉学基础上开拓出来的新观念与方法,使中国传统典籍、传统学术与现代考古学、文字学、语言学铆合,初步实现了从传统汉学向新汉学的转变,②对 20 世纪 20 年代中国现代文史研究路径的形成、对正在成长中的学界后进,都产生了重大影响。③

　　如果说作为新汉学开山的王国维,④是在观念、方法、视野和辅助学科等方面为中国文史研究"由旧入新"作出重要贡献的话,那么陈垣的贡献主要是为新汉学在宗教史领域实现了大的突破。与王国维相似,陈垣早年对西方现代学术有所接触,并"接受了近代自然科学的严格训练",这为他能够促进中国文史研究现代化转化打下一定基础。⑤ 从 1915 年开始,陈垣就倾注心力对《四库全书》进行认真研究,⑥并于 1917 年撰写出版了《元也里

---

① 汪荣祖说:"王氏之学已由旧入新,其治学之兴趣虽遍及经学、金石、小学与文学,但渐归宿于古史;治经与识字之主旨,乃在推证古史"(汪荣祖:《五四与民国史学之发展》,汪荣祖编:《五四研究论文集》,(台北)联经出版事业公司 1979 年版,第 228 页)。

② 1914 年,王国维就特别表彰程瑶田"据实物以考古籍"这种"于戴氏之外,自辟蹊径"的治学路径(王国维:《东山杂记》,谢维扬、房鑫亮主编:《王国维全集》第 8 卷,浙江教育出版社 2010 年版,第 380—381 页)。王国维自认其研究是在传统学术基础上的"新研究"(抗父:《最近二十年间中国旧学之进步》,《东方杂志》第 19 卷第 3 号,1922 年 2 月)。《最近二十年间中国旧学之进步》作者有争议,笔者采用系王国维所写的观点(侯书勇:《〈最近二十年中国旧学之进步〉作者考辨——兼论其学术史意义》,《齐鲁学刊》2012 年第 3 期)。

③ 张广达认为,王国维的"许多考证绵密、精心结撰的论文旨在遍检证据以达致综合判断,实际上起了转换范式的作用"(张广达:《王国维的西学和国学》,《史家、史学与现代学术》,广西师范大学出版社 2008 年版,第 38 页)。傅斯年认为王国维《殷卜辞中所见先公先王考》及"续考""实在是近年汉学中最大的贡献之一",并将王国维视为治学榜样(傅斯年:《史学方法导论》,欧阳哲生编:《傅斯年全集》第 2 卷,湖南教育出版社 2003 年版,第 311 页)。王国维对傅斯年学术研究之影响,王汎森《一个新学术观点的形成——从王国维的〈殷周制度论〉到傅斯年的〈夷夏东西说〉》(《中国近代思想与学术的系谱》,河北教育出版社 2001 年版)一文有较细密的分析。顾颉刚直到 1922 年 4 月 24 日还因敬佩王国维"以新法驭古学"而希望拜王氏为师(《致王国维·一》,《顾颉刚书信集》第 2 卷,中华书局 2011 年版,第 107 页)。

④ 郭沫若认为王国维是"新史学的开山"(郭沫若:《鲁迅与王国维》,《历史人物》,人民文学出版社 1979 年版,第 213 页)。实际上,无论是从王国维继承程瑶田、钱大昕等人汉学路径的意愿而言,还是从郭沫若表彰王国维学术贡献的着眼点来看,称其为新汉学的开山可能更符合王氏的意愿,亦更符合事实。

⑤ 陈智超:《史学家陈垣传略》,《晋阳学刊》1980 年第 2 期。

⑥ 刘乃和、周少川、王明泽、邓瑞全:《陈垣年谱配图长编》,辽海出版社 2000 年版,第 65—66 页。

可温考》，获得了中外学术界的重视。① 此后又在数年间撰写发表了《开封一赐乐业教考》《火祆教入中国考》《摩尼教入中国考》《元西域人华化考》等著名论文，不仅使现代宗教史研究成为学界关注的热点，而且也使其成为一个可与欧美日本汉学界切磋、竞胜的领域。

"由旧入新"的第二个重要面向是接受了西方现代学术训练的新一代学人在1920年前后陆续登上中国学术舞台，并迅速进入中心。民国初期十年间学人"由旧入新"的方式主要有三个层次：首先是清末在日本接受现代学术熏陶的学人逐渐取代了传统学人的职位，最主要的表现是章门弟子在北大替代了桐城派学人；②其次是民初从东西洋留学归来的学人进入学术机构，如王桐龄（1912年）、翁文灏（1912年）、陶孟和（1913年）、陆懋德（1914年）、胡适（1917年）、何炳松（1917年）、陈衡哲（1920年）、凌达扬（1920年）等；最后是在国内大学受到现代西方思想学术影响的青年学子进入学林，如顾颉刚、毛子水、傅斯年等。学人"由旧入新"过程中最具代表性的是胡适。1917年7月初，在回国途经横滨时，胡适读到桑原骘藏《中国学研究者之任务》一文，中有"所谓科学的方法，并不仅可应用于西洋学问，中国及日本之学问亦非藉此不可"等观点。③ 胡适认为此文"大旨以为治中国学宜采用科学的方法，其言极是"。④ 带着蓬勃雄心和明确的启示，又受到糟糕现实的刺激，胡适乃以"平等的眼光""怀疑的精神""批判的态度"等犀利工具冲破了"中体西用"思想格局的束缚，并以《中国哲学史大纲》等论著为媒介，在中国哲学史、文学史等方面建立了让新旧学人都可以接受、借鉴、操作的"一整套关于国故整理的信仰、价值和技术系统"——新汉学，年纪轻轻就一跃成为学界的中心人物之一。⑤ 如果说王国维、陈垣更多地依托中国传统学术资源来推动中国文史之学"由旧入新"的话，那么胡适应被

① 马相伯、英敛之于此文的"叙"与"跋"中都高度评价这一研究的贡献。陈垣同年在日本宣读此文，引起了日本学界注意。陈垣在日本期间写给朋友的信中说："拙著《也里可温》，此间学者，颇表欢迎，将引起此邦学界之注意"[《致慕元甫》（1917年12月8日），陈智超编注：《陈垣来往书信集》（增订本），生活·读书·新知三联书店2010年版，第35页]。另可参阅牛润珍《陈垣与20世纪中国新考据学》（《史学史研究》2000年第4期）等研究。

② 王天根：《五四前后北大学术纷争与胡适"整理国故"缘起》，《近代史研究》2009年第2期。

③ ［日］桑原骘藏：《中国学研究者之任务》，J.H.C生译，《新青年》第3卷第3号，1917年5月。

④ 胡适：《归国记》，曹伯言整理：《胡适日记全编》第2册，安徽教育出版社2001年版，第614页。

⑤ 余英时：《〈中国哲学史大纲〉与史学革命》，《重寻胡适历程：胡适生平与思想再认识》，广西师范大学出版社2004年版，第221—232页。

视为依托西方现代学术的观念与方法,为中国经学与子学研究开创了新方向,并唤起了学界探寻现代学术研究方法论的自觉。

第三个层面的"由旧入新"主要是学术机构的改造。1920 年前后,接受西方现代学术训练的学人在中国各大学逐渐成为重要力量后,开始着手整顿改造这些机构,为中国现代学术的兴起注入一股动力。在这个浪潮中,以蔡元培对北大的改造最早也最有影响。① 北大虽然是中国的最高学府,但创建后并没有形成学术研究的风气,学生意在混文凭谋做官,老师教学也不用心认真。② 蔡元培在 1917 年 1 月正式就任校长后,决心革除这种腐败沉闷,以"大学者,研究高深学问者也"为指导观念选聘教师,改良讲义,添购书籍,联络各界,鼓励学术研究,③并争取经费,每年派出几十名留学生到美国留学,以培养可"与欧美抗衡"的学术人才。④

学术机构的"由旧入新"可以说是学术观念与学人"由旧入新"的结果,又反过来加速了学术观念与学人的"由旧入新",甚至"无中生有":正是有了蔡元培对北大的现代化改造,胡适、李大钊等一批学者才可能逐渐聚集到北大,成立了史学门、国学门等专门的学术研究机构;顾颉刚、傅斯年、毛子水等有志于学术研究的青年学生才会受到鼓舞,创立了旨在"唤起国人对于本国学术之自觉心"的"新潮社"。⑤

第三节　"无中生有":在"世界维度"中探索文史研究现代化

所谓"无中生有",⑥主要有两个层面的表现:第一层面主要体现在客

---

① 除北京大学外,还有南京高等师范学校(后改称东南大学)、清华学堂等,限于篇幅,此处不展开论述。南高的情形可参阅高恒文《东南大学与"学衡派"》(广西师范大学出版社 2002年版)、张雪蓉《美国影响与中国大学变革(1915—1927)——以国立东南大学为研究中心》(华龄出版社 2006 年版)等;清华学堂的情形可参阅苏云峰《从清华学堂到清华大学(1911—1929):近代中国高等教育研究》(生活·读书·新知三联书店 2001 年版)等。
② 蔡元培:《我在北京大学的经历》,高平叔编:《蔡元培全集》第 6 卷,中华书局 1984 年版,第 350 页。
③ 高平叔编:《蔡元培年谱长编》第 2 卷,人民教育出版社 1999 年版,第 2—5 页。
④ 蔡元培:《本校派生留学近闻》,《北京大学日刊》第 125 号,1918 年 5 月 1 日。
⑤ 傅斯年:《〈新潮〉发刊旨趣书》,《新潮》第 1 卷第 1 号,1919 年 1 月。
⑥ "无中生有"一词受到了杜正胜《无中生有的志业:傅斯年的史学革命与史语所的创立》(杜正胜、王汎森编:《新学术之路:"中央研究院"历史语言研究所七十周年纪念文集》,(台北)"中央研究院"历史语言研究所 1998 年版)一文的影响。相较于史语所,地质调查所、北大史学门、国学门等机构创建更早,创建时期环境也更恶劣,既缺资金又少经验,似乎更宜谓之"无中生有"。

观层面,即在新学术观念影响下、新学术志向推动下,学术界前所未有地出现了现代、专业、独立的文史研究机构或辅助学科的研究机构;第二层面主要体现在主观层面,即学术界、思想界完全摆脱了"天下中心观"的束缚,逐渐形成了以全球视野观察、定位、塑造、鞭策自己的"世界维度",意识明确地推动现代文史研究或相关辅助学科向着现代化的方向发展。主观因素与客观因素互为表里,促进了中国文史研究现代化与专业化的艰难起步。

现代而专业的文史研究机构或辅助学科的研究机构之创立,是民国初年学术史最应该关注的现象之一。要了解这一现象,需要从中国现代人文社会科学学科意识之生成说起。① 中国传统学术的核心——"四部之学",其实都属于现代观念中的"人文学科",也正是这个原因,中国人现代的人文社会科学学科意识之产生,要晚于自然学科的学科意识。中国知识阶层开始大规模接受西方的人文社会科学的学科意识,是在清末民初。从"四部之学"走向现代的文史哲学科有两个关键的转换:一是1902年的《钦定京师大学堂章程》与1904年的《奏定大学堂章程》等官方文件初步承认了现代人文社会科学学科的划分;②二是1912年5月京师大学堂更名北京大学后将经学科合并到文学科,同年10月教育部颁布的《大学令》确立了文、理、法、商、医、农、工"七科之学",1913年1月12日颁布的《大学规程》又明确规定"文科分为哲学、文学、历史学、地理学四门",并有"大学教授与学生极深研究之所"的"大学院"之设想。③

毋庸置疑,民国初年基本确立的现代人文社会科学学科意识,为现代、专业、独立的文史研究机构"无中生有"奠定了坚实的基础。但是这种学术研究机构最先并不是出现在哲学、文学、史学三门,而是出现在地理学门。④1912年章鸿钊在《地学杂志》发表《中华地质调查私议》,提议于实业部设立地质调查所。这一提议虽未实现,但是实业部却于"矿务下设地质科",

---

① 可参阅左玉河《西学移植与中国现代学术门类的初建》(《史学月刊》2001年4期)、《现代学科体系观照下之经学定位》(《江海学刊》2007年3期);贺昌盛《晚清民初"文学"学科的学术谱系——从"词章"到"美术"再到"文学"》(《学术月刊》2007年第7期)等研究。

② 但是将"经学"独立成一科,仍然可以看到传统观念意识的强烈影响,而王国维《奏定经学科大学文学科大学章程书后》等批评意见则显示了现代学科观念的影响亦不小。

③ 璩鑫圭、唐良炎编:《中国近代教育史资料汇编·学制演变》,上海教育出版社2007年版,第708、722页。

④ 1913年的《大学规程》规定地理学门包括"地理研究法""中国地理""世界各国地理""历史地理学""海洋学""博物学""殖民学及殖民史""人类及人种学""统计学""测地绘图学""地文学概论""地质学""史学概论"等科目。

并由章鸿钊任科长。民国政府迁北京后，地质科得以保留，并于 1913 年"改设地质研究所，先由丁文江先生主持"，但此一时期机构隶属变更频繁，人才匮乏，运转不畅，成果稀少。① 直到 1916 年 11 月，在丁文江、翁文灏等人的努力下，原农商部地质调查所有了"专任所员、独立预算、特别所址及正式工作者"②。虽然地质调查所聘请了步达生等外国专家，但它的确一直是一个由中国人领导、以中国人为主体的独立科研机构，并且推动了现代历史学与考古学的发展："不但建立了中国地质学和古生物学，并且领导了史前考古学的研究，成为新石器时代和旧石器时代研究的中心。"③

在文史领域，虽然 1908 年至 1910 年讨论举办分科大学时，就有中国文学门、中国史学门等考虑，④但最终只先开设了中国文学门一科。⑤ 文学门成立后开办效果不佳，"主课教授大半依文顺释，既非提纲挈领，亦非大义微言"，严复在民国初年主掌北大后，乃决定将经科与文科合并，并"拟分哲学、文学、历史、舆地各门"，希望能"兼收并蓄，广纳众流，以成其大"⑥。但是，三尺之冰，岂能一日融化？ 直到 1914 年 6 月之后，黄侃、马裕藻、沈兼士、钱玄同等章太炎弟子陆续到北大任教，文史研究的现代化才逐渐走向正规，⑦并在三年后"无中生有"方面取得了突破——成立北大史学门。1917 年 6 月北京大学史学门成立后，尽管存在"不受重视"、学生不愿就学等问题，毕竟为中国现代史学的学院化、专业化、独立化走出了第一步。⑧ 从学术史的角度看，史学成为现代大学的一个独立科系，对此后现代史学的发展至关重要：一是史学的独立意识越发主动，促使其更快从传统经史之学或宽泛的文科脱离出来；二是为专业史学研究者的积聚与后续人才的培养提供

---

① 杨钟健：《中国地质事业之萌芽——地质调查所创办三十年史要第一章》，《地质评论》第 12 卷第 1/2 期合刊，1947 年。

② 中国地质调查所：《中国地质调查所概况（本所成立十五周年纪念刊）》，中国地质调查所 1931 年版，第 3 页。

③ 胡适：《丁文江的传记》，欧阳哲生编：《胡适文集》第 7 卷，北京大学出版社 1998 年版，第 438—439 页。

④ 参阅《分科大学牌示》（《教育杂志》第 1 卷第 2 期，1909 年 3 月）、《分科大学先办经文两科》（《大同报》第 265 期，1909 年 5 月 12 日）等。

⑤ 《学部筹办京师分科大学并现办大概情形折》，《预备立宪公会报》第 2 年第 24 期，1910 年 1 月。

⑥ 严复：《分科大学改良办法说贴》，王学珍、郭建荣主编：《北京大学史料（1912—1937）》第二卷（上），北京大学出版社 2000 年版，第 30 页。

⑦ 萧超然等编：《北京大学校史（一八九八——一九四九）》（增订本），北京大学出版社 1988 年版，第 48—49 页。

⑧ 沈兼士：《近三十年来中国史学之趋势》，葛信益、启功整理：《沈兼士学术论文集》，中华书局 1986 年版，第 372 页。

了体制的依托与保障。①

随着中国学术现代化的速度加快,学界对现代学术研究的渴望不断加强,建立专门学术研究机构的呼声越来越高,并逐渐形成了一种"普遍自觉"②。在这种情势下,原本就有意"与欧美抗衡"的蔡元培在1921年11月28日提出建立"为毕业生继续研究专门学术之所"——北京大学研究所的设想。③ 这一提议得到了众多学者的响应和支持,国学门在1922年初率先成立,使中国文史研究具备了一个集开展学术研究、专门人才培养、材料信息收集、学术研究成果发布于一体的现代机构,使中国学者联合起来开展高深的专业研究成为可能,为中国学者与西方汉学界竞胜提供了一个可以依靠的平台。

"无中生有"的另一个表现主要体现在主观层面,那就是中国学人们已经逐渐形成了从全球视野中观察、定位、塑造、鞭策自己的"世界维度"。当甲午惨败之后,中国人在发现世界的同时,也试图重新认识中国、改造中国。但彼时的中国学人充其量是将西方、日本学术当作一个学习、模仿的对象,而不是要与之竞胜的"他者"。换言之,清末的学人虽然已经放眼世界,但还未构建一个置身其中的"世界维度"。民国肇建之后,中国学人逐渐形成了从世界范畴观察中国学术的眼光,并且在这种"世界维度"的审视下,开始酝酿学者独有的国族情怀——用学术研究融入世界、用学术研究为国争光。1913年,再度到欧洲游学的蔡元培注意到了中国学术与世界学术的差距,并指出中国学术界要"急取而直追"④。在此观念引导下,"新文化运动"中的中国学人已经清晰地表达出要从"世界维度"中寻找与重塑"自我"的意愿。新潮社的青年们向全体国人提出了这样的问题:

> 同人等以为国人所宜最先知者有四事:第一,今日世界文化至于若何阶级? 第二,现代思潮本何趋向而行? 第三,中国情状去现代思潮辽阔之度如何? 第四,以何方术纳中国于思潮之轨? 持此四者刻刻在心,

---

① 关于北大史学门的情况,可参阅刘龙心《学术与制度:学科体制与现代中国史学的建立》(新星出版社2007年版)、尚小明《北大史学系早期发展史研究(1899—1937)》(北京大学出版社2010年版)等研究。

② 陈以爱:《中国现代学术研究机构的兴起——以北大研究所国学门为中心的探讨》,江西教育出版社2002年版,第69—79页。

③ 蔡元培:《北大研究所组织大纲提案》,高平叔编:《蔡元培全集》第4卷,中华书局1984年版,第134页。

④ 蔡元培:《〈学风〉杂志发刊词》,高平叔编:《蔡元培全集》第2卷,中华书局1984年版,第338页。

然后可云对于本国学术之地位有自觉心,然后可以渐渐导引此"块然独存"之中国同浴于世界文化之流也。①

不独新潮社的青年们从此"世界维度"出发,慨然以"唤起国人对于本国学术之自觉心"为重大责任,就是一些"功成名就"的中青年学者也有类似的思考。马叙伦1920年指出,北京大学"对于世界现在及未来之学术既负传导发明之义务,对于吾国固有之学术亦负阐扬之责任",鉴于"吾国固有之学术"的"混沌絮乱"会引起欧美学者的误解与轻视,必须提倡"取乾嘉诸老之成法,而益以科学之方法,更得科学之补助"的研究,则"吾国固有之学术必能由阐扬而更有所发明,树世界学术之伟绩,扬吾国文化之精神"②。胡适在1920年因内藤湖南的《章实斋先生年谱》倍感惭愧而要为章实斋重新编写年谱,③两年后和日本学者今关寿麿谈话时又指出,"日本人史学上的大进步大部分都是西洋学术的影响",中国学人要"打倒一切成见,为中国学术谋解放"。④ 沈兼士也指出:

> 窃惟东方文化自古以中国为中心,所以整理东方学以贡献于世界,实为中国人今日一种不可旁贷之任务。吾人对于从外国输入之新学,曰我固不如人,犹可说也;此等自己家产,不但无人整理之,研究之,并保存而亦不能,一听其流转散佚,不知顾惜……以中国古物典籍如此之宏富,国人竟不能发挥光大,于世界学术界争一立脚地,此非极可痛心之事耶!⑤

从马叙伦、胡适、沈兼士等创建北大国学门学人的言论可以深刻感受到,他们从事的学术研究,拓展的学术事业,无一不带着"世界维度"。此外,还有不少学者有类似的言行。如陈垣明确表达了"把汉学中心夺回中国"这样具有浓烈意识形态色彩的想法,对郑天挺等新一代学者产生了重大影响。

---

① 傅斯年:《〈新潮〉发刊旨趣书》,《新潮》第1卷第1号,1919年1月。

② 马叙伦:《国立北京大学研究所整理国学计划书》,《北京大学日刊》第720号,1920年10月20日。《北京大学日刊》未标作者,但《新教育》第3卷第4期(1921年)所载《北京大学研究所整理国学计划》标"马叙伦撰"。对勘可知二者系同一文。

③ 胡适:《章实斋先生年谱》,商务印书馆1922年版,第1页。

④ 曹伯言整理:《胡适日记全编》第3册,安徽教育出版社2001年版,第772页。

⑤ 沈兼士:《北京大学研究所国学门经费计划书》,《国学季刊》第1卷第3号,1923年7月。《国学季刊》未标作者,对勘《沈兼士学术论文集》一书收录的《筹划北京大学研究所国学门经费建议书》可知,两文实系一文。

简而言之，对20世纪20年代中国文史学术发展产生了重要推动力的意识——与西方汉学竞胜，正是20世纪10年代出现的"世界维度"之具体表现。

小　结

从宏观角度来比较中国传统学术与中国现代文史之学发展的轨迹，会发现二者之间存在很大差异：前者犹如黄河，主色调基本不变，上半段激流奔腾，但中后段渐趋平稳；而起源于晚清的中国现代文史之学，则如一段波浪线，随着时势这个轴上下波动，曲折前行。甲午惨败之后，朝野内外对现代学术文化的肯定与支持使其迅速走向中心，高速发展，但当清末政治活动趋于活跃之后，学人或因利禄饵诱远离学术，[①]或直接投身政治运动以改造中国，[②]中国文史之学的第一次现代化努力便走向低落。这次低潮持续了七八年，直到袁世凯帝制复辟失败后，才明显地呈现出元气恢复的新气象：学术研究的人才与取向等方面"由旧入新"的速度加快，现代专业学术研究机构也"无中生有"地出现，中国学人们也逐渐形成了以全球视野观察自己、定位自己、塑造自己、鞭策自己的"世界维度"。进入20世纪20年代，文史研究已经不再是"文儒老病消愁送日之具"，[③]而是肩负着国家富强与荣光使命的现代化事业，取得了举世瞩目的成绩。

通过对民国成立后数年间中国文史学术发展情况的以上分析，我们才可以在学术发展脉络上理解"新汉学"在20世纪20年代的异军突起，才能让我们明白，学术发展的低潮，在学术史上也有价值。以往的中国学术史研究，惯常路径是关注高峰、追逐热点、推崇新颖，而对于低潮、边缘与日常，关注的不多，甚至是漠视。但是这种惯常的作业方式存在严重问题：一方面对高峰与热点的研究成筐累箧，使很多人有题无剩义之叹，而学术发展的低

---

① 梁启超：《清代学术概论》，上海古籍出版社1998年版，第98页。

② 梁启超最有代表性，他在1906年和革命派论战后，便很少撰写学术作品（这一时期仅有1908年的《王荆公》和1909年的《管子传》可算学术性论著），进入民国后由于希望借助袁世凯实践开明专制，再次直接投身政治，直到1917年后才逐渐回归学术。章太炎1909年因《民报》被禁等导致政治活动受阻而讲学，在1910年撰成《新方言》《国故论衡》后，旋因辛亥革命爆发再次投身政治活动，后又醉心联省自治。读《太炎先生自定年谱》，可感知章太炎此一阶段政治兴趣之浓烈。除梁、章外，严复等中国学术文化现代化萌生阶段的重要学人大多皆被现实政治消耗了很多精力。

③ 陈寅恪：《陈垣〈元西域人华化考〉序》，《陈寅恪集·金明馆丛稿二编》，生活·读书·新知三联书店2001年版，第270页。

潮、边缘与日常,却少人问津;另一方面是对低潮、边缘与日常的忽视,使人不能对高峰与热点给出深刻透彻之解释,对学术史的认识被割裂成一个个孤立的人与事。实际上,就以本书研究的时段而言,仍有颇多问题需要深入研究,比如民国初年学术文化界人士在革命之后的心灵疲乏,对中国学术文化的影响到底怎样?① 比如此一时期政治文化体制/机制革命与知识变革是怎样互动的?② 当然,这些问题的研究,对研究者的功力与识见要求更高:更多学科的知识、更多的资料、更广阔的视野、更细密的思考。一言以蔽之,眼光投向低潮、边缘和日常,并在广泛占有史料的基础上,借用社会学、心理学、政治学等领域的方法或理论展开深入细致的分析,或许是此后学术史研究应该努力的方向之一。也只有如此,我们写出的学术史才会全面可信,才能更有助于当下的学术界寻找自我。

---

① 周明之指出,五四时期的知识分子出现了"一种对政治的退缩和对所谓文化运动的迷恋"([美]周明之:《胡适与中国现代知识分子的选择》,雷颐译,广西师范大学出版社2005年版,第241页)。对这一论断,也还缺少检验性的实证研究。

② 王汎森认为,只有支撑传统价值体系的君主制、儒家礼仪、经典教育、科举制和法律制度全部崩溃之后,"知识界的革命才真正开始"(王汎森:《傅斯年:中国近代历史与政治中的个体生命》,生活·读书·新知三联书店2012年版,第2页)。这一论断是否成立,颇有展开研究之价值。

第六章 "把汉学中心夺回中国"

——中国现代文史之学形成历程中的20世纪20年代

> 现在中国所谓"新文化运动"的一种重要趋向就是坚决地要求,用科学方法,把本国文化的遗产重新估价一次。大家以为,必须协力保存现在和过去之间的连续性,必不可使新旧之间发生太剧大的裂痕;这正合于拉斯金(Ruskin)所谓:"不论什么伟大民族的力量,都像活的树木一样,全靠能不抹杀,能够实践并且完成祖先的各种工作。"中国这种运动的目标是以文学和史学的批评方法,重新构成一个过去。……在最近十年里面,胡适博士和曾经留学西方的其他学者,在研究史学的方法方面发表了许多著作,顿使这种运动骤添一种新的力量。①

此段话是美国国会图书馆中文部主任恒慕义在1928年12月于美国历史协会年会上选读的论文开头的一部分,他向美国学界介绍了中国史学界过去十余年正在发生的巨大变化和取得的良好成绩。恒慕义于1926年6月前后在北京,彼时刚好是顾颉刚编辑出版《古史辨》第一册之时,"整理国故运动"取得了很好的成绩与声誉,他乃决定将顾氏所著《古史辨第一册自序》翻译为英文出版,向西方学者介绍中国史学界的现状。上述引文即他为翻译《古史辨第一册自序》所写的序,不仅简要概括了胡适等人"整理国故运动"的来龙去脉,还对相关学者取得的成绩予以了较高的评价。

对胡适、顾颉刚等中国学者而言,恒慕义向欧美学界介绍并高度评价"整理国故运动"的行为,颇有些"求仁得仁"的意味。民国建立引发的政治动荡,让中国的知识阶层产生了对政治的厌恶和对文化的重视。蔡元培、陈独秀、胡适等人延续了清末知识界学术乃国家兴亡关键之观念,认为不对中国的学术文化进行根本性的更新,现代文明之中国终不可得,开启了以再造文明为目标的"新文化运动",也开启了中国文史研究的现代化运动。正如一位民国研究者所言:

---

① [美]Arthur W. Hummel:《中国史学家研究中国古史的成绩》,王师韫译,《国立中山大学语言历史研究所周刊》第101期,1929年10月16日。

要提倡新文化,就不能不对旧文化有所认识;要打倒旧文化,更应先明白旧文化为什么要被打到。所以新文化运动者,就不惜用他们的时光,用他们的智力,用他们的新方法,向故纸堆中去研究。①

上文揭示了"新文化运动"与"整理国故运动"兴起的内在逻辑,即"新文化运动"的兴起,要求学术文化界对传统文化进行全面的评估,而要完成这样的时代任务,就需要用"科学方法"对"国故"进行全方位的整理、研究与评价。这是"整理国故运动"成功开展的内因。而用"科学方法"对"国故"进行全方位的整理、研究与评价,第一个任务就是对中国的古书、古事进行真伪考辨,这又是"古史辨运动"迅速兴起的内因。换言之,"新文化运动"—"整理国故运动"—"古史辨运动"之间,存在着一个清晰的逻辑链条。这三者之间虽然存在着递进的逻辑关系,是从思想到学术的深入。但反过来看,也存在着强劲的反助推力,即"古史辨运动"对"整理国故运动"的成功开展,"整理国故运动"对"新文化运动"的成功开展,产生了强劲的助推力。由于"古史辨运动""整理国故运动""新文化运动"的研究已经非常多,本书对这些问题暂且搁置,下文主要围绕"把汉学中心夺回中国"这一观念的产生及其对中国现代文史之学发展的影响展开。

一个学术运动的成功,在内因之外,还需要较为强劲的外在推动力。对20世纪20年代中国文史研究者来说,这个最强劲的推动力就是"把汉学中心夺回中国"的志向。自鸦片战争之后,中国与西方的冲突与接触程度不断增加,中国的知识阶层一直处于不断的自我否定之中。先是认识到器物不如西方,坚船利炮的威力实在远超中国的刀枪剑戟;然后意识到中国的制度不如西方,民主宪政的治理效果比集权帝制更加高效;接着是以富强进步为导向的西方学术比中国传统的经史子集更加符合现代社会的竞争要求。到了20世纪20年代,中国的知识界再一次意识到,即使是考据、音韵等中国素来见长的汉学研究,中心也在巴黎、东京,世界公认的学界权威是伯希和等西方学者。这种认识不仅让中国的文史研究者更加深刻认识到中国全方位的落后,认识到"科学"的价值,更让尚有学术理想与国族情怀的学人们感到屈辱,产生了与西方汉学争胜以为国争光的观念。可以说,20世纪20年代中国文史学界的诸多努力,皆与"把汉学中心夺回中国"有关。

---

① 伍启元:《中国新文化运动概观》,现代书局1934年版,第9页。

第一节 陈垣"把汉学中心夺回中国"出处考辨

近十多年,随着中国现代学术史研究对中国学术从传统向现代转变问题的聚焦,陈垣"把汉学中心夺回中国"一语越来越受到中国文史研究者的关注。可是由于陈垣这席话的主要来源是郑天挺并不很准确的回忆,使征引者难以确定这席话的出处,导致出现了多种说法,亦给进一步解读这席话的学术史意义带来了困难。因此,考辨陈垣"把汉学中心夺回中国"言论的出处,不仅必要,而且迫切。

1980 年,郑天挺在《回忆陈援庵先生四事——致刘乃和同志书》一文中提到,陈垣在 1921 年北大国学门集会上所说"我们应当把汉学中心夺回中国、夺回北京"一席话,"对我影响最深","直到今天,我仍喜欢说,我们要努力,要使关于中国学问的研究水平,走在世界水平前面,实在是重申陈老遗教"。① 虽然陈垣这番话对郑天挺感触很大,并被郑氏放在"四事"之首,但此文刊发后并未引起多少反响。1984 年,郑天挺在《五十自述》一文中再次谈及陈垣"把汉学中心夺回中国"一席话给他的深刻影响。② 此文发表后,陈垣"把汉学中心夺回中国、夺回北京"一语渐为人熟知,③并在 20 世纪 90年代以来,成为陈垣研究、民国文史学术发展研究不能忽视的重要材料,常为人引用。

不过,不用特别仔细检视这些征引,就会发现存在一个较为严重的问题,即关于陈垣说这番话的时间,判定相当混乱:一些研究者根据郑天挺回

---

① 郑天挺:《回忆陈援庵先生四事——致刘乃和同志书》,《陈垣校长诞生百年纪念文集》,北京师范大学出版社 1980 年版,第 12 页。

② 郑天挺:《五十自述》,中国人民政治协商会议天津市委员会、文史资料研究委员会编:《天津文史资料选辑》第 28 辑,天津人民出版社 1984 年版,第 8 页。

③ 由于大多数征引都标示此语来自郑氏《五十自述》,故有此判断。另据翁独健回忆,他在大学一年级也听陈垣讲过这样的话,并影响他走向蒙元史研究。(翁独健:《我为什么研究元史》,《文史知识》1985 年第 3 期)。陈述也说,自己在大学一年级课堂上听陈垣讲过此话,记忆深刻(陈述:《回忆陈援庵老师的治学和教学——纪念陈援庵老师诞辰 110 周年》,纪念陈垣校长诞生 110 周年筹委会编:《纪念陈垣校长诞生 110 周年学术论文集(1880—1890)》,北京师范大学出版社 1990 年版,第 322 页)。故陈垣"把汉学中心夺回中国"一语为人熟知,应也有此二文的贡献。需稍稍辨正的是,陈述 1981 年文章的一个小节题目是"要把研究中国历史的中心夺回来",原文是"陈垣先生曾讲过:'现在研究中国学问的中心,不在中国,而在法国、日本。他们研究我们的历史,比我们自己还有成绩。年青人要有志气,把这个中心夺回来'"(陈述回忆,马文蔚整理:《陈述教授谈陈垣先生教育青年治学的几件事》,《文史哲》1981 年第 4 期)。1990 年的文章将 1981 年文章中的"研究中国学问的中心"改为"国外研究汉学主要是指中国历史的中心"。

忆将时间定为1921年①；一些研究者模糊地表述为"20世纪20年代初"；②一些研究者则直接淡化时间因素。③ 特别值得关注的是，桑兵将陈垣说这段话的时间定在1923年，并指出是在北京大学国学门恳亲会上说的。④ 检查其征引，资料来源是1984年出版的郑天挺《五十自述》，此外并无论证说明。但是如果仅根据郑天挺此文的叙述，肯定得不出1923年北大国学门恳亲会的结论。再如陈洪波亦认为陈垣此话是在1923年北京大学研究所国学门于龙树寺抱冰堂举办的恳亲会上说的，引注来源亦是郑天挺《五十自述》，亦无其他论证说明。⑤ 而陈垣的嫡孙陈智超，先是认为陈垣是在1921年说这番话，⑥后又认为可能是1922年开始说的：

> 　　1922年，祖父是北京大学研究所国学门导师，当时的国学门的一个学生郑天挺，后来成了著名的明清史学家，去世前是南开大学的副校长。他在1980年的时候就回忆道，1923年北京大学研究所国学门在龙树院举行恳谈会，陈老师说：……从1922年到1933年的11年中，祖父在不同的学校跟不同的学生都反复强调要把汉学中心夺回中国，并且对他们后来的研究产生了重大的影响。⑦

　　或许桑兵、陈洪波和陈智超已看出郑天挺的回忆在时间上存在问题，根据自己掌握的资料予以新的判断，可惜并未给出严谨又令人信服的辨析。另外，陈垣在1922年担任北大国学门导师的说法，可能也不准确。

　　要避免当前关于陈垣此语征引上的问题，最直接的办法是从陈垣论著或当时北大集会的材料中找出其准确出处，可检视已出版的《陈垣全集》等文

① 如卢毅《"整理国故运动"兴盛原因探究》(《东南文化》2006年第4期)、修彩波《近代学人与中西交通史研究》(光明日报出版社2010年版)等。
② 徐思彦：《也谈学术期刊国际化问题》，余三定主编：《当代学术史研究》，人民出版社2009年版，第349页。
③ 如李孝迁《"他人入室"：民国史坛对域外汉学的回应》一文表述为："1920—1930年代陈垣多次说到……"[李孝迁：《"他人入室"：民国史坛对域外汉学的回应》，《华东师范大学学报》(哲学社会科学版)2012年第6期]。
④ 桑兵：《国学与汉学——近代中外学界交往录》，浙江人民出版社1999年版，第139页。
⑤ 陈洪波：《中国科学考古学的兴起：1928—1949年历史语言研究所考古史》，广西师范大学出版社2011年版，第109页。
⑥ 2010年，陈智超在接受采访时指出："最早应该是1921年，在北京大学研究所国学门会议上，他当时的学生郑天挺回忆……"(《陈智超谈——史学大师陈垣的学术与生活》，《羊城晚报》2010年11月27日)。
⑦ 陈智超：《把汉学中心夺回中国》，《北京师范大学报》第325期，2013年6月30日。

献，或《北大日刊》《国学季刊》等出版物，一直未能发现与此语有关的记载。作为陈垣学生和助手的刘乃和，熟知郑天挺、翁独健等人关于陈垣这一席话的口头和文字回忆，①但她编撰的《陈垣年谱》，以及她和周少川等人联合编撰的《陈垣年谱配图长编》，对这一重要事情却没有任何内容。而陈垣嫡孙陈智超，在叙述这件事时，则以推测的语气提出判断。以刘乃和与陈智超的学识及其对陈垣相关资料的熟悉程度，一个持保留态度，一个不能确定准确时间，只能说明这两位与陈垣有着紧密关系的陈垣研究者并未能找到直接的证据。

既然陈垣这个要"把汉学中心夺回中国"的宏愿深刻影响了郑天挺、翁独健、陈述等学生，可知陈垣的确说过这样的话。当前在不能找出直接证据的情况下，笔者认为不妨换个思路，看看是否可以根据相关资料推论出陈垣说此话的确切时间。如要推论此语的出处，郑天挺、翁独健、陈述三人的回忆当然是关键的入手材料。根据三人回忆可知，翁独健和陈述都是大学一年级听到这句话的，翁独健1928年考入燕京大学历史系，②陈述1929年考入北平师范大学历史系，③皆晚于郑天挺就读北大国学门，故从郑天挺的回忆入手，来寻找这句话的出处，是最恰当的。

陈垣"把汉学中心夺回中国"言论最主要的来源是郑天挺的回忆，而郑氏关于陈垣这席话的回忆有三个文字版本。④ 为便于比较，将三处文字列表如下：

表二　郑天挺关于陈垣"把汉学中心夺回中国"回忆文字比较表

文献来源	具体内容
《回忆陈援庵先生四事——致刘乃和同志书》(《陈垣校长诞生百年纪念文集》，北京师范大学出版社1980年版，第12页)	1921年，北京大学成立研究所国学门(文科研究所前身)，我又回北大做研究生。陈老是导师之一。一次在龙树院(一座名刹，在南下洼，介于窑台与陶然亭之间)集会上，陈老说，现在中外学者谈汉学，不是说巴黎如何，就是说西京(日本东都)如何，没有提中国的，我们应当把汉学中心夺回中国、夺回北京。这几句话对我影响最深。直到今天，我仍喜欢说，我们要努力，要使关于中国学问的研究水平，走在世界水平前面，实在是重申陈老遗教。

---

① 刘乃和：《陈垣评传》，《陈垣年谱(附陈垣评传)》，北京师范大学出版社2002年版，第380—382页。

② 刘荣俊：《翁独健》，刘启林主编：《当代中国社会科学名家》，社会科学文献出版社1989年版，第356页。

③ 陈述：《陈述自述》，高增德、丁东编：《世纪学人自述》第4卷，北京十月文艺出版社2000年版，第178页。

④ 三个文字版本之外，郑天挺在1962年中华书局的会议上还有过口头回忆(刘乃和：《陈垣评传》，《陈垣年谱(附陈垣评传)》，北京师范大学出版社2002年版，第380页)。

续表

文献来源	具体内容
《五十自述》(《天津文史资料选辑》第二十八辑,天津人民出版社1984年版,第8页)	1921年阴历正月……这年秋天,北大研究所国学门(后改文科研究所)成立……当时陈垣先生也是导师之一。一次在龙树院(一座名刹,在宣外南大洼,介于窑台和陶然亭之间)集会上,陈先生说,现在中外学者谈汉学,不是说巴黎如何,就是说日本如何,没有提中国的,我们应当把汉学中心夺回中国,夺回北京。这几句话当时对我影响最深。
《自传》(吴廷璆等编:《郑天挺纪念论文集》,中华书局1990年版,第686—687页)	1921年阴历正月……这年秋天,北大研究所国学门(后改文科研究所)成立……一次在龙树院(一座古刹,在宣外南下洼,介于窑台和陶然亭之间)集会上,陈先生说,现在中外学者谈汉学,不是说巴黎如何,就是说日本如何,没有提中国的。我们应当把汉学中心夺回中国、夺回北京。这几句话当时对我影响最深。

　　《五十自述》编辑按语称,此文原系郑氏撰写的回忆录,脱稿于1981年,因叙述止于1949年,故1984年以《五十自述》为题刊发。[①]《自传》一文未有说明,内容延续到20世纪80年代初,且文末有"回顾八十年来所走的道路,真是感慨备至"一语,[②]大约可知《五十自述》实系此文一部分。[③]而《回忆陈援庵先生四事——致刘乃和同志书》一文写于1980年4月24日,与《自传》撰写大约时间相同。《五十自述》与《自传》两段材料除了"名刹""古刹"及标点稍微不同外,还有一处不同:《五十自述》所指集会地点"宣外南大洼",《自传》所指为"宣外南下洼"。而写于同一时段的《回忆陈援庵先生四事》所指亦是"宣外南下洼",另查北京市地图,有"宣外南下洼"而无"宣外南大洼",故《五十自述》可能是笔误。

　　郑天挺关于此事回忆的最大问题是时间问题。《五十自述》和《自传》中有这样的时间提示:"一九二一年阴历正月,我离北京南下到厦门。……四月初,学校开学。……是年六月,厦大更换校长。暑假时,一部分教师表示辞职离校,我也表示下学期不再来。……这年秋天,北大研究所国学门

---

① 郑天挺:《五十自述》,中国人民政治协商会议天津市委员会、文史资料研究委员会编:《天津文史资料选辑》第28辑,天津人民出版社1984年版,第1页。
② 郑天挺:《自传》,吴廷璆等编:《郑天挺纪念论文集》,中华书局1990年版,第712页。
③ 比对《五十自述》与《自传》两文,在1949年以前部分,除有少数改动外(如《五十自述》一文中录郑天挺1922年7月26日参加明清大库档案整理的原始记录,而《自传》一文删去),语句基本一致。大约《五十自述》实系《自传》之一部分,1984年只刊登了1949年以前的内容,1990年全文收入《郑天挺纪念论文集》时有修订。

（后改文科研究所）成立"等时间提示。① 依据这些表述,把北京大学国学门
"龙树院"集会及陈垣讲话的时间定在 1921 年秋天是合理的。但这一结论显
然不符合事实——北大国学门成立于 1922 年。1922 年 1 月 14 日,北大评议
会通过《研究所大纲》,决议成立包含自然科学、社会科学、国学和外国文学四
门的研究所;2 月 21 日,北大评议会通过《北京大学研究所国学门委员会规
则》,决议成立由蔡元培、顾孟余、沈兼士、李大钊、马裕藻、朱希祖、胡适、钱玄
同、周作人构成的委员会,这是国学门成立的标志性事件。② 从郑天挺的角
度说,他也不可能在 1921 年就读北大国学门。《北京大学日刊》1922 年 1
月 17 日刊登《研究所国学门启事》称,"本门现已正式成立。凡本校毕业生
有专门研究之志愿及能力者,又未毕业生曾作特别研究已有成绩者,皆可随
时前来报名"。③ 这是国学门招生之始。《国学季刊》第 1 卷第 1 号刊登的
《研究所国学门重要纪事》中关于学生问题的公告称:"上学年本校毕业生及
国内各专门学校毕业生陆续在国学门提出研究之题目,已得国学门委员会承
认有研究能力者八人,兹将其题目并提出人姓名胪列于下",其中第六位是郑
天挺,"福建长乐人,本校中国文学系毕业",研究题目是《音义起原考》。④

　　经此辨证,可以判定郑天挺的回忆材料在时间上存在着明显的错误。
但时间的记忆错误并不能否定陈垣这席话的真实性,何况还有翁独健、陈述
的回忆佐证。仔细阅读这些材料,也给我们考证此问题提供了一个较为明
确的追踪思路:陈垣在北大国学门龙树院集会上讲这一席话的可能性。

　　要论证陈垣这番话是在北大国学门龙树院集会上所讲,需要满足以下
条件:北大国学门的确在龙树院召开过集会,作为国学门导师的陈垣参加了
集会并有发言,郑天挺以国学门学生的身份参加了集会。换言之,将以上信
息综合起来看,只有满足以下条件的集会才可能会是郑天挺所言的那次集
会:(一)1922 年以后召开;(二)地点在宣外龙树院;(三)北大国学门主办;
(四)有导师陈垣和学生郑天挺等人在场及陈垣讲话的证据。

　　查找北大国学门的相关资料,发现《北京大学日刊》第 1337 号有《研究
所国学门恳亲会纪事》一文,其中说:

　　　十二年九月三十日午后一时,国学门假城南龙树寺之抱冰堂开恳

---

① 两文文字无大差别,此处所引文字来自《自传》(吴廷璆等编:《郑天挺纪念论文集》,中华
　　书局 1990 年版,第 686—687 页)。
② 《研究所国学门重要纪事》,《国学季刊》第 1 卷第 1 号,1923 年 1 月。
③ 《研究所国学门启事》,《北京大学日刊》第 936 号,1922 年 1 月 17 日。
④ 《研究所国学门重要纪事》,《国学季刊》第 1 卷第 1 号,1923 年 1 月。

亲会。与会者有研究所所长、国学门主任、委员、导师、通信员、编辑员,蒋梦麟、沈兼士、马裕藻、周作人、张竞生、郑奠、谭熙鸿、陈垣、李泰棻、沈尹默、铎尔孟、今西龙、尹凤阁诸先生,及本学门助教,书记,研究生,与古迹古物调查会,歌谣会,风俗调查会,档案整理会等属于本学门之各学术团体之会员,及新闻记者孙伏园先生,计共三十余人,先由主任沈兼士致开会词……次茶话,摄影,至五时始散。①

因文中提到"新闻记者孙伏园",查孙氏此一时期服务的《晨报》,1923年10月1日刊发有关于此次恳亲会的新闻,内容较《北大日刊》所载更简略。②

从这两则材料来看,这次集会是北大国学门于1923年9月30日召开的,因此满足了上举第一、三个条件。至于地点问题,这两则材料提到的"龙树寺",实与郑天挺记忆的"龙树院"是同一个地方。清人震钧在《天咫偶闻》一书中记载:"野凫潭,在先农坛西。积水弥然,与东城鱼藻池等。其北为龙泉寺,又称龙树院。有龙爪槐一株,院以此名,久枯,僧人补种一小株"。③ 又查,陶然亭公园的相关资料,可知在陶然亭公园西北方向有龙树寺,内有抱冰堂(系为张之洞所建,后改为张文襄公祠)等建筑。龙树寺又曾称龙泉寺,也即龙树院的一部分。④ 故这次集会前三个条件皆已符合,下面需要就第四个条件稍作辨析。

依刘乃和撰的《陈垣年谱(附陈垣评传)》,陈垣在1922年1月"受聘北京大学研究所国学门导师"。⑤ 而《国学季刊》第1卷第1号所载《研究所国学门重要纪事》显示,陈垣并未在1922年3月以前被聘为国学门导师。该《纪事》第5条内容为:

　　　研究所国学门内部现分文字学、文学、哲学、史学、考古学五个研究室,请本校教授讲师分任指导,至于校外学者则已聘请罗振玉、王国维

① 魏建功:《研究所国学门恳亲会纪事》,《北京大学日刊》第1337号,1923年11月10日。此文另刊《晨报副刊》,以及《国学季刊》第1卷第4号。
② 《北大研究所国学门之恳亲会》,《晨报》1923年10月1日。
③ 震钧:《天咫偶闻》,北京古籍出版社1982年版,第158页。
④ 陶然亭公园志编纂委员会编:《陶然亭公园志》,中国林业出版社2001年版,第112—144页。
⑤ 刘乃和、周少川、王明泽、邓瑞全:《陈垣年谱配图长编》,辽海出版社2000年版,第113页(刘乃和撰的《陈垣年谱(附陈垣评传)》,亦采此说)。

两先生为函授导师。①

　　另据该《纪事》文末最后一行右下有"十一，十，十三"字样，可知此《纪事》包含了 1922 年 10 月之前的国学门重大事情，②署理教育部次长并暂代部务的陈垣如被聘为国学门导师，③定会显示在此《纪事》中。而《国学季刊》第 1 卷第 2 号所载《研究所国学门重要纪事》则言："（本学年）添聘钢和泰博士，陈垣为导师，今西龙博士为通信员"。④ 该《纪事》最后落款为"十二、三、三十一"，据此可知，陈垣担任北大国学门导师很可能是 1922 年 10 月至 1923 年 3 月间之事。故北大国学门在龙树寺抱冰堂召开恳亲会时，陈垣是作为导师的身份参加的，而郑天挺作为国学门的研究生，不参加国学门召开的首次恳亲会之可能性也比较小。据魏建功所记此次恳亲会情况，在国学门主任沈兼士、代理校长蒋梦麟讲话之后，茶话会进行到下午五时。作为导师的陈垣，刚刚发表《火祆教入中国考》《摩尼教入中国考》，正在撰写《元西域人华化考》，⑤可谓意气风发，在此种情景与心境下讲出"把汉学中心夺回中国"的话，可谓合情又合理。故假设条件之第四项，即作为导师的陈垣和作为学生的郑天挺参加此次集会及陈垣讲话这一项，基本也可成立。⑥

　　据《国立北京大学研究所国学门第二次恳亲会纪事》可知，龙树寺抱冰堂之恳亲会为第一次，而 1924 年 6 月 15 日在宣外达智桥松筠庵举行的国学门第二次恳亲会，并无陈垣的相关信息。⑦ 1925 年 10 月 18 日在北海濠濮间举行的国学门第三次恳亲会，亦无陈垣发言之记载。⑧ 虽然此后国学门还曾举办恳亲会，但皆不在龙树院，且郑天挺也已从国学门毕业。

　　据以上推论，大约可以判断，陈垣关于"把汉学中心夺回中国"的一席话，当是在北大国学门 1923 年 9 月 30 日下午 1 时在"城南龙树寺之抱冰

---

① 《国立北京大学研究所国学门重要纪事》，《国学季刊》第 1 卷第 1 号，1923 年 1 月。

② 《国学季刊》创刊号于 1923 年 1 月出版。

③ 陈垣 1922 年 5 月 27 日辞去教育部次长（刘乃和：《陈垣年谱（附陈垣评传）》，北京师范大学出版社 2002 年版，第 39 页）。

④ 《国立北京大学研究所国学门重要纪事》，《国学季刊》第 1 卷第 2 号，1923 年 4 月。

⑤ 刘乃和：《陈垣年谱（附陈垣评传）》，北京师范大学出版社 2002 年版，第 41—43 页。

⑥ 《国立北京大学研究所国学门报告（民国十三年一月一日至十三年五月三十一日）》显示，郑天挺尚未定缴成绩日期（《国学季刊》第 2 卷第 1 号，1925 年 12 月），以此可知 1923 年 9 月 30 日，郑天挺依然是国学门研究生。

⑦ 董作宾：《国立北京大学研究所国学门第二次恳亲会纪事》，《北京大学日刊》第 1506 号，1924 年 6 月 27 日。

⑧ 《第三次恳亲会纪事》，《北京大学研究所国学门周刊》第 1 卷第 3 期，1925 年 10 月 28 日。

堂"召开的第一次恳亲会上说的。既担任过教育部次长，又是北大国学门导师，且在学术研究上已经取得显著成就的陈垣，在国学门首次恳亲会上说出"把汉学中心夺回中国、夺回北京"这样的豪言，绝不可视为信口开河。陈垣之所以要在这样的场所里说出这样的话，并且此后一说再说，实际上显示出这时期中国学界出现了一种较为浓烈的与欧美、日本汉学界竞胜的意识。换言之，"把汉学中心夺回中国、夺回北京"不仅是陈垣个人的壮志，也在此一时期逐渐成为北京文史学术界的共识。正是这种充满了爱国情怀的壮志及其营造的积极向上的学术氛围，才震撼了刚刚踏入学术界的郑天挺，使他久久不能忘怀。

对于陈垣这席话出处的推定，不仅是为了使陈垣这重要的一席话可以有更准确的出处，更为重要的是，确定了这席话的出处，对研究中国文史研究在民国初年的发展具有重要的意义：在20世纪20年代初期，无论是陈垣等未留洋的学者，还是胡适等留洋归国的学者，正聚集在北京，并逐渐形成一个学术社群，维系这个社群的重要纽带，是他们的国族情怀，而陈垣这席高度浓缩的话，标志着这种情怀的正式形成。

第二节　"把汉学中心夺回中国"的初次努力及其挫败

1919年12月，胡适提出"研究问题，输入学理，整理国故，再造文明"的理念，[①]给正在兴起的"整理国故运动"指明了奋斗道路与目标，同时也显示出胡适对中国学术现状的不满。在初步形成的"世界维度"检视下，胡适等人感觉到西方学术不仅在自然科学、社会科学等领域已经远超中国，即使是中国文史研究，也走在前列。北大国学门主任沈兼士也说：

> 吾人对于从外国输入之新学，曰我固不如人，犹可说也；此等自己家产，不但无人整理之，研究之，并保存而亦不能，一听其流转散佚，不知顾惜……以中国古物典籍如此之宏富，国人竟不能发挥光大，于世界学术界中争一立脚地，此非极可痛心之事耶！[②]

胡适此时的感受与沈兼士基本相同：中国文史之学处于青黄不接之时，"近年来，古学的大师渐渐死完了，新起的学者还不曾有什么大成绩表现出

---

①　胡适：《新思潮的意义》，《新青年》第7卷第1号，1919年12月。
②　沈兼士：《北京大学研究所国学门经费计划书》，《国学季刊》第1卷第3号，1923年7月。

来","只有三五个老辈在那里支撑门面",这种局面"使许多人发生无限的
悲观",认为"古学要沦亡了！古书不久要无人能读了"。① 即使对外国人，
胡适也坦承中国文史研究之落后。他在 1922 年和日本学者今关寿麿谈话
时指出,"中国今日无一个史家","日本史学的成绩最佳。从前中国学生到
日本去拿文凭,将来定有中国学生到日本去求学问"。② 这种令人愧疚和激
愤的认识给当时的学人带来了沉重压迫感和使命感,促使他们希望通过自
身努力,在中国"造成一种真研究学问的风气"③,以提高中国学术研究的水
平,与西方学界抗衡,维护国家尊严。1923 年 9 月 30 日,在北大国学门于陶
然亭公园龙树寺举办的第一次恳亲会上,陈垣先生明确提出了"把汉学中心
夺回中国"的志向,震撼了郑天挺等青年学生。"把汉学中心夺回中国",可以
说是此一时期身怀国族情怀的中国学人之集体心愿。沈兼士、胡适等人认
为,在"学术界大破产"的情况下④,只有国学能与西方学界"比较一下"⑤,而
用科学方法整理国故是"最易为力而又最有效果"的努力方向。⑥ 带着这样
的压力、使命和共识,以北京学人为主的中国文史研究者逐渐凝聚团结⑦,

① 胡适:《〈国学季刊〉发刊宣言》,《国学季刊》第 1 卷第 1 号,1923 年 1 月。
② 曹伯言整理:《胡适日记全编》第 3 册,安徽教育出版社 2001 年版,第 772 页。
③ 傅斯年:《致胡适》(1920 年 8 月 1 日),中国社会科学院近代史研究所、中华民国史研究室
　编:《胡适往来书信选》(上册),社会科学文献出版社 2013 年版,第 78 页。
④ 胡适:《提高和普及》,欧阳哲生编:《胡适文集》第 12 卷,北京大学出版社 1998 年版,第
　436 页。
⑤ 胡适:《再谈谈整理国故》,杜春和等编:《胡适演讲录》,河北人民出版社 1999 年版,第 98
　页。该书收录之文系根据《胡适档案》整理。此文常见的版本是《晨报副刊》(1924 年 2 月
　25 日)所刊。两个版本相校,最大不同在于,据《胡适档案》录出的版本有"北京诸同志对
　于整理国故的意见"及当前中国学术只有国学能与西方学术一较高下等内容。
⑥ 胡适:《教务长胡适之先生的演说》,《北京大学日刊》第 1138 号,1922 年 12 月 23 日。
⑦ 从参加北大国学门恳亲会的人数(主要为国学门委员、导师、研究生等)可感知一二。第
　一次恳亲会(1923 年 9 月 30 日召开)参会人数为三十余人(魏建功:《研究所国学门恳亲
　会纪事》,《北京大学日刊》第 1337 号,1923 年 11 月 10 日),第二次恳亲会(1924 年 6 月 15
　日召开)参会人数为 65 人(董作宾:《国立北京大学研究所国学门第二次恳亲会纪事》,
　《北京大学日刊》第 1506 号,1924 年 6 月 27 日)。在学人积聚方面,胡适起到了重要作
　用,蔡元培说"北大关于文学、哲学等学系,本来有若干基本教员;自从胡适之君到校后,声
　应气求,又引进了多数的同志,所以兴会较高一点。预定的自然科学、社会科学、文学、国
　学四种研究所,止有国学研究所先办起来了"(蔡元培:《我在北京大学的经历》,高平叔
　编:《蔡元培全集》第 6 卷,中华书局 1988 年版,第 354 页)。众所周知,顾实等人在东南大
　学倡导的国故整理与胡适等人取向不同,其主要方法是"以国故理董国故"(顾实:《国立
　东南大学国学院整理国学计划书》,《国学丛刊》第 1 卷第 4 期,1923 年 12 月),故此处特
　别指出有此志向的主要是北京学人。

为"把汉学中心夺回中国"而奋斗。① 综合来看,北京学人在张作霖执政前五六年的努力主要可概括为四个方面:

（一）以学术共识为基础,努力联合同志,创建现代学术研究机构。在"新文化运动"中,"知识阶级,已觉悟单靠得学位,图饭碗,并不算是学者,渴望有一种研究的机关"②。学者们渴望现代学术研究机构的成立,是因为"在此学术研究渐入国际化的时代,资讯的获得乃至研究成果的发表,都使研究者离不开期刊杂志乃至研究机构,以期获得更多学术交流的渠道"③。察觉到此种讯息,蔡元培决定仿照德国、美国大学经验设立专业的研究机构,"研究中国文学、历史、哲学之一种专门知识者"的国学研究所既是其中之一。④ 创建者们意识到,机构成功与否,参与者是否志同道合相当重要。为达此目的,参与其中的学者不得不放弃自己的一些学术观点以求同存异。胡适在1919年铿锵地提出要"重新估定一切价值",1921年又明确提出"疑古的态度"来整理国故,走上激烈的疑古辨伪道路,但是为了团结对"疑古"持保留态度的章门弟子等学人,乃在撰写《〈国学季刊〉发刊宣言》时"笔下破费思量"地将疑古取向略去不谈,将"整理国故运动"目标定为"首重揭示古代历史文化之真相",使《〈国学季刊〉发刊宣言》成为"一份'代表全体'的学术宣言"。⑤ 参校朱希祖、沈兼士、马叙伦等人此一时期关于整理国故的言论可知⑥,《〈国学季刊〉发刊宣言》的确可视为国学门同人的共同宣言。简而言之,国学门同人希望的国学门,是一个采用"科学方法",从"扩大研究的范围""注意系统的整理""博采参考比较的数据"入手,对中国传统文化典籍进行"科学"研究的学术机构。⑦

①　罗志田指出,整理国故运动"能在全国不胫而走,既有中国学人相对熟悉而能有所为这一技术层面的因素,也因国人隐显不一的民族主义情绪在起作用"（罗志田:《裂变中的传承——20世纪前期的中国文化与学术》,中华书局2003年版,第253页)。另可参阅李孝迁《"他人入室":民国史坛对域外汉学的回应》[《华东师范大学学报》(哲学社会科学版)2012年第6期]等研究。

②　蔡元培:《吾国文化运动之过去与将来》,《中山文化教育馆季刊》创刊号,1934年8月。

③　陈以爱:《中国现代学术研究机构的兴起——以北大研究所国学门为中心的探讨》,江西教育出版社2002年版,第76页。

④　《校长布告:研究所简章》,《北京大学日刊》第673号,1920年7月30日。

⑤　陈以爱:《中国现代学术研究机构的兴起——以北大研究所国学门为中心的探讨》,江西教育出版社2002年版,第169—185页。

⑥　沈、马二人的言论可参阅上引文。朱希祖在1919年也刊文指出,应将中国古书中的各方面记载"抽寻出来,用科学的方法,立于客观地位整理整理,拿来与外国的学问比较比较"（朱希祖:《整理中国最古书籍之方法论》,《北京大学月刊》第1卷第3号,1919年3月)。

⑦　胡适:《〈国学季刊〉发刊宣言》,《国学季刊》第1卷第1号,1923年1月。

北大国学门的创建及其成功，使中国学人对学术机构的重要性有了更深刻的认识，为其他类似研究机构的设立提供了主客观的推动力。《清华学校研究院缘起》中就指出"近岁北京大学亦设研究所"，显然可看出北大国学门的影响。[①] 如果说北大国学门的创建比较含蓄地以"整理旧学"为基础来联合学人的话[②]，那么清华国学研究院的创建则明确地举起了取法西方汉学并与之竞胜的旗帜：

> 欧洲学术，新自西来，凡哲理文史诸学，非有精深比较之考究，不足以把其菁华而定其取舍。要之，学者必致其曲，复观其通，然后足当指导社会昌明文化之任。然此种事业，终非个人及寻常学校之力所能成就。此研究院之设所以不可缓也。本校有鉴于此，因念大学院之成立尚需四五年，乃设立研究院，先开办国学一门。延名师、拓精舍，招海内成学之士，凡国内外大学毕业者，与现任教育事业，或闭户自修，而有相当之学力者，入院肄业，分门研究，冀于世界文化有所贡献。事难责重，所不敢辞。亦本校尽力国家服务社会之微意也。[③]

（二）努力以新观念、新方法在西方汉学的惯常研究领域进行研究。中国文史研究要与西方汉学竞胜，实现"把汉学中心夺回中国"，最直接的方式就是运用西方汉学的治学方法，在其惯常研究领域里从事研究，取得让其承认的成果。关于这一点，北大国学门的学人有着清醒的认识。《〈国学季刊〉发刊宣言》明言，日本汉学快速发展的原因之一是受"西洋学者研究古学的方法"之影响，故中国要发展文史研究，"此时正应该虚心采用他们的科学的方法，补救我们没有条理系统的习惯"。具体而言就是"要打破闭关孤立的态度"，虚心借鉴欧美日本学术界的已有成绩进行"比较研究"。[④]换言之，所谓"科学整理国故"，就是打破尊经信古的观念束缚，打破死记硬背、事倍功半的方法束缚，打破国界种界限制产生的视野束缚，不断扩充范围、发现材料、开拓科学方法，并能主动吸纳欧美、日本汉学优点。在这种观念指导下，北大国学门分设文字学、文学、哲学、史学、考古学五个教研室；聘

---

① 《清华学校研究院缘起》，《清华周刊》第 339 期，1925 年 3 月 13 日。另可参阅苏云峰《从清华学堂到清华大学(1911—1929)：近代中国高等教育研究》(生活·读书·新知三联书店 2001 年版)等关于清华国学院开办情形的研究。
② 《研究所国学门启事》，《北京大学日刊》第 964 号，1922 年 2 月 22 日。
③ 《清华学校研究院缘起》，《清华周刊》第 339 期，1925 年 3 月 13 日。
④ 胡适：《〈国学季刊〉发刊宣言》，《国学季刊》第 1 卷第 1 号，1923 年 1 月。

请与欧美、日本汉学界联系紧密的罗振玉、王国维为函授导师①；组织了一系列的学术活动。② 这些努力，迅速营造了一种蓬勃向上、认真研究学问的氛围，树立了一种以欧美、日本汉学的标准来评定高下优劣的学术标准，以及以获得欧美、日本汉学界认可为目的的学术取向。

据统计，1923 年至 1927 年间，5 期《国学季刊》共刊发了 37 篇正式稿件，其中语言文字学有 15 篇，学术思想有 7 篇，考古（金石、器物）有 6 篇，中外交通有 3 篇。③ 这些领域正是欧美、日本汉学界的惯常研究领域，尽管其中有些成果可能并未能达到被西方汉学界认可的高度，但努力以新观念、新方法在西方汉学的惯常研究领域里进行研究以与之竞胜的治学取向，体现明显。明确取法西方汉学并与之竞胜的清华国学院之学术研究，也是按照这种观念展开的。该院的"研究之道"是：

> 今即开办研究院，而专修国学，惟兹所谓国学者，乃指中国学术文化之全体而言，而研究之道，尤注重正确精密之方法（即时人所谓科学方法），并取材于欧美学者研究东方语言及中国文化之成绩。此又本校研究院之异于国内之研究国学者也。

为实现这个目标，清华国学院的教授讲师要具备"通知中国学术文化之全体""具正确精密之科学的治学方法""稔悉欧美日本学者研究东方语言及中国文化之成绩"三种资格。④ 相较于北大国学门，后起的清华国学院在取法欧美及提倡在西方汉学擅长的领域从事专题研究之意识更为明确。⑤

（三）努力与西方汉学界交流，并吸纳西方汉学家在中国学术机构从事研究。至 20 世纪 20 年代，中国学人不仅有罗振玉、王国维与西方汉学界交流获益的实际例证，也认识到日本汉学快速成长的主要因素之一是学习欧

---

① 《国立北京大学研究所国学门重要纪事》，《国学季刊》第 1 卷第 1 号，1923 年 1 月。
② 这一时期国学门的主要学术活动有：辑佚整理《太平御览》所引书（编纂《〈太平御览〉引用群书目录补遗》）、辑佚整理《艺文类聚》（编纂《〈艺文类聚〉引用书目录》）、辑佚整理《一切经音义》、辑佚整理《太平广记》、翻译伯希和汉学研究成果、收集整理歌谣、整理内阁档案、搜集购买文物及相关资料建设考古研究室等（《国立北京大学廿五周年纪念研究所国学门临时特刊》，北京大学，1923 年 12 月 16 日）。
③ 陈以爱：《中国现代学术研究机构的兴起——以北大研究所国学门为中心的探讨》，江西教育出版社 2002 年版，第 199—204 页。
④ 吴宓：《清华开办研究院之旨趣及经过（开学日演说辞）》，《清华周刊》第 351 期，1925 年 9 月 18 日。
⑤ 罗志田：《一次宁静的革命：清华国学院的独特追求》，《清华大学学报》（哲学社会科学版）2011 年第 2 期。

洲汉学,所以积极主动地与西方汉学交流学习成为实现与之竞胜的方式之一。① 除留学这一方式外,此时中国学界向西方汉学学习的主要途径还有两个:一是努力与西方汉学家沟通交流,二是努力吸纳西方汉学家在中国学术研究机构从事研究。

中国学者在这一时期努力与西方汉学界沟通交流的事例较多:有的是为获取经验,如北大国学门主任沈兼士为建设考古学研究室,委托在日本访学的张凤举、沈尹默拜访日本考古学家滨田耕作,寻求相关经验和建议②;有的是为获取研究资料,如胡适等人拜访伯希和等。③ 此一时期,欧洲汉学的重要学者,如伯希和、高本汉等人也较重视与中国学术界的交往,为中国学人与海外汉学界的交流提供了便利条件。如国学门成立后,伯希和就主动捐赠了西方汉学研究论著 20 种④,还在他主持的汉学杂志《通报》(T'oung Pao)上介绍《国学季刊》每期的文章,使"欧洲学术团体近中颇有知《国学季刊》者"。⑤ 简言之,与西方汉学家交往对此时的中国学术研究具有多方面益处:中国学者不仅从交往中获得了一些有价值的学术信息,在交流切磋中提高了自己的学术研究水平,也让西方汉学界感受了中国学者们的学术研究能力。

主动吸纳西方汉学家到中国学术机构从事研究,是这一时期中国学术机构快速提高研究水平、增强学术影响力,实现与西方汉学竞胜的另一个重要措施。北大《研究所国学门研究规则》"研究生遇必要时,可要求本学门主任与有关系之各学系教授会代请本校教员及国内外专门学者指导研究","本学门随时聘请国内外学者为专门演讲,其公开与否,临时定之"等规定⑥,为北大国学门聘请西方汉学家为其工作提供了政策支持。1923 年初,聘请俄国汉学家钢和泰为国学门导师⑦,日本学者今西龙聘为通信员⑧;1923 年后半

---

① 可参阅桑兵《国学与汉学——近代中外学界交往录》(浙江人民出版社 1999 年版)等研究。

② 《张凤举先生与沈兼士先生书》,《北京大学日刊》第 974 号,1922 年 3 月 6 日。

③ 桑兵:《伯希和与中国近代学术界》,《历史研究》1997 年第 5 期。

④ 由罗振玉转交,截至 1923 年 1 月,国学门委托孙芳翻译了 8 种(《国立北京大学研究所国学门重要纪事》,《国学季刊》第 1 卷第 1 号,1923 年 1 月)。

⑤ 《刘半农致国学门主任函》,《北京大学日刊》第 1627 号,1925 年 2 月 20 日。

⑥ 《国立北京大学研究所国学门重要纪事》,《国学季刊》第 1 卷第 1 号,1923 年 1 月。

⑦ 《国立北京大学研究所国学门重要纪事》,《国学季刊》第 1 卷第 2 号,1923 年 4 月。

⑧ 1923 年 1 月 9 日,蔡元培有"本校敦请今西龙、伯希和博士担任研究所国学门考古学通信员"的记录(《敦请今西龙伯希和为北大考古学通信员的便条》,高平叔编:《蔡元培全集》第四卷,中华书局 1984 年版,第 309 页),但是奇怪的是《国学季刊》第 1 卷第 2 号刊登的《研究所国学门重要纪事》却只有聘请今西龙为通信员的公告。

年,又聘请俄国汉学家伊凤阁为导师,丹麦汉学家吴克德、日本汉学家泽村专太郎为通信员[1];1925 年,国学门又聘请伯希和为国学门导师。[2] 邀请这些西方汉学家成为国学门的研究人员或兼职导师,很快就收到了成效。钢和泰成为"近代中国学术界沟通国际东方学及汉学的重要媒介,对于整体上促成中国学术进入近代世界起到重要作用"[3];伯希和把国学门介绍给欧洲汉学界组织的亚洲学会,使西方汉学界对北大国学门的工作"有极同情的赞许,并恭祝研究所的成功"。[4]

(四)以国家荣辱来凝聚学人、推广学术、争取资源。前文已述,中国学术沦落到连文史之学都落后西方的现实,给有志于"再造文明"的学人们很大的压迫与刺激,他们从此努力于"把汉学中心夺回中国"。为达到这一目的,他们还将这种认识进行宣扬,以发动更多学人投入到研究中。如果说马叙伦、沈兼士、胡适在北大国学门创建之初的相关言论主旨在发动成年学人参与科学整理国故的话,那么他们在国学门取得初步成功后的言论则主要在推广学术,获取认同与支持。如胡适 1924 年在南京高等师范学校的演讲中说:

> 我国各种科学莫有一种比得上西洋各国,现在要办到比伦于欧美,实在不容易,但国故是我们自己的东西,总应该办来比世界各国好。这种责任,是放在贵校与北大的国学系,与有志整理国故者的肩上,盼望诸君努力![5]

有志于"把汉学中心夺回中国"的学人们不仅从国家荣辱的角度来发动凝聚学人,推广学术,且在向社会争取资源时,亦试图从此角度打动人。1923 年,北大国学门为争取河南发现的文物,特别发出《本校研究所国学门致国务院呈文及曾巡阅使、吴巡阅使公函》。其中说"我国号称世界古物最富之国家,而考古学之成绩反视欧美各国相差远甚"的主要原因之一,就是材料难得。这些文物"必须置诸全国观瞻所系之首都之学术机关,整理之、陈列之,考证之,著录之,以贡献于世界,然后其物之真价值得以表襮,而我

---

① 《国立北京大学研究所国学门重要纪事》,《国学季刊》第 1 卷第 4 号,1923 年 12 月。

② 《刘半农致国学门主任函》,《北京大学日刊》第 1627 号,1925 年 2 月 20 日。

③ 桑兵:《胡适与国际汉学界》,《近代史研究》1999 年第 1 期。

④ [法]伯希和:《在开罗万国地理学会演说》,《北京大学国学门周刊》第 3 期,1925 年 10 月 28 日。

⑤ 胡适:《再谈谈整理国故》,《晨报副刊》1924 年 2 月 25 日。《晨报副刊》此文系公开刊布,影响应较《胡适演讲录》所收之文大,故引用此版本。

国之国华亦得藉以显扬",国学门若得此古物,则"我国学术之地位可以增高,文化之流风可以远被"。①

学术的发展固然不是政治力量能决定的,但是政治的变迁却常常能够对学术的发展产生重大冲击。经过北大国学门、清华国学院等机构的学人数年努力,中国文史研究的现代化取得了一定的成绩。遗憾的是,再次进入动荡的政治局势,打断了这一势头。曹锟贿选后,时局趋于动荡,导致教育经费严重缺乏②,北京大学的经济状况日益恶化,不得不紧缩开支,以致国学门正常运转都成问题。③ 张作霖入京后对学术界、教育界采取高压政策,不仅将北京的国立大学合并为一所学校,还"通缉进步分子",迫使不少学人纷纷南去。④ 数年前生机勃勃的北京学术界随着北大国学门趋于瓦解、清华国学研究院趋于萎缩而陷入低谷⑤,"把汉学中心夺回中国"的首次尝试遭受了严重挫败。不过,学术研究事关国族荣辱的信念不灭,取法西方汉学以与之竞胜的理念不死,"把汉学中心夺回中国"壮志亦未曾消失。⑥ 怀抱着这些信念、理念的学人,经过短暂的奔波苦闷,很快汇聚到中央研究院历史语言研究所等机构中,并最终完成了中国文史研究现代化的心愿。⑦

---

① 《本校研究所国学门致国务院呈文及曾巡阅使、吴巡阅使公函》,《北京大学日刊》第1309号,1923年10月8日。

② 教育部以至于不仅无钱生火御寒,连茶水供应都面临停顿(《教育部一穷至此》,《晨报》1923年11月16日)。

③ 1923年12月《国学季刊》第1卷第4号出版后,第2卷第1号至1925年12月才出版,其中的原因之一就是经费困难:"因时局关系,学校经费奇绌,以至不能按期出版"(《国学季刊编辑委员会启事》,《国学季刊》第2卷第1号,1925年12月)。

④ 顾潮编著:《顾颉刚年谱》(增订本),中华书局2011年版,第143—144页。

⑤ 苏云峰:《从清华学堂到清华大学(1911—1929):近代中国高等教育研究》,生活·读书·新知三联书店2001年版,第326—328页。

⑥ 可参阅李孝迁《"他人入室":民国史坛对域外汉学的回应》[《华东师范大学学报》(哲学社会科学版)2012年第6期]等研究。

⑦ 陈以爱曾简要谈及北大国学门对史语所的影响,称傅斯年对北大国学门学术研究路向颇表赞同,傅氏对新领域的提倡,"曾受到国学门学术工作的若干启示,也是不无可能的",并认为"两所研究机构所存在的内在联系,可以说是颇为明显的"(陈以爱:《中国现代学术研究机构的兴起——以北大研究所国学门为中心的探讨》,江西教育出版社2002年版,第292—294页)。遗憾的是,陈以爱并未对这些论断或观察展开论述,亦未有意识地勾勒这些机构内在联系的表现内容。胡逢祥先生亦曾指出,"史语所的工作方针,与北大国学门及中大语言历史研究所有着明显的承继关系"(胡逢祥:《略论现代中国史学机构之建制与运作》,《东吴历史学报》第18期,2008年2月)。

第三节　史语所的兴盛与"新汉学"典范之确立

1928 年 10 月,中国第一个现代专业的国家级文史研究机构——中央研究院历史语言研究所在广州正式成立。① 在筹办史语所之际,傅斯年曾自信满满地认为"现在不吹,我等自信两年之后,必有可观"。② 事实证明,傅斯年不是有些轻狂,而是有些保守。尽管史语所创建之初时局仍在动荡,所址几经迁徙,但它不仅两三年内就在考古发掘、历史研究、语言学等方面取得相当成绩,且引起了国际汉学界的关注与肯定。1932 年 3 月,伯希和致函中央研究院院长蔡元培说:

> 考古与文学研究院每年准备一千五百佛郎之奖金,赠于在过去一年中关于中国语言、历史等学最完美之著作。此项奖金名为于里安奖金(按:即儒莲奖)。予因中央研究院历史语言研究所各种出版品之报告书,尤因李先生所著安阳发掘古物之报告,特提议赠于该所,此予所欣喜而欲告知先生者。然此仅为予等对于中国博学者极微薄的钦佩之表示,同时予等欲在中国极感困难时借此向中国博学者表示同情。③

史语所获得儒莲奖可能有伯希和等人同情"九一八事变"的因素,但更重要的仍是史语所短时间内取得了能够打动西方汉学界的学术成果。可以说,史语所获得此奖,于中国现代文史之学的发展而言,具有标志性的意义。这种被国际学界承认的感受,对蔡元培、傅斯年以及中国学术界来说,皆是一个令人振奋的消息。傅斯年在该年底向蔡元培报告工作的信中,难掩骄傲之情:"考古组工作顺利,成绩伟大,可不待说";"第一、第二两组之成绩,亦均了不得"。信中除表彰陈寅恪、徐中舒、罗常培的研究外,还特别指出李方桂已具备竞胜西方汉学界的实力:

---

① 史语所从 1928 年初就开始筹备,至 10 月 14 日举行在所人员第一次会议,当月 22 日筹备处迁往柏园,并函请广州市公安局保护。史语所的成立纪念日定在 10 月 22 日(王懋勤:《历史语言研究所正式成立的日期》,《"中央研究院"历史语言研究所四十周年纪念特刊》,(台北)"中央研究院"历史语言研究所 1968 年版,第 204 页)。

② 傅斯年:《致胡适》(1928 年 4 月 6 日),中国社会科学院近代史研究所、中华民国史研究室编:《胡适来往书信选》上册,社会科学文献出版社 2013 年版,第 343 页。

③ [法]伯希和:《致蔡元培函》,高平叔编:《蔡元培全集》第 6 卷,中华书局 1988 年版,第 179—180 页。

方桂先生于语音之外,突发表古韵之文,而引起与高本汉(珂罗倔伦)之讨论。近一面写其广东北江猺山歌谣之音韵研究,一面著文答高君,高君在中国语学之地位,不久将转到方桂身上矣。①

对史语所获得被国际学界认可的成就及史语所展现出的强劲学术上升势头,中央研究院领袖蔡元培自然非常高兴。他在给傅斯年的信中一扫复信伯希和时"稍有发见,竟承嘉许""本所同人当益益勉力,以副期望"的谦虚矜持②,高调地认为"'中国学'之中心点由巴黎而移至北平,想伯希和此时亦已不能不默认矣"。③ 曾在北大开学典礼上大谈追求学术独立"谈何容易",悲观地认为汉学中心"十年之后也许可以在北京了"的胡适④,两年后却对东京大学学者直言不讳地表示,"世界上研究中国文化之地,只有巴黎、京都和北京"。⑤ 胡适从窘迫地承认技不如人到自信宣称北京是汉学中心之一的主要依据,当是这一时期以史语所为代表的中国学人所取得的引起世界汉学界认可的成就。

这些成就给中国学人带来了自信与勇气,引发一种普遍自豪感。青年学人齐思和认为,随着政治安定和政府对学术教育投入加大,"吾国学者,已渐能自行研究,不复假手于外人,故二年来之重要考古,大多数皆国人所自行发掘,成绩之佳,较之外人,毫无逊色,此诚中国史学史上最足纪念之一页也"。⑥ 既是老革命党人,亦是著名报人和学者的谢英伯也指出,史语所的安阳发掘、谭城发掘,以及地质调查所安特生等人的考古发掘,"颇足为我国上古文化史开一新纪元,为有识者所同认了"。⑦ 如果对这些评论的解读仅仅停留在赞誉层面,眼光未免狭小。这些赞誉肯定的着眼点除了已经取得的成就外,大多也看到了这些成就透射出的一个重要信息:在史语所等

① 《傅斯年致蔡元培》(1932年12月26日,档号Ⅲ:81),王汎森、潘光哲、吴政上主编:《傅斯年遗札》,(台北)"中央研究院"历史语言研究所2011年版,第442页。
② 蔡元培:《复伯希和函》,高平叔编:《蔡元培全集》第6卷,中华书局1988年版,第179页。
③ 《傅斯年档案》(档案号Ⅲ:104,1933年1月),转引自潘光哲:《蔡元培与史语所》,杜正胜、王汎森编:《新学术之路:"中央研究院"历史语言研究所七十周年纪念文集》上册,(台北)"中央研究院"历史语言研究所1998年版,第207页。
④ 曹伯言整理:《胡适日记全编》第6册,安徽教育出版社2001年版,第152页。
⑤ 桑兵:《国学与汉学——近代中外学界交往录》,浙江人民出版社1999年版,第188页。
⑥ 齐思和:《最近二年来之中国史学界》,《朝华月刊》第2卷第4期,1931年3月。
⑦ 谢英伯:《黄花考古学院的组织和使命》,《考古学杂志》第1期,1932年1月。

机构的努力下,中国文史研究的现代化已经初步实现。①

　　史语所之所以能够在短短数年间取得如此丰硕的成就,赢得国内外文史研究者的推重,"替中国争取到世界性的学术发言权"②,固然有傅斯年正确有力领导及所内学人努力之因素,还有一个更为重要的因素,就是中国文史之学此前近十年的发展已为史语所奠定了一个较为坚实的基础。换言之,史语所能够迅速走向兴盛,成为民国时期中国文史研究最有实力、最有代表性的机构,除傅斯年等人分外努力外,更重要的是:史语所继承了20世纪20年代以来中国文史学界"把汉学中心夺回中国"努力的学术资产,并进行了发展完善。这一论断的依据主要有四个:

　　(一)史语所延续了北大国学门等机构以与西方汉学竞胜来团结学术同人的做法。从20世纪20年代起,"把汉学中心夺回中国"就成为众多中国学人的共识,并以此为创建学术机构的精神纽带。虽然北大国学门等机构遭遇挫败,可这个梦想非但没有破灭,反而更加强烈,并最终成为史语所创立的动力,凝聚学人的精神。③ 正如杜正胜指出的那样,这种与西方汉学竞胜的抱负,是"史语所创立时的共同心态"。④ 傅斯年本人既为此种浓烈情绪驱动,也看到了多年来在众多中国文史研究者心中激荡的这种情绪⑤,故高擎与西方汉学竞胜的大旗,来吸引凝聚学人。李济1951年回忆傅斯年创办史语所情形时,首先指出的就是这个与西方汉学竞胜的信念之影响:

---

① 黄振萍指出,傅斯年及其领导的史语所"标志了中国现代学术转型的最后完成"(黄振萍:《傅斯年学术文化随笔·跋》,黄振萍、李凌己编:《傅斯年学术文化随笔》,中国青年出版社2001年版,第330页)。

② 杜正胜:《无中生有的志业:傅斯年的史学革命与史语所的创立》,杜正胜、王汎森编:《新学术之路:"中央研究院"历史语言研究所七十周年纪念文集》上册,(台北)"中央研究院"历史语言研究所1998年版,第1页。

③ 据王汎森查阅吉美博物馆所藏伯希和档案可知,史语所在1931年初给伯希和的文件中,强调"吾等建设此所之始意,岂不曰将汉学各面之正统,不在巴黎、不在西京,而在中国?上以补前修之所不及,而求后来居上……然所中同人所工作者,俱是有意义之新题目,就每一线论,皆站在最前之在线"(王汎森:《伯希和与傅斯年》,《傅斯年:中国近代历史与政治中的个体生命》,生活·读书·新知三联书店2012年版,第305页)。

④ 杜正胜:《无中生有的志业:傅斯年的史学革命与史语所的创立》,杜正胜、王汎森编:《新学术之路:"中央研究院"历史语言研究所七十周年纪念文集》上册,(台北)"中央研究院"历史语言研究所1998年版,第26页。

⑤ 傅斯年在1927年便表现出要与柏林巴黎争夺"东方学"正统的志愿,并获得陈寅恪的欣赏和支持(王汎森:《傅斯年与陈寅恪——介绍史语所收藏的一批书信》,《中国近代思想与学术的系谱》,河北教育出版社2001年版,第387页)。

　　"不满"与"不服气"的情绪,在当时的学术界,已有很长的历史;等到国立中央研究院成立后,傅孟真先生才把握着这一机会,把那时普遍存在学术界的"不满的意"与"不服的气"导入正规。现在回想十七年的前后情形,我们可以说,历史语言研究所的意识形态是综合若干不同的历史因素形成的;在这些因素内,潜伏在知识界下意识内的不满与不服,都是重要成分。①

　　正如亲历者李济所言,以与西方汉学竞胜理念为内核的"意识形态",对史语所学人团队的积聚产生了极为重要的影响。傅斯年为史语所罗致研究人员,既看对方有没有和西方汉学竞胜的信念与能力,也主要是以这一信念来打动他歆慕的学人。如他在聘请陈垣的信中首先指出自己多年之前就对汉学正统在巴黎的情况感到不可忍受,然后巧妙地表达了史语所的研究人员皆是有志与西方汉学界竞胜的学者,若能同心协力,定能实现期望:

　　　　此所根基,均赖先生与寅恪、元任、半农、济之诸先生成之。从此前征,必能超乾嘉之盛,夺欧士之席,国家且与有荣,岂特斯年等之大幸而已。②

　　在李济看来,傅斯年的这一策略相当成功:"以历史语言研究所为大本营在中国建筑'科学的东方学正统',这一号召是具有高度的鼓舞性的",傅斯年"唤醒了中国学者最高的民族意识,在很短的时间聚集了不少的运用现代学术工具的中年及少年学者"。③ 需要特别指出的是,这些中年学者,如陈寅恪、李济等,基本上是 20 世纪 20 年代曾在清华、北大等机构中要与西方汉学竞胜的学人,而青年学人,如董作宾、赵万里、王静如、吴金鼎等,也

---

① 李济:《傅孟真先生领导的历史语言研究所——几个基本观念及几件重要工作的回顾》,张光直编:《李济文集》第 5 卷,上海人民出版社 2006 年版,第 164 页。

② 傅斯年:《致陈垣》(1929 年),陈智超编注:《陈垣来往书信集》(增订本),生活·读书·新知三联书店 2010 年版,第 407—408 页。

③ 李济:《傅孟真先生领导的历史语言研究所——几个基本观念及几件重要工作的回顾》,张光直编:《李济文集》第 5 卷,上海人民出版社 2006 年版,第 165 页。参见李孝迁《"他人入室":民国史坛对域外汉学的回应》[《华东师范大学学报》(哲学社会科学版)2012 年第 6 期]、姜萌《陈垣"把汉学中心夺回中国"考》(《东岳论丛》2014 年第 3 期)等研究可知,李济称傅斯年"唤醒了中国学者最高的民族意识"并不准确。或许用"再次凝聚了中国学者最高的民族意识"更准确。

大多是与西方汉学竞胜气氛浓烈的清华国学院或北大国学门的毕业生。①

（二）傅斯年升华了以国家荣辱意识来推动学术发展、争取资源的思路。在史语所创办之初，傅斯年就明确指出创办这个机构并不是为谋个人私利，而是要实现"为中国而豪外国"的理想。② 毫无疑问，在傅斯年看来，实现这一理想的途径就是真正实现"科学的东方学之正统在中国"。为了更好地凝聚共识，推动学术工作的开展，傅斯年将这种观念神圣化。在给陈寅恪等史语所研究员的《聘书》中，傅氏首先指出中国"历史语言之学本至发达"，"成绩宜为百余年前欧洲学者所深羡而引以为痛未能者"，但因"固步自封而退缩于后"，欧人则通过"扩充材料，扩充工具，成今日之巨丽"，故史语所的使命是：

> 欲以手足之力，取得日新月异之材料，借自然科学付与之工具而从事之，以期新知识之获得。材料不限国别，方术不择地域；既以追前贤成学之盛，亦以分异国造诣之隆。③

从"意识形态"建构的角度来说，傅氏通过这个聘书，将一个研究工作转变成了一种事关国家荣辱的责任，将一个研究机构转变成了一个为国家荣誉战斗的单位。从史语所在民国时期的发展来看，这种带有神圣使命色彩的意识，不仅维系了史语所的内部团结，也推动了史语所学术工作高效有序的开展。

在安阳殷墟发掘中，因当地人发现的甲骨大多被传教士明义士获得，傅斯年等人认为"如不由政府收其余地，别探文字以外之知识，恐以后损失更大矣"。④ 李济在主持发掘殷墟时，希望中央研究院可以提供一些津贴，这

---

① 杜正胜在《无中生有的志业：傅斯年的史学革命与史语所的创立》一文已指出史语所正式成立时，其人员构成以"清华研究院为主体"（杜正胜、王汎森编：《新学术之路："中央研究院"历史语言研究所七十周年文集》上册，（台北）"中央研究院"历史语言研究所1998年版，第22页）。陈以爱也指出，史语所草创时期，34位研究人员（研究员、外国通信员、编辑员）中，有18位曾在北大国学门任职或为研究生（陈以爱：《中国现代学术研究机构的兴起——以北大研究所国学门为中心的探讨》，江西教育出版社2002年版，第294页）。

② 傅斯年：《致胡适》（1928年4月6日），中国社会科学院近代史研究所、中华民国史研究室编：《胡适来往书信选》上册，社会科学文献出版社2013年版，第343页。

③ 王汎森、杜正胜编：《傅斯年文物资料选辑》，傅斯年先生百龄纪念筹备会1995年版，第62—63页。

④ 《国立中央研究院历史语言研究所十七年度报告》，《国立中央研究院十七年度总报告》，中央研究院文书处1929年版，第216页。

样可以对外国人"硬硬骨头""扎扎脚",以获得应有的话语权。① 在参加殷墟发掘的史语所同人看来,殷墟发掘"是一件国家的事业,所以我们预备了极长久的计划"②,他们也因此团结力量,不知疲倦地工作,"务使中国史学及世界文化史借殷墟发掘开一生面"。③ 明清档案整理是史语所创建初期第二项重大工作。在这项工作中,学术研究事关国家荣辱的观念也起到了重要作用。为推动傅斯年筹款购买明清档案,陈寅恪给傅斯年的信中说"现燕京与哈佛之中国学院经费颇充裕,若此项档案归于一外国教会之手,国史之责托于洋人,以旧式感情言之,国之耻也"。④ 傅斯年为了说动李少微将档案出售给史语所,亦阐明"此日为此学问,欲对欧洲、日本人而有加,瞻吾国前修而不惭,必于材料有所增益,方法有所改革,然后可以后来居上……一切计划、设施,乃至一切支出,无不公开,无非欲聊尽此时之责任,以求不负此日国家缔造之会"。⑤

　　一言以蔽之,史语所在创建初期就迅速取得令世界瞩目的成果,学者个人的治学能力固然重要,傅斯年将学术研究为国争光的意识神圣化也有功焉。傅斯年在创所初期,更加清晰地、强烈地将学术研究与国家荣辱联系起来,并用此观念来勉励包括他在内的所中学人,努力用学术研究为国争光。1932 年底,傅斯年向蔡元培报告史语所工作时,除了表彰各组的工作外,就特别指出"尤使人欣慰者,为同人之精勤不息,奋力迈进",不仅成名学者勤奋治学,成果丰硕,就是"助理员之工作,亦皆专门之业、精诣之作,此时对外国已颇可自豪焉"。⑥ 参照上文论述可知,傅斯年等人的认识和行为与数年前北大国学门、清华国学院等机构的学人基本相似。区别在于,傅斯年将这种认识和思路升华到相当的高度,明确赋予其神圣使命的色彩,也因此更能打动激励学人。

　　(三)史语所继承发扬了将历史研究与现代考古学、语言学结合的治学

---

① 李光谟:《从清华园到史语所:李济治学生涯琐记》,清华大学出版社 2004 年版,第 302 页。
② 李济:《现代考古学与殷墟发掘》,《安阳发掘报告》第 2 期,中央研究院历史语言研究所1930 年版,第 407 页。
③ 傅斯年:《本所发掘安阳殷墟之经过》,《安阳发掘报告》第 2 期,中央研究院历史语言研究所 1930 年版,第 404 页。
④ 陈寅恪:《致傅斯年·六》(1929 年),《陈寅恪集·书信集》,生活·读书·新知三联书店2001 年版,第 24 页。
⑤ 《傅斯年致李济》(编者暂系年于 1929 年,档号元 69—3),王汎森、潘光哲、吴政上主编:《傅斯年遗札》,(台北)"中央研究院"历史语言研究所 2011 年版,第 243—244 页。
⑥ 《傅斯年致蔡元培》(1932 年 12 月 26 日,档号Ⅲ:81),王汎森、潘光哲、吴政上主编:《傅斯年遗札》,(台北)"中央研究院"历史语言研究所 2011 年版,第 442—443 页。

路径。傅斯年要与欧美、日本汉学竞胜的途径是"彻底学欧洲汉学家的长处"。① 简要说来,这个长处在治学路径上就是将历史研究与现代考古学、语言学研究相结合。在数年前,胡适等人希望通过"打倒一切成见,为中国学术谋解放"②,以实现"把汉学中心夺回中国"理想时,采取的措施正是学习西方汉学研究的长处,尝试将历史研究与现代考古学、语言学结合起来。北大国学门、清华国学院内部的机构设置、研究人员配备、课题选择等方面无不实践了这种认识。不过由于胡适、沈兼士、马衡等人在西方现代考古学、语言学等方面的知识不足,李济、赵元任等人又缺少支持等问题,实践并不算成功。这些情况在数年后的史语所皆不存在,一是傅斯年刚刚自欧洲留学归来,对西方汉学的了解远超胡适等人③,二是史语所作为国家级学术机构能提供的支持远超一个学校。鉴于李济等人在考古方面的成就及其对上古史研究之贡献已有较完备的研究④,下文主要谈谈傅斯年的理念及史语所在语言学与历史学结合方面的努力。

众所周知,《历史语言研究所工作之旨趣》一文是傅斯年基本学术理念的汇聚,其中对史语所治学路径多有阐发。⑤ 可能是当时学人对把历史研究与现代考古学结合已经比较熟知,傅斯年在此文及此后的文章中,对历史学如何与考古学结合阐述得并不多,对历史学和现代语言学的结合阐述得较多。如他在史语所《十七年度报告》中说:

> 近代在欧洲之历史语言学,其受自然科学之刺激与补助,昭然若揭。以我国此项材料之富,欧洲人为之羡慕无似者,果能改从新路,将来发展,正未有艾。故当确定旨趣,以为祈飨,以当工作之径,以吸引同好之人。此项旨趣,约而言之,即扩充材料,扩充工具,以工具之施用,成材料之整理,乃得问题之解决,并因问题之解决引出新问题,更要求

① 杜正胜:《无中生有的志业:傅斯年的史学革命与史语所的创立》,杜正胜、王汎森编:《新学术之路:"中央研究院"历史语言研究所七十周年纪念文集》上册,(台北)"中央研究院"历史语言研究所1998年版,第20页。

② 曹伯言整理:《胡适日记全编》第3册,安徽教育出版社2001年版,第772页。

③ 傅斯年在欧洲的学习经历,可参阅王汎森《傅斯年:中国近代历史与政治中的个体生命》(生活·读书·新知三联书店2012年版)等论著。

④ 可参阅陈洪波《中国科学考古学的兴起:1928—1949年历史语言研究所考古史》(广西师范大学出版社2011年版)等论著。

⑤ 可参阅桑兵《近代学术转承:从国学到东方学——傅斯年〈历史语言研究所工作之旨趣〉解析》(《历史研究》2001年第3期)等研究。

材料与工具之扩充。如是伸张,乃向科学成就之路。①

在傅斯年看来,将历史学与现代语言学结合的治学路径,已在欧洲的实践中获得了证明,中国文史研究要走上"科学成就之路",尚需很多努力。傅斯年提倡把历史学和现代语言学结合的重心,关键在"由语言成史学的学问":研究汉语方言的主要目的之一是能搞清楚方言中音素音调变迁的情况、能明白语言的变迁与历史变迁的关系;研究吐火罗、梵语是因为它们"和中国史学中最重的科目"有着紧密关系,且"现在西洋人研究竺故考订梵籍,除巴里之外,汉藏番藏最要参考的,中国人先已有了能读汉藏的凭籍,则这宗学问中国人为着若干问题有研究之必要,佛典研究又应该是中国的学问";研究"波斯东向的方言,苏戈底的枝语,以及吐火罗等所有遗文",是因为若我们没有这些知识"怎么可以识大宛而辨大夏,考于阗而迹疏勒";研究蒙古满洲语是因为"中国人对蒙古史满洲史乃至契丹女真史的兴味向来很大,独不先以认识这些语言为研究之初步,所以结果有限"。② 与胡适等人提倡语言学研究旨意相较,傅斯年把历史学研究与语言学研究更紧密地结合在一起,努力方向也更为明确。

在"由语言成史学的学问"方面,史语所创建初期成就最大的当属陈寅恪。陈氏在留学后期就学习梵文、波斯文、阿拉伯文、藏文等以为历史研究之准备,并以其掌握的语言工具在"佛典译本及其对中国文化的影响""唐以来中亚及西北外族与汉民族之交涉"两个领域进行了卓有成就的研究,尤其是在1929—1931年间发表的《元代汉人译名考》和四篇有关《蒙古源流》的研究文字,是在当时欧洲、日本汉学界都非常重视的研究领域取得的重要成果,为史语所增色不少。③ 傅斯年《性命古训辨证》,亦是现代语言学与历史研究结合的代表性论著。④

简言之,尽管史语所的学术研究颇有新意和建树,但并不像傅斯年在

---

① 《国立中央研究院历史语言研究所十七年度报告》,《国立中央研究院十七年度总报告》,中央研究院文书处1929年版,第215页。

② 傅斯年:《本所对于语言学工作之范围及旨趣》,《中央研究院历史语言研究所集刊》第1本第1分,1928年10月。

③ 余英时:《试述陈寅恪的史学三变》,《余英时文集:现代学人与学术》第5卷,广西师范大学出版社2006年版,第143—146页。

④ 黄振萍认为《性命古训辨证》"把对中国语言文字的认识,与思想史结合起来,既超越了乾嘉的单纯训诂之学,又避免了缺乏思辨传统的中国在引入西学时流于空泛的弊病"(黄振萍:《傅斯年学术文化随笔·跋》,黄振萍、李凌己编:《傅斯年学术文化随笔》,中国青年出版社2001年版,第338页)。

《历史语言研究所工作之旨趣》等文中宣称的那样,尽量与此前的中国学术决绝。实际上,无论是历史研究与现代考古学、语言学结合的治学路径,还是在西方汉学界关注的领域内进行研究以与之竞胜的操作方法,都与20世纪20年代尝试"把汉学中心夺回中国"的学人们之努力一脉相承。① 二者的主要区别是,傅斯年、陈寅恪、李济等知识结构更完善和观念意识更新颖的学人,能够在更现代有力的国家级学术平台上大展身手,发展完善了这种治学路径,取得了耀眼成就。

(四)吸取北大国学门的经验教训,统一规划学术研究取向和人才培养机制。20世纪20年代"把汉学中心夺回中国"尝试以挫败而告终,除时局动荡、经费短缺等因素外,还有一个相当重要的因素是人事纠葛和后继人才缺乏。1920年前后正处于一个学人代际转换的关键时期,清末成长起来的学人在教育背景、学术素养、学术取向等方面与新一代学人不甚契合,并由此产生了纠纷,影响了学术工作的展开。② 此时接受欧美现代学术训练的学人刚刚回国,或尚未回国,更重要的是国内学术人才培养机制与"夺回汉学中心"目标不协调,导致青年人才紧缺。这一时期主掌北大史学系的朱希祖,深受清末"新史学运动"影响,"颇思以欧美新史学,改革中国旧史学",故重视史学的中西会通,强调社会科学知识对治史的重要性。③ 在此观念指导下,北大史学系的课程设置,比较重视世界史和社会科学,不仅基本未涉及校勘考订、音韵训诂等传统汉学方法,也不太重视现代考古学、语言学的训练。④ 显而易见,以这样观念和课程培养出来的学生,与国学门追求的运用校勘考订、音韵训诂方法以及现代考古学、语言学知识来进行学术研究的目标存在很大的距离。⑤ 在新汉学浪潮中成长起来的顾颉刚、傅斯年、毛子水等研究者,都是出自哲学、国文等专业,而非史学专业,主要原因

---

① 在与西方汉学界交流,或争取西方汉学家为史语所工作等方面,傅斯年的做法和北大国学门的做法也类似。可参阅王汎森《伯希和与傅斯年》(《傅斯年:中国近代历史与政治中的个体生命》,生活·读书·新知三联书店2012年版,第296—318页)等研究。

② 陈以爱:《中国现代学术研究机构的兴起——以北大研究所国学门为中心的探讨》,江西教育出版社2002年版,第82页。

③ 朱希祖:《北京大学史学系过去之略史与将来之希望》,国立北京大学卅一周年纪念会宣传股编:《国立北京大学卅一周年纪念刊》,北京大学卅一周年纪念会宣传股1929年版,第70页。

④ 《史学系课程指导书(十二年至十三年度)》,《北京大学日刊》第1302号,1923年9月29日。

⑤ 当时北大国学门已意识到考察和发掘对研究工作的重要性,但因"同志尚少"和经费缺乏,难以开展工作,古迹古物调查会也因缺少人才而影响了工作(《国立北京大学研究所国学门重要纪事》,《国学季刊》第1卷第3号,1923年7月)。

可能就在于此。

傅斯年对史语所的学术规划和人才需求一直有着非常清醒的认识。[①]不仅在创所时期特别强调要把史语所建成志同道合的学术研究机构,毫不忌讳地在《历史语言研究所工作之旨趣》中申明要用学术取向来判定谁是"同志",将一些学人排斥在史语所之外[②],还充分注意到人才培养的重要性,认为史语所第四项工作就是"成就若干能使用近代西洋人所使用之工具之少年学者"。[③] 他对"少年学者"的培养有两个途径,一是吸纳北大国学门、清华国学院等机构培养的优秀学生,如董作宾、赵万里、黎光明、王静如等进入史语所工作,一是按照规划亲自培养。1929 年史语所迁到北平后,傅斯年亲自在北大史学系授课以传授他的学术理念和治学方法,为史语所培养和选拔优秀的后备人才。更为重要的是,傅氏还与胡适合作,推翻了朱希祖为北大史学系制定的培养机制,着重训练学生的汉学研究能力、充实考古学知识等,培养了一批可熟练运用校勘考订、音韵训诂方法和考古学知识进行学术研究的人才。[④] 钱穆曾指出,傅斯年在北大期间"凡北大历史系毕业成绩较优者,彼必网罗以去然监督甚严"。[⑤] 正是有了北大史学系这个人才供应基地,史语所才不断地获得像劳榦、胡厚宣、全汉昇、高去寻、张政烺等这些史学研究才俊,使得史语所持续兴盛,也使中国现代文史研究在各领域渐次展开。

小　结

甲午惨败不仅震惊了中国知识阶层,也使他们不得不面对中国人该怎样认识中国文明、[⑥]怎样才能"再造文明"、使之屹立于世界文明之林这个巨大问题。从清末到民国,一方面眼睁睁地看着泱泱古国被欧美、日本全面超

① 王汎森指出,傅斯年的《历史语言研究所工作之旨趣》是"一份最具系统的蓝图",其"中心是追求客观的历史研究和训练专业的历史学家"(王汎森:《傅斯年:中国近代历史与政治中的个体生命》,生活·读书·新知三联书店 2012 年版,第 85 页)。

② 可参阅桑兵《近代学术转承:从国学到东方学——傅斯年〈历史语言研究所工作之旨趣〉解析》(《历史研究》2001 年第 3 期)等研究。

③ 《国立中央研究院历史语言研究所十七年度报告》,《国立中央研究院十七年度总报告》,中央研究院文书处 1929 年版,第 215 页。

④ 尚小明:《中研院史语所与北大史学系的学术关系》,《史学月刊》2006 年第 7 期。

⑤ 钱穆:《八十忆双亲·师友杂忆》,生活·读书·新知三联书店 2005 年版,第 161 页。

⑥ 从清末探讨中国人种来源,到民国发力研究上古史,皆是这一问题引发,李济曾说"中国新史学最大的公案就是中国文化的原始问题"(李济:《发掘龙山城子崖的理由及成绩》,《山东省立图书馆季刊》第 1 卷第 1 期,1931 年 3 月)。

越,乃至在中国文史研究领域也输给西方,一方面又在"传统"面前争议对立,整个社会呈现一种急迫和焦虑的心态。① 老问题虽经二十年而未解决,不过终于迎来新转机。经过数年的"由旧入新",现代教育培养的学术研究人员在 1920 年前后逐渐成为学术界中坚。这些长期被现代国族主义熏陶的青壮年学人,在早已存在的读书治学事关国家荣辱意识激励下,开启了新一轮的学术运动,以图认识中国,再造文明,重现国家荣光。为此,他们打破"中体西用"的束缚,在继承传统汉学遗产基础上,努力学习西方汉学的观念与方法,谋求"科学地整理国故"。这不仅为中国现代文史之学的发展提供了动力,也为中国传统经史研究向现代文史研究转变找到了可行的通道。② 这个通道就是以科学实证主义为指导,以材料的搜集审查为基础,以历史研究与现代考古学、语言学结合为路径的新汉学。一批学术观念相近的中国学人,依托北大国学门、清华国学院等研究机构,努力运用这个现代的学术研究形态进行学术研究,以期"把汉学中心夺回中国"。经过数年努力,中国文史研究停滞落后的局面有所改观,不仅一些中国学者已经被国际汉学界接受③,且国际学术界对中国学术界的看法亦开始发生改变。不幸的是,1927 年张作霖入主北京后摧残学术的行为,迫使已经取得初步成果的学人们纷纷南下,"把汉学中心夺回中国"的志业受到严重挫折。但这并不能否定借助现代考古学和语言学改造传统汉学思路之正确,更不能磨灭中国学人要通过提高学术研究水平以与西方汉学竞胜的志向,一旦学术研究客观条件具备,中辍的事业必将再度复兴。

国民政府 1928 年统一全国后,学术发展获得了新的机会,"甚欲步法国汉学之后尘,且与之角胜"的傅斯年④,创建了旨在发展"'扩充工具、扩充材料'之汉学"的史语所。⑤ 作为胡适的学生,傅斯年与胡适一样"熟悉并深受清代考证学的影响,比较能欣赏清代考证学所展现的某种与西方现代

---

① 罗志田:《国家与学术:清季民初关于"国学"的思想论争》,生活·读书·新知三联书店2003 年版,第 225 页。

② 可参阅王学典《新史学和新汉学:中国现代史学的两种形态及其起伏》(《史学月刊》2008年第 6 期)等研究。

③ 傅斯年 1929 年致信陈垣称"静庵先生驰誉海东于前,先生鹰扬河朔于后,二十年来,承先启后,负荷世业,俾异国学者莫我敢轻,后生之世得其承受,为幸何极"[《傅斯年致陈垣信》(1929 年),陈智超编注:《陈垣来往书信集》(增订本),生活·读书·新知三联书店2010 年版,第 407 页]。

④ 顾潮编著:《顾颉刚年谱》(增订本),中华书局 2011 年版,第 171 页。

⑤ 傅斯年:《致胡适》(1933 年 6 月 30 日),欧阳哲生主编:《傅斯年全集》第 7 卷,湖南教育出版社 2003 年版,第 121 页。

学术能够接榫的重证据、推论严谨的'科学'精神,所以相当自然地以'新汉学'为津梁去接引现代西方学术"。① 其实,史语所承接的不仅仅是新汉学这个学术研究形态,还有"把汉学中心夺回中国"的学术志向、研究人员及前一时期实践的经验教训。在此基础上,经过傅斯年不惧"构闵既多,受侮不少"的努力,史语所迅速成长为旨在且有能力与西方汉学竞胜的"一个集合",②并在短时间内取得举世瞩目的成就。在具体成就外,史语所之于中国学术,还有一个更大的功绩——初步确立了中国现代文史研究的主流地位,争得了中国学者在世界汉学界的发言权。

学术研究的现代转型一般通过主客观两个方面展现。主观方面的主要体现是包括学术认识论、方法论、治学目标在内的观念意识的现代化,客观方面的主要体现是学术研究组织方式的学院化、专业化与独立化。中国人文学术研究观念意识的现代化从甲午之后就已启动,经梁启超、章太炎、王国维、胡适、顾颉刚等人的努力,虽初步完成了"化经为史",并一定程度实现了文史研究的现代化,但仍难说中国现代文史研究已经确立了主流地位。傅斯年及其领导的史语所更明确地提出学术研究是科学指导的专业精深研究,目的只在"别真伪",不在"明是非"或启蒙大众等认识,完全摆脱了传统观念束缚,又在方法论上完善发展了新汉学形态,在治学目标上强化了向西方学术看齐、与西方汉学竞胜的观念,并在短时间内取得了为西方汉学界认可之成就。史语所令人心悦诚服之成就及其迅速走向学术研究中心地位,标志着中国文史研究在主观方面基本确立了现代化。③ 在客观方面,20世纪20年代初期出现的国学和史学研究机构已在学院化、专业化和独立化方面有重要开拓④,但仍带有中国传统学术的浓重痕迹,算不上真正的专业与独立。史语所在继承此前十年中国现代文史之学学术资产的基础上,明确表示与含混不清的国学决裂,把自己打造成各方面都体现出专业独立的现

① 王汎森:《傅斯年:中国近代历史与政治中的个体生命》,生活·读书·新知三联书店2012年版,"中译本序"第5页。

② 傅斯年:《致胡适》(1933年6月30日),欧阳哲生主编:《傅斯年全集》第7卷,湖南教育出版社2003年版,第121页。

③ 劳幹在1950年认为:傅斯年及其领导的史语所,"在这整二十二年中,决定了一个中国历史学研究的新方向,奠定了一个中国历史学研究的新基础"(劳幹:《傅孟真先生与近二十年来中国历史学的发展》,《大陆杂志》第2卷第1期,1951年1月)。

④ 刘龙心:《学术与制度:学科体制与现代中国史学的建立》,新星出版社2007年版,第125—161页。

代文史研究机构,使现代学术观念有了"制度性的实践基地"。① 也就是说,史语所的成立实际上是中国文史之学数十年现代化努力的结晶,它又用举世瞩目的成就证明了现代文史研究之价值,初步实现了"把汉学中心夺回中国",使现代文史之学具备了抵抗批评之能力,最终完成了中国文史研究的初步现代化。

　　学术研究不是生物体,不需要空气,也不需要阳光雨露,却似生命体,有萌生延续的历程,亦有兴盛衰老之轨迹。在微观研究达到一定水平后,对学术发展进行适当的贯通性考察,可以呈现被微观研究遮蔽的学术脉络,有利于提升我们对学术史的认知。笔者对中国现代文史之学形成历程中的 20 世纪 20 年代进行贯通性观察,正着眼于此。

---

① 王汎森:《什么可以成为历史证据——近代中国新旧史料观点的冲突》,《中国近代思想与学术的系谱》,河北教育出版社 2001 年版,第 372 页。

第七章　胡适对中国现代文史
之学发展的影响

——从唐德刚相关言论出发的检讨

> 我们用的"文史"一个名词,可以说是泛指文化史的各个方面。我们当然不想在这个小刊物里讨论文化史的大问题。我们只想就各人平日的兴趣,提出一些范围比较狭小的问题,做一点细密的考究,寻求一些我们认为值得讨论的结论。文化是一点一滴的造成的。文化史的研究,依我们的愚见,总免不了无数细小问题的解答。高明的思想家尽可以提出各种大假设来做文化史的概括见解。但文史学者的主要工作还只是寻求无数细小问题的细密解答。文化史的写定终得倚靠这种一点一滴的努力。我们没有什么共同的历史观。但我们颇盼望我们自己能够努力做到一条方法上的共同戒律:"有几分证据,说几分话。"有五分证据,只可说五分的话,有十分证据,才可说十分的话。①

上文是胡适在 1946 年刚刚就任北京大学校长后为《大公报·文史周刊》创刊写的发刊词。在《大公报·文史周刊》创刊号上,胡适又发表了《考据学的责任与方法》一文,呼吁"我们做历史考证的人,必须学这种敬慎不苟且的精神,才配担负为千秋百世考定史实的是非真伪的大责任"。② 将此两文与 1919 年的《新思潮的意义》及 1923 年的《〈国学季刊〉发刊宣言》相较,不难看出胡适学术观念上的不变与变。不变的是对"拿证据来"的坚持,变的是已经没有了"研究问题,输入学理,整理国故,再造文明"的英雄气概。值得注意的是,《新思潮的意义》与《〈国学季刊〉发刊宣言》发表后迅速获得了知识青年与学术界的欢迎与肯定,而后两文则很快引起了进步青年和马克思主义史学家的讥讽和驳斥。翦伯赞将胡适对文史考订的提倡斥之为"史学的反动倾向",并认为青年如果长期"昏迷于废纸堆中",就会"变成没

---

① 胡适:《〈文史〉的引子》,《大公报·文史周刊》第 1 期,1946 年 10 月 16 日。
② 胡颂平编著:《胡适之先生年谱长编初稿》,(台北)联经出版事业公司 1984 年版,第 1933—1941 页。

有思想没有灵魂的废物,便会变成不辨黑白,不辨是非的呆子"。① 为什么胡适的学术观念前后变化不大,但是反响却迥然不同? 除了政治因素外,还得从胡适的学术认识及其对中国现代文史之学的影响说起。

在中国文史之学现代化历程中,出现了许多重要的学者,产生了不少有代表的研究成果,但胡适是最独特的那一位。他不仅在中国文史之学从传统向现代转变过程中产生了关键性的助推作用,同时也对中国现代文史之学确立后的继续发展产生了一些负面影响,更何况他与不同政治派别的复杂关系,使他的学术与思想总是与现实有着千丝万缕的联系,产生了超出学术范围的影响。因此,尽管研究论著盈筐累篋,②但是如何准确地"扬弃"胡适,还是一个难题,颇有"盖棺"有日、"论定"无期之势。③ 从 1917 年胡适出道至今,数千万言的"捧"与"骂"自不必提,就是以"求真"为目的之"研胡",虽然成果丰硕,④可仍有不尽如人意之处。从学术发展的视角来说,研

---

① 翦伯赞:《正在展开中之史学的反动倾向》,《文萃》第二年第 15、16 期合刊本,1947 年 1 月 22 日。

② 据吴相湘统计,仅 1979—1990 年,全国共出版相关书籍 41 部,其中本人著述 20 部,学报、期刊发表论文或回忆文章 561 篇,报纸发表文章 233 篇(吴相湘:《从胡适见溥仪风波谈到对胡适思想的批判》,胡不归等:《胡适传记三种》,安徽教育出版社 2002 年版,第 369 页)。这个统计和耿云志、闻黎明所编《现代学术史上的胡适》(生活·读书·新知三联书店 1993 年版)一书"附录"《胡适研究论著要目》可互相印证。1990 年以后有关胡适的研究更是不断涌现,据笔者不完全统计,目前胡适的仅"年谱"至少有 4 种,"传记"类著作超过 30 种,各种研究论文更是数量庞大,不下千篇。目前,大陆和台湾地区先后出版了《胡适全集》。

③ 罗志田认为围绕胡适的争议尽管还存在,但"关于胡适的许多具体的方方面面,却又已渐有论定的意味了"(罗志田:《再造文明的尝试:胡适传(1891—1929)》,中华书局 2006 年版,第 3 页)。笔者认为,学界确有一些对胡适"论定"的努力,但效果则不太令人满意。正如罗志田所言,"前些年是贬多于褒,近几年则褒多于贬"。此一现象桑兵在《横看成岭侧成峰:学术视差与胡适的学术地位》(《历史研究》2003 年第 5 期)一文中也有论及。

④ "研胡"可分为两个脉络:海外以 20 世纪七八十年代为高峰,中国大陆在 20 世纪 90 年代后持续升温。海外的主要成果有唐德刚《胡适杂忆》[(台北)传记文学出版社 1979 年版]、李敖《胡适研究》[(台北)远景出版社 1980 年版]、余英时《中国近代思想史上的胡适》[(台北)联经出版事业有限公司 1984 年版]、周明之《胡适与中国现代知识分子的选择》(芝加哥大学出版社 1984 年版)、许冠三《新史学九十年》(香港中文大学出版社 1986 年版)等。中国大陆方面,耿云志发表于《历史研究》1983 年第 4 期的《评胡适的历史学成就及其理论和方法》一文应该是大陆改革开放后较早承认胡适"成就"的重要文章,尽管文中还保留了不少政治性批判。季羡林 1988 年在《群言》第 2 期发表的《为胡适考证辩诬》和 3 月 14 日在《人民日报(海外版)》发表的《为胡适说几句话》,被认为是"一九四九年十月以来毫无顾忌地为胡适公开辩诬的第一人"(吴相湘:《从胡适见溥仪风波谈到对胡适思想的批判》,胡不归等:《胡适传记三种》,安徽教育出版社 2002 年版,第 369 页)。此后,评介、肯定胡适的论著大量出现,如耿云志、闻黎明编:《现代学术史上的胡适》,生活·读书·新知三联书店 1993 年版;陈平原:《中国现代学术之建立——以章太炎、胡适之为中心》,北京大学出版社 1998 年版等。

究胡适最主要的目的是"抽出有益的教训、拓宽中国文化学术迈出现代化的大路"①,但是在数千万言的各种论著中,真正以未来为指向的冷静反省所占比重不多,②更谈不上准确地"扬弃"。

作为"20世纪中国学术思想史上的一位中心人物"③,对胡适的言说与反思不仅仅关系着胡适一个人的荣辱褒贬,也不仅仅关系着所谓"胡适派"的地位高低,更重要的是关系着如何把握20世纪中国现代文史之学的发展及其得失。胡适离世已逾半个世纪,时空的流转和代际的兴替已给我们冷静全面地"扬弃"胡适提供了足够的客观条件。今天学术界当以理解和面向未来的态度,吸纳、融合不同视角的意见与成果,对胡适在中国现代文史之学发展过程的得失予以反思和总结,并以此为基础探讨攸关当下中国史学发展的若干重大问题。

第一节　"三大史学主流"与胡适

唐德刚在1987年提出了将"当代中国史学"划分为"中国传统史学派""中国马克思史学派""现代西方中国史学派"三大主流的观点。④ 可能是唐氏在学界以口述历史闻名,而非学术史名家之故;抑或是此文篇幅太短,阐述不够:因此这个划分在学术界的影响并不大。在笔者看来,这一以多年讲授"中国目录学"为背景的观察心得,实际上饱含了唐氏对现当代中国史学发展的总体把握与思考,的确有值得深究之处。⑤ 从时间上言,唐氏虽以20世纪80年代为基点纵论"当代中国史学",但亦可看作是他对20世纪中国史学发展的梳理与概括;从内容上言,尽管各流派之史论史著面貌各异,各唱各调,但谁也不能否认,20世纪中国史学深受传统与西方思想之影响,

---

① 胡明:《胡适批判的历史理解与文化诠释》,欧阳哲生主编:《解析胡适》,社会科学文献出版社2000年版,第69页。

② 海外有少数几位论者对胡适的不足有所反省,如唐德刚、李敖、许冠三等,但多是"只言片语",中国大陆至今也还未见到认真讨论胡适史学研究局限的论作,而过高"捧胡"的现象则早已出现。

③ 余英时:《中国近代思想史上的胡适》,《重寻胡适历程:胡适生平与思想再认识》,广西师范大学出版社2004年版,第161页。

④ 唐德刚:《当代中国史学的三大主流——在中国留学生历史学会成立会上的讲辞原稿》,《史学与红学》,广西师范大学出版社2006年版,第1页。

⑤ 王尔敏指出,他对"唐先生的论断",是"倾服接受"的,"降服"于唐德刚对"马列科学派史家"分析之"卓识"。他还表示,虽然他"绝对不用流派去讨论当代中国史学",也"全不同意"唐德刚对"现代西方中国史学派"的划分,但他仍"佩服唐氏的圆熟识见"(王尔敏:《当代学者追求史学理论之芜滥》,《清史研究》2003年第4期)。

所谓西方思想又分"马克思主义"和"非马克思主义"两种取向；从史学形态的演变而言，中国传统史学、马克思主义史学和以欧美"中国学"为导向的史学，确实各有源流、各成系统。

但是检视唐德刚这个"三大史学主流"的论述，就会发现一个重要且无法回避的问题：胡适及胡适所代表的学术形态，身处三大主流中的哪一个？毋庸置疑，胡适显然不能归入"中国马克思史学派"；从他对于考据的热爱及对于西方汉学追求甚为热烈的行为来说，将其置于"现代西方中国史学派"中似乎不妥。因唐氏已言明这一派是超越西方"汉学"之后的史学，即西方汉学逐渐现代化和社会科学化的产物。① 唐德刚后来又说"曾把研究中国史的当代史学分成四派（传统、马列、社会科学派、综合派）"，而且"社会科学派"的特点是"社会科学的处理"。②

那么，我们是否可以理解为唐德刚将胡适归入了"中国传统史学"这一派？由于他并未明言胡适身归何处，我们还需从字里行间细细思量。唐德刚将 20 世纪中国史学划分成"三大主流"主要依据三个方面：第一是从"方法学"着眼，各派"搞的是相同的'史实'，但是对'记录'历史和'解释'历史的'方法'，却各异其趣"。③ 第二是治史态度，如唐氏指出"方法和态度不弄清楚，谈胡适是不能开口的"。④ 第三是治史的精神和目的。具体来说，中国传统史学典范内的学人之治学方法主要是笺注、校勘和考证；治学态度是注重传统（尊古），在治学精神上甚至"完全接受传统儒教的'意蒂牢结'"，治学目的是"为'五经'作注"，⑤或"鉴于往事，资于治道"。

从此三点来看，将胡适纳入中国传统史学典范，妥与不妥兼有。从他运用的方法主要来自传统这一点来说，尚可视为妥当：正如唐德刚自己所言"深植于传统之内的老辈学人（包括胡适之先生），是摆脱不掉传统的"，他进一步指出"传统史学的收山大师们的传世巨著之内"，不是"没有西方史学和现代史学的'法则'和'观点'，只是他们著作内的'现代法则'和'现代

①　唐德刚：《当代中国史学的三大主流——在中国留学生历史学会成立会上的讲辞原稿》，《史学与红学》，广西师范大学出版社 2006 年版，第 7—8 页。

②　唐德刚：《小说和历史——1988 年 6 月 7 日在台北耕莘文教院讲稿》，《史学与红学》，广西师范大学出版社 2006 年版，第 33—39 页。

③　唐德刚：《小说和历史——1988 年 6 月 7 日在台北耕莘文教院讲稿》，《史学与红学》，广西师范大学出版社 2006 年版，第 33 页。

④　唐德刚：《胡适时代，卷土重来——胡适先生逝世二十五周年纪念演讲会讲稿之一》，《书缘与人缘》，广西师范大学出版社 2006 年版，第 5 页。

⑤　唐德刚：《当代中国史学的三大主流——在中国留学生历史学会成立会上的讲辞原稿》，《史学与红学》，广西师范大学出版社 2006 年版，第 3 页。

观点'却为他们的'传统光芒'所掩盖"了,使读者"感到两者之间的分量不成比例"。① 从治学态度和精神上说,又似有不妥:胡适在史学上的态度是"采西方之长,补中国之短",尤其是引入"实验主义"和"历史进化的观念","便是替我们的学术思想从卖身投靠的'官轿学术'中解放出来,是一种文化上的'劈锁开枷'";②胡适不仅清楚地意识到要不分"经学""子学"把"各家思想,一视同仁",把"儒家以外的,甚至反儒非儒的思想家,如墨子,和孔子并列";③而且认为"整理国故"应该有"疑古的态度",要"宁可疑而错,不可信而错";④从胡适本人的自我认可来说,他自认搞的是"科学方法",也不承认"古文家"帽子。

综上可知,唐德刚的"三大史学主流"至少在涵括胡适及其弟子顾颉刚、傅斯年等史家的时候遇到了难以处理的问题,以至于胡适等人难觅安身之处。⑤ 但这并不意味着唐德刚梳理 20 世纪中国史学的尝试毫无价值。笔者认为,唐氏划分"三大主流"的思路和依据正为后来者进一步梳理 20世纪中国史学提供了一个不错的基础。从"方法论""治史态度""治史的精神和目的"三个依据出发,20 世纪中国史学似可重新划分为三大形态,一是"中国传统史学",二是"新汉学",三是"新史学"。以"流派"进行学术发展梳理,让人有"门户"之感,而以"形态"进行学术发展梳理,更能突出学术本身的因素。

唐德刚将中国传统史学的特征概括为"为'五经'作注""'人治'史学""社会科学发展之前或早期发展的产品""以通史为主的泛论史学,除小考据外,不注重专题研究"。⑥ 唐德刚所构建的 20 世纪"中国传统史学"系谱

---

① 唐德刚:《当代中国史学的三大主流——在中国留学生历史学会成立会上的讲辞原稿》,《史学与红学》,广西师范大学出版社 2006 年版,第 3 页。

② 唐德刚:《胡学前瞻——〈胡适密藏书信选〉再版序》,《书缘与人缘》,广西师范大学出版社 2006 年版,第 14—20 页。

③ 唐德刚译注:《胡适口述自传》,广西师范大学出版社 2005 年版,第 207 页。

④ 胡适:《研究国故的方法》,欧阳哲生编:《胡适文集》第 12 卷,北京大学出版社 1998 年版,第 92 页。

⑤ 王尔敏对唐德刚的"现代西方中国史学派"之概括也提出了质疑。因为他认为"置五色迷离各形各色的学者于一炉,集假洋鬼子真土包子于一堂,大家各自高傲自视,谁能认同他人是自己一派"? 他认为"海外史家"是不可以看作"一个一致的史学流派"的,强拉成一派,反倒是对"海外的高洁之士"的"大不敬"(王尔敏:《当代学者追求历史理论之芜滥》,《清史研究》2003 年第 4 期)。

⑥ 唐德刚:《当代中国史学的三大主流——在中国留学生历史学会成立会上的讲辞原稿》,《史学与红学》,广西师范大学出版社 2006 年版,第 3 页。

是章太炎、罗振玉、王国维、柳诒徵、钱穆、缪凤林等人。① 唐氏的这个概括
和构建应该说是比较合理的,但尚需一些补充、细化。一代人有一代人之历
史,一代人有一代人之学术,而且学术也不会随着政治更迭即刻发生突变,
所以中国传统史学在清末民初依然在延续生存。清末民初的中国传统史学
大体可分为著史和考史两个系统,"著史"源自"正史"传统,扩及志书,其精
神与目的在于"鉴于往事,资于治道","新史学运动"矛头所对准之"旧
史",正是此一系统。虽经"新史学运动"的颠覆,但是由于"鉴于往事,资于
治道"这种无法替代的功能,传统史学之"著史"在民国时期依然成果丰硕,
如《清史稿》《新元史》《清儒学案》等,以及自清末始不断涌现的地方志等,
在民国学界颇有影响的柳诒徵、钱穆、缪凤林等大都可被此一系统涵盖。
"考史"源自经学,其精神与目的在于"为'五经'作注",虽受道咸新学冲
击,但辛亥以后出身旧学之人因"怅怅无所归"而又以"亭林、东原、竹汀"为
正鹄,②一时名家鹊起,如沈曾植、缪荃孙、章太炎、王先谦、叶德辉、张尔田、
罗振玉、王国维等。章太炎的思想虽比沈、缪等人趋新,不过他因"应用正
统派之研究法,而廓大其内容延辟其新径",仍被梁启超视为"清学正统派
的殿军",③可见将其置于中国传统史学形态内亦符合实情。至于罗振玉、王
国维等学者,虽然将考史扩及出土文献,且在方法和形式上有所突破,但其方
法、精神与目的的主要方面,以及自我认同,仍和中国传统史学,尤其是乾嘉
汉学基本契合,将其归入中国传统史学之末流中,也无明显不妥。④

---

① 唐德刚:《当代中国史学的三大主流——在中国留学生历史学会成立会上的讲辞原稿》,
《史学与红学》,广西师范大学出版社 2006 年版,第 2—3 页。唐德刚在《论中国大陆落后
问题的秦汉根源——1987 年在西安"周秦汉唐史学研讨会"宣读之论文》中指出,中国传
统史学的代表是"从往古的左丘明、司马迁到今日在台湾的钱穆教授"(唐德刚:《史学与
红学》,广西师范大学出版社 2006 年版,第 59 页)。

② 王国维:《沈乙庵先生七十寿序》,谢维扬、房鑫亮主编:《王国维全集》第 8 卷,浙江教育出
版社 2010 年版,第 618—620 页。

③ 梁启超:《清代学术概论》,上海古籍出版社 1998 年版,第 95 页。

④ 笔者认为,王国维被誉为"新史学的开山"主要源自郭沫若的论述,其一为郭沫若在《中国
古代社会研究》"自序"中指出王国维的学术"虽然穿着的是一件旧式的花衣补衲,然而所包
含的却是近代的内容",并认为"他知识的产品,那好像一座崔巍的楼阁,在几千年来的旧
学的城垒上,粲然放出了一段异样的光辉"(郭沫若:《中国古代社会研究》,上海联合书店
1930 年版,"自序"第 3—4 页);其二为郭沫若在《鲁迅与王国维》一文中指出王国维"甲
骨文学的研究,殷周金文的研究,汉晋竹简和封泥等的研究,是划时代的工作。西北地理
和蒙古史料的研究也有些惊人的成绩",并说"就和王国维是新史学的开山一样,鲁迅是
新文艺的开山"(郭沫若:《鲁迅与王国维》,《文艺复兴》第 2 卷第 3 期,1946 年 10 月)。且
不说郭氏此种论断的主观与随意,即是郭氏自己在《鲁迅与王国维》一文中就明确指出了
"大抵两位先生在整理国故上,除运用科学方法之外,都同样继承了乾嘉学派的遗烈"。

虽然胡适自言"我从考证学方面着手逐渐学会了校勘学和训诂学,由于长期钻研中国古代典籍,而逐渐地学会了这种治学方法……朱熹的宋学为我后来治汉学开拓了道路",①并被梁启超认为其"亦用清儒方法治学,有正统派遗风",②但他治史显然已经超越了传统儒家的"意蒂牢结"。周予同曾经指出了胡适及其"同派者"史学的特点是"集合融会中国旧有的各派学术思想的优点,而以西洋某一种的治学方法来部勒它、涂饰它",具体来说就是"继承今文学的思想体系,采用古文学的治学方法,接受宋学的怀疑精神,而使中国的史学完全脱离经学而独立"。③ 以胡适、顾颉刚、傅斯年为代表的学人矜尚"考史但不著史"的为学基准,崇尚归纳、拒绝演绎的史学方法,怀抱"为真理而求真理"的治史理念,鲜明地主张"以自然科学治史",并以探寻历史记录的真确为治史的目标。④ 由于"新汉学"继承了乾嘉汉学以还的史学研究遗产,又被胡适、傅斯年等吸收融会西方学术观念和方法的优点,所以在由旧转新的 20 世纪二三十年代如鱼得水,蔚然发展成为史学界的大宗。在范畴上,"新汉学"基本上构成了"史料考订派"的主体,"古史辨"派和史语所系统是其系谱的重要组成部分。

至于"新史学",其源在梁启超的《新史学》及由此发动的"新史学运动",其流则涵括唐德刚所谓的"中国马克思史学派"和"现代西方中国史学派",构成了"史观派"的主体。⑤ "中国马克思史学派"在"社会史论战"后崛起,并在 1949 年以后成为中国大陆史学界的主流;"现代西方中国史学派"虽然在"新史学运动"中没能发展起来,但是在"五四时代"又开始滋长,经过"社会史论战",到了 20 世纪 30 年代,就成了该学派"收获最丰盛的季节";后来虽经日本侵华战争和 1949 年以后意识形态的影响,但是在海外"中国学"研究者及港台史学家中却得到传承与发展,并在改革开放后重新被大陆史学界接受。⑥ 无论是以马克思主义唯物史观为最高指导思想的中国马克思主义史学派,还是蒋廷黻、何炳松、朱谦之等人代表的"现代西方中国史学派",他们都崇尚释史而不是考史,都反对不食人间烟火的"为学术而学术",怀抱"学以致用"的治史旨趣,都倡导并实践了"社会科学化治

①　胡适口述,唐德刚译注:《胡适口述自传》,广西师范大学出版社 2005 年版,第 129 页。
②　梁启超:《清代学术概论》,上海古籍出版社 1998 年版,第 7 页。
③　周予同:《五十年来中国之新史学》,《学林》第 4 辑,1941 年 2 月。
④　王学典:《新史学和新汉学:中国现代史学的两种形态及其起伏》,《史学月刊》2008 年第 6 期。
⑤　王学典、陈峰:《二十世纪中国历史学》,北京大学出版社 2009 年版,第 10 页。
⑥　唐德刚:《论中国大陆落后问题的秦汉根源——1987 年在西安"周秦汉唐史学研讨会"宣读之论文》,《史学与红学》,广西师范大学出版社 2006 年版,第 59—62 页。

史",都不以探寻历史记录的真确为治史的最终目标,而是以探寻历史运行之"公理公例"为治史最高追求。

　　"中国传统史学""新汉学""新史学"三个 20 世纪中国史学的主要形态,构建了一个传统与现代、中国与西方、史料与史观、史著与史考、求真与致用等多视角的"立体坐标",将各史学形态的优劣显现。借助这个坐标,我们才可以对胡适及其代表的"新汉学"史学形态对中国史学发展的贡献与局限有一个较准确的评判,并对中国史学面向未来所需的鉴戒有一个坦诚与深刻的认识。

第二节　胡适在中国现代文史之学发展中的贡献

　　唐德刚认为,如果把胡适"看成个单纯的学者","连做个《水经注》专家,他也当之有愧",但是如果从"开文化新运"这个角度来看,胡适是"'传统中国'向'现代中国'发展过程中,继往开来的一位启蒙大师",在学术思想界里"初无二人"。① 余英时也有类似的观点,他认为"以'旧学邃密'而言,胡适不但比不上章、梁、王等老辈,而且也未必能架乎同辈以至早期弟子之上","以'新知深沉'而言,他也不一定真的超过了当时许多留学生",② 但他却因为突破了"中体西用"的旧思想格局和创造了考据学的新典范等成就,成为"20 世纪中国学术思想史上的一位中心人物","始终是学术思想界的一个注意的焦点"。③

　　唐德刚和余英时这种有些自相矛盾的评价,隐约揭示了同时作用于胡适身上的两种不同评价标准,即评价学人和评价学术领袖的不同标准。一般而言,评价一个学人是否合格,甚至是否优秀,只需看他在学术领域里所取得的专业成就的高低及其学术品格的优劣;而评价一个学术领袖是否合格,标准和尺度则可能较为复杂,但是,能否为学术研究开拓新路,能否高瞻远瞩地引领学术健康发展,能否胸怀宽广地兼容并包,当是毫无疑问的重要考察角度。就胡适而言,作为一个具体的学人,其实早已"盖棺论定"了,他的功过是非,似乎主要集中在作为学术领袖这个角色上。检视 20 世纪中国史学发展轨迹,我们必须承认胡适在中国人文学术由传统向现代转换的关

　　① 唐德刚:《胡适杂忆》,广西师范大学出版社 2005 年版,第 2—3、46 页。
　　② 余英时:《〈中国哲学史大纲〉与史学革命》,《重寻胡适历程:胡适生平与思想再认识》,广西师范大学出版社 2004 年版,第 230 页。
　　③ 余英时:《中国近代思想史上的胡适》,《重寻胡适历程:胡适生平与思想再认识》,广西师范大学出版社 2004 年版,第 161 页。

节点——"五四"前后,为中国现代文史之学初步完成转型作出了显著的贡献。

第一,"在治传统经学和子学上开创新方向"。周予同在 20 世纪 40 年代就明确指出"使中国史学完全脱离经学的羁绊而独立的是胡适",认为其贡献是"不能不特书的"。① 余英时也认为胡适《中国哲学史大纲》所提供的"不是个别的观点,而是一整套关于国故整理的信仰、价值和技术系统",是一个考证学的新典范,掀起了"考证学——史学的'革命'"。② 唐德刚对于胡适的此点贡献概括得最为形象,即胡适"是在西洋文明挑战之下,在治传统经学和子学上开创新方向的第一人"。③ 胡适开创的治经学和子学之"新方向"就是在学术上彻底冲破了经学的"独尊"地位,将受意识形态控制下之传统经学和子学,成功转化为现代文史研究的对象。胡适在 1919 年不仅出版了《中国哲学史大纲》,而且发表了《实验主义》《新思潮的意义》等解放思想的文章,提出了"新思潮"的根本意义就是"评判的态度"——"重新估定一切价值"等有着巨大冲击力的观点,④完成了传统经史子集摆脱传统意识形态控制的最后一击。

胡适开创这个"新方向"的主要途径就是以"平等的眼光"这个"新观念",在中西两种文化里,"有选择的承继,有选择的吸收"。⑤ "平等的眼光"就是"把各家思想,一视同仁。我把儒家以外的,甚至反儒非儒的思想家,如墨子,与孔子并列,这在 1919 年便是一项小小的革命";⑥"有选择的继承"就是"接受经今文学、经古文学、宋学的文化遗产",而摆脱了它们的羁绊;⑦"有选择的吸收"则主要是将"教我怎样怀疑"的赫胥黎之"怀疑主义"和"叫我怎样思想"的杜威之"实验主义",⑧吸纳融合到传统文献的整理中去。

胡适这个"新方向"一是从思想格局上完全突破了"中体西用"的旧格局,将许多束缚在尊"中"贬"西"、尊"经"贬"史"暗潮中的学人解放;二是

① 周予同:《五十年来中国之新史学》,《学林》第 4 辑,1941 年 2 月。
② 余英时:《〈中国哲学史大纲〉与史学革命》,《重寻胡适历程:胡适生平与思想再认识》,广西师范大学出版社 2004 年版,第 230—232 页。
③ 唐德刚:《胡适杂忆》,广西师范大学出版社 2005 年版,第 44 页。
④ 胡适:《新思潮的意义》,《新青年》第 7 卷第 1 号,1919 年 12 月。
⑤ 唐德刚:《胡适杂忆》,广西师范大学出版社 2005 年版,第 45 页。
⑥ 胡适口述,唐德刚译注:《胡适口述自传》,广西师范大学出版社 2005 年版,第 207 页。
⑦ 周予同:《五十年来中国之新史学》,《学林》第 4 辑,1941 年 2 月。
⑧ 胡适:《介绍我自己的思想》,欧阳哲生编:《胡适文集》第 5 卷,北京大学出版社 1998 年版,第 508 页。

突破了中国传统学术的种种"禁区"与"忌讳",从"上层文化"和"通俗文化"两个方面解决了"中国传统在面临西方近代文明的挑战时应该怎样转化的问题",①并以批判的、平等的、西方化的学术研究观念、方式为这种转化寻找到可行的孔道。

第二,"唤起史学界方法自觉"。胡适对中国史学界产生的最直接影响就是通过自身的总结、实践和提倡,唤起了中国史学界的方法论自觉。梁启超发表《新史学》以后,中国史学界虽然已经意识到要写什么样的"历史",但是在具体操作方法上却进展不大,更没有提出、总结适合中国史学研究的方法论。因此,清末民初十几年间,很多人,即使如勇于探索的钱玄同等,也仍然在今、古文经学之中徘徊,而找不到促进中国传统学术研究现代化的努力方向。在此时学成回国的胡适借助"新文化运动"的传播,成功地向处于迷茫之中的中国学界展示了"科学方法"的魅力。

仅仅在 1917—1924 年间,胡适就先后发表出版了《尔汝篇》《吾我篇》《诸子不出王官论》《中国哲学史大纲》《井田辨》《〈红楼梦〉考证》《〈水浒传〉考证》等运用"科学方法"进行研究的论著,以及直接介绍"科学方法"的文章,如《实验主义》《论国故学——答毛子水》《清代汉学家的科学方法》《研究国故的方法》《〈国学季刊〉发刊宣言》《再谈谈整理国故》等。胡适对研究方法的总结概括,简单明了,非常便于理解和操作。如他在《古史讨论的读后感》中说:

> 他的方法所以总括成下列的方式。一、把每一件史事的种种传说,依先后出现的次序,排列起来。二、研究这件史事在每一个时代有什么样子的传说。三、研究这件史事的渐演进:由简单变为复杂,由陋野变为雅驯,由地方的(局部的)变为全国的,由神变为人,由神话变为史事,由寓言变为事实。四、遇可能时,解释每一次演变的原因。②

与其说胡适这是在总结概括顾颉刚的治学方法,倒不如说这是胡适在为其他青年学者指示研究路径。胡适对治学方法的介绍总结与示例对当时刚刚开始用科学的方法从事文史研究的学者产生了直接的影响。顾颉刚曾说:

---

① 余英时:《中国近代思想史上的胡适》,《重寻胡适历程:胡适生平与思想再认识》,广西师范大学出版社 2004 年版,第 169—191 页。
② 胡适:《古史讨论的读后感》,《努力周报·读书杂志》第 18 期,1924 年 2 月 22 日。

那数年中,适之先生发表的论文很多,在这些论文中他时常给我以研究历史的方法,我都能深挚地了解而承受;并使我发生一种自觉心,知道最合我的性情的学问乃是史学。九年秋间,亚东图书馆新式标点本《水浒》出版,上面有适之先生的长序:我真想不到一部小说中的著作和版本的问题会得这样的复杂,它所本的故事的来历和演变又有这许多的层次的。若不经他的考证,这件故事的变迁状况只在若有若无之间,我们便将因它的模糊而猜想其简单,哪能知道得如此清楚。自从有了这个暗示,我更回想起以前做戏迷时所受的教训,觉得用了这样的方法可以讨究的故事真不知道有多少。……若能像适之先生考《水浒》故事一般,把这些层次寻究了出来,更加以有条不紊的贯穿,看它们是怎样地变化的,岂不是一件最有趣味的工作。①

除了总结和示例,胡适还在《胡适文存·序例》等文章中强调自己对方法的提倡,提醒读者注意。受其影响,钱玄同要今文、古文一起打破;顾颉刚发明了"历史演进的方法",提出了"层累地造成古史"说;傅斯年以"演进的观点和近代古文字学、语言学成果结合,别开一治史的历史语言门径";陈垣也在他的影响下,总结校勘经验,"写成《校勘学释例》";梁启超、王国维、郭沫若、陶希圣等学者在 20 世纪 20 年代也开始重视方法论的总结。② 梁启超的《中国历史研究法》无可否认的是中国史学方法论的开创性著作,但是梁氏此书的写作可能受到胡适宣讲"方法"的刺激也是比较明显的。换句话说就是说,"五四史学"时期的梁启超之"方法自觉",多半也是胡适"唤起"的。③

①　顾颉刚:《自序》,《古史辨》第 1 册,朴社 1926 年版,第 40 页。

②　许冠三:《新史学九十年》,岳麓书社 2003 年版,第 148、187—189 页。

③　梁氏在《中国历史研究法·自序》中说《中国历史研究法》的成书是"客岁(1921 年)在天津南开大学任课外讲演,乃衰理旧业,益以新知,以与同学商榷"(梁启超:《中国历史研究法》,上海古籍出版社 1998 年版,第 2 页)。尽管梁氏语意过于含蓄,但此处的"益以新知"大概包括胡适的影响。梁氏在这一时期受到胡适影响至少有两方面可判断:(一)梁氏在 1919 年和胡适就《中国哲学史大纲》展开过深入谈论,梁氏还称赞说胡适此书在"知识论方面,到处发见石破天惊的伟论"(梁启超:《评胡适之〈中国哲学史大纲〉》,《饮冰室合集》文集之三十八,中华书局 1989 年影印版,第 60 页)。梁氏对胡适《中国哲学史大纲·导言》中的"方法论"不可能不了解;(二)此时期的梁启超因为"好胜"的缘故,有与胡适竞争的意识,不知不觉"总是跟人跑"(周善培:《谈梁任公》,夏晓虹编:《追忆梁启超》,中国广播电视出版社 1997 年版,第 162 页),而这一时期正是胡适宣讲自己"科学方法"的高峰时期。许冠三在《新史学九十年》中亦认为梁氏受到了胡适的影响(许冠三:《新史学九十年》,岳麓书社 2003 年版,第 187 页)。

　　当时的一些论战,如"井田辨""古史讨论""问题与主义"等论战双方,也都举起方法论的旗帜。彭明辉认为"五四史学最突出的",不在于多少史学著作,不在于解决了多少史学问题,"而是方法与方法论的革新",并指出"五四时期的史学,对中国现代史学最具意义的,应是提出方法与方法论的优先性"。①

　　第三,建立"新汉学"的典范。进入 20 世纪后,随着科举制度废除、西式教育确立和赖以依托的儒学意识形态的分崩离析,使传衍千年的经学走到了生死路口。在西方学术典范的挑战下,清代经学所依赖的治学典范——考证学,也同时不可躲避地"碰到了'革命性'的变化",面临着"技术崩溃"的险境。② 安身立命于中国传统学术的学人在此情况下分化为两类,一部分困守经史之学至生命终结,如沈曾植等;另一部分则不自觉地寻找经学的转化道路,如"国粹学派"。今文经学出身的梁启超、夏曾佑等都主动向现代史学转化,古文经学出身的章太炎、刘师培也从经学转向"新史学""国粹学",自觉地破除经学"意识形态"的盲目和狭隘。但是,梁、章等人这些努力只能说是推动传统学术向现代学术转化迈出的第一步,真正完成这个转化的,是建立"新汉学"典范的胡适。③

　　在"新史学"尚未进占学术研究中心位置就已停滞、在"国粹学派"还未进入民国就各奔东西后的中国学术界,急需要有人来完成中国传统学术向现代学术转化的时代使命。就在此时,"从考证学传统中出身"又有"丰富的西学常识和明锐判断力"的胡适脱颖而出,引入了以"重新评定一切价值""平等的眼光"为核心的现代学术理念,取得了以"大胆假设、小心求证""拿证据来"为核心的方法论突破,更建立了让新旧学人都可以接受、借鉴、操作的"一整套关于国故整理的信仰、价值和技术系统"——"新汉学"典范。④ 也正因为此,虽然胡适具体的史学成果不多,却得以在学术界比肩章太炎、梁启超、王国维等前辈学人。

　　新汉学实质上是乾嘉汉学借助西方的科学方法和观念成功地实现"现代化"后新的"文籍考订学",它具备以下特点:矜尚考史但不著史的为学基

①　彭明辉:《五四史学的方法与方法论意识》,康乐、彭明辉主编:《史学方法与历史解释》,中国大百科全书出版社 2005 年版,第 230—231 页。

②　余英时:《〈中国哲学史大纲〉与史学革命》,《重寻胡适历程:胡适生平与思想再认识》,广西师范大学出版社 2004 年版,第 226—227 页。

③　周予同:《五十年来中国之新史学》,《学林》第 4 辑,1941 年 2 月。

④　余英时:《〈中国哲学史大纲〉与史学革命》,《重寻胡适历程:胡适生平与思想再认识》,广西师范大学出版社 2004 年版,第 230—231 页。

准;怀抱"为真理而求真理"的治史理念;奉行以小见大、小题大做的作业方式;擅用穷源毕流、竭泽而渔的"清儒家法";推崇"以事实决事实,决不用后世理论决事实"的致知门径;①崇尚归纳、排斥演绎,提倡"以自然科学治史"的方法取向。虽然它是"西学"在中国学术中产生质变影响的标志,突破了旧汉学"文本考据"的局限,形成了对中国史学材料的系统整理与研究,但是它努力的重心一直囿于"古籍整理"和"史料考订",所以在本质上仍然在考据学的范畴。②

平心而论,这种典范最大化地承接了中国传统学术,尤其是经学的遗产,也与现代学术对材料的批判审查铆合,最终帮助中国传统学术实现了现代化的转化。如果以欧美史学发展轨迹为参照的话,"新汉学"典范在中国的历史功绩,如同兰克史学、实证主义史学在欧美的历史功绩一样,就是将传统学术从"神学"转化到了现代史学,并为现代史学奠定了一个可以继续发展的基础,尤其是史料基础。从此意义上而言,涵盖在"新汉学"典范内的顾颉刚之"疑古派"、傅斯年之"史语所系统",以及陈垣等学人在20世纪二三十年代所开展的研究,都对其发展具有十分重要的贡献。但是,学术典范在一定时期的"合理性",并不意味着它的扩张垄断永远是合理的。"新汉学"典范主要解决的只是中国传统学术向现代学术转化的问题和现代史学发展所需要的基础——史料,它不能解决已经踏上现代化的中国学术进一步发展的新问题,特别是历史解释问题。当中国现代史学要求进一步发展的时候,胡适等人学术认识论上的局限就逐渐地体现出来了。

第三节　胡适学术认识论的局限及其影响

1934年6月,蒋廷黻借助介绍清华历史系概况的机会,指出"西洋的史家现在都到了 Post-Baconian(按:后培根)和 Post-Darwinian(按:后达尔文)的时期"了,而"中国史家除了少数伟人具了培根治学的精神以外,不但是Pre-Darwinian(按:前达尔文)而且还是 Pre-Baconian"(按:前培根),具体来说就是"在史学方法的分析方面——如考据校勘等等——我们的史家确有能与西洋史家比拟的人;但在史学方法的综合方面,我们的史学简直是幼稚极了"。中国的史家"以治某书为始,也以治某书为终。结果我们有某书的

---

①　王学典:《20世纪史学进程中的"乾嘉范式"》,《20世纪中国史学评论》,山东人民出版社2002年版,第30页。

②　王学典:《新史学和新汉学:中国现代史学的两种形态及其起伏》,《史学月刊》2008年第6期。

注疏考证,而没有一个时代或一个方面的历史;我们有某书的专家,而没有某一时代或生活的某一个方面的专家"。蒋廷黻已清楚地认识到,"治书仅是工具学",若止步于此,工具再精细也难以完成历史学"最后的目的是求了解文化的演变"这个最高目标。所以他认为清华历史系在课程设置上不仅要"兼重西史和社会科学",而且"设立的课程概以一时代或一方面为其研究对象",最终促使"我国的史学有进一步的演化"。①

追求"科学态度的、国际视野的和现代化目标的史学"之蒋廷黻,②身处20世纪30年代繁荣的"新汉学"中心北平,看到的却是中西史学的差距和中国史学发展中的巨大问题。若探讨这种差距、问题及其扩大之根源,便不得不追溯到"新汉学"这个典范的创立者——胡适——在学术认识上的局限。作为20世纪二三十年代中国文史学界的领袖,胡适学术思想中的局限不仅影响了自身学术成就的取得,也因特殊的地位影响了学科的发展。概括来说,胡适及其代表的"新汉学"在学术认识上的局限主要有三项:

第一,回避甚至蔑视对历史本身的探讨。与"新史学"从一开始就指向历史本身不同,"新汉学"从一开始就以材料审查为重心,这可以视为源远流长的"文籍考订学"之延续。③ 在胡适领导下的文史学界有一个很不协调的现象,即在方法、认识上不断取得进展的同时,对历史本身的探讨却停留在一个较低的水平上。在"整理国故"和"疑古运动"中,胡适、顾颉刚等人实际上是搁置了对历史本身的探讨,加强了对认识方法的强调,如"故事的眼光""惟求流变,不立一真""层累地造成中国古史"等这些命题无不是如此。④

胡适在留学以前,早已从《论衡》、宋学和清代考据学中吸收了批评的态度、"学则须疑"的精神和"证据"观念,形成了自己的学术观点和思想倾向。⑤ 留学美国后,"归纳的理论""历史的眼光""进化的观念"被胡适看作

---

① 蒋廷黻:《历史学系概况》,清华大学校史研究室编:《清华大学史料选编》第2卷,清华大学出版社1991年版,第336—338页。

② 蔡乐苏:《蒋廷黻与清华大学历史学系课程新模式的建立》,《北京社会科学》2004年第4期。

③ 王学典:《新史学和新汉学:中国现代史学的两种形态及其起伏》,《史学月刊》2008年第6期。

④ 参阅彭国良《顾颉刚史学思想的认识论解析》(山东大学文史哲研究院博士学位论文,2007年)等研究。

⑤ 余英时:《中国近代思想史上的胡适》,《重寻胡适历程:胡适生平与思想再认识》,广西师范大学出版社2004年版,第193页。

是中国文史之学可以起死回生的"神丹";对于"泰西之考据学"更青眼有加,①《大英百科全书》中的"版本学"、乌瑞德教授关于史料的"高级批判学"等,都使他"大感兴趣"。② 踏上学术道路以后,胡适也刻意避开了对历史本身的讨论。在"井田辨"里,胡适用"历史演进的方法"将有关井田的文献记录,排列出一个井田论的演进史,显示出了方法论上的成熟。但是,这种排列,只是史料的审定和考辨,"充其量只是抓紧有关材料由含混而明确的演变,俏皮地回避或取消了井田制有无的问题"。③ 实质上,"井田制"的有无,不仅是一个社会制度研究上的大问题,更是一个关系如何看待当时中国社会的问题。胡适回避历史本身探讨的类似例子还有郭沫若追问春秋战国是什么社会,梁漱溟追问中国社会到底是什么社会、封建制度或封建势力还存在不存在等。对于这些关系中国历史本身的问题,胡适一生都"避不作答"。④ 唐德刚指出,胡适"精密的方法""可以发前人所未发,把古书里的'言'字、'汝'字、'尔'字……分析得头头是道"。但是如果碰到"郡"字、"县"字、"礼"、"井田"等这些与制度史、社会史有关的问题,"他那套'方法'便不够用了","训诂学"就"训"不出什么了。⑤ 纵览胡适所有的史学研究成果,我们不能不感到唐德刚的这个论断是非常有见地的。

　　唐德刚认为"适之先生在史学上的弱点便是他老人家'因噎废食',过分看重'方法学'而忽视了用这'方法'来研究的'学'的本身"。换句话说,"拿证据来"本身最多只是一种"古事研究学"或"考证学",是"方法学"的一部分而不是"历史学"的本身。⑥ 吕实强也曾指出,胡适研究历史,"不论在方法上与实际工作方面,都是注重历史的求真,求真则不能不要求足够的证据。但求真以后,还有什么,这方面所做不多"。⑦ 汪荣祖认为胡适治史以"方法"为"主宰",导致"历史"本身形同"仆从",故"以严格的标准绳之,

---

① 胡适:《今日吾国急需之三术》,曹伯言整理:《胡适日记全编》第1册,安徽教育出版社2001年版,第222—223页。

② 胡适口述,唐德刚译注:《胡适口述自传》,广西师范大学出版社2005年版,第128—131页。

③ 许冠三:《新史学九十年》,岳麓书社2003年版,第181页。

④ 唐德刚:《胡适杂忆》,广西师范大学出版社2005年版,第115页。

⑤ 胡适口述,唐德刚译注:《胡适口述自传》,广西师范大学出版社2005年版,第136、220页。严耕望也认为,胡适在解释神会发动宗教革命以南宗代替北宗时,由于不能使用经济学、社会学的知识,因此不能解释得透彻。严氏虽然是以考证为主,但也"赞同运用各种社会社会科学方法与理论作为治史工作的辅助"(严耕望:《怎样学历史:严耕望的治史三书》,辽宁教育出版社2006年版,第13、163页)。

⑥ 唐德刚:《胡适杂忆》,广西师范大学出版社2005年版,第108页。

⑦ 吕实强:《胡适的史学》,耿云志编:《胡适评传》,上海古籍出版社1999年版,第475页。

胡适不宜被称为历史学家"。① 其实,这种缺陷是民国学术界崇尚史料考订的学人们所共有的问题。他们受"科学崇拜"情结的支配,迷信归纳,拒绝演绎,把需要借助演绎法和社会科学理论来进行的对历史本身的建构和解释转化为以归纳法可以解决的史实的审定和文献的考辨。他们没有意识到,史学的最高价值是对历史本身的研究,对文献的清理和辩证,最终是为了捕捉隐蔽在文献背后的事实和历史文化信息,对人类的过去和现在作出贯通性解释,抽绎出具有普适性意义的"公理公例"。② 换句话说,他们追求的是关于"天"和"人"的概念起源及其演变这些确定不移的知识,而不是关于"天人之际"的解释。所以,无论胡适等人考据功夫如何精深,训诂如何谨严,校勘如何得心应手,但是他们只能在历史的"记录"上转圈,而不能通解历史现象、触及历史本身,并使历史学紧密融入到现代史学潮流中去。③ 如此来看,胡适对史学的认识,在某些方面尚未达到司马迁的高度,以至于很多出身传统史学的学者,如柳诒徵、钱穆等对其批评不断,如钱穆就讥其"缺乏系统,无意义,乃纯为一种书本文字之学,与当身现实无预"。④

　　第二,错估现代史学发展大势。⑤ 从宏观学术史来看,"十九、二十世纪之交,法国的、比利时的、美国的、斯堪的纳维亚的,甚至于德国的历史学家就已经开始批判兰克式的范型,并在召唤着一种能解说各种社会经济因素

---

① 汪荣祖:《史家陈寅恪传》,北京大学出版社 2005 年版,第 240—241 页。
② 王学典:《新史学和新汉学:中国现代史学的两种形态及其起伏》,《史学月刊》2008 年第6 期。
③ 吕实强认为胡适"并非不解释历史,不重建历史",并认为胡适的"那些专史""对禅宗的考证"都是"在重建历史",对孔子、对儒家思想"是在解释历史"。吕实强进一步认为胡适"只不过他因为严守着求真求实的标准,对于资料尚不够充分,真相尚无法判断之前,不愿做贸然与粗阔的建构与论断罢了"(吕实强:《胡适的史学》,耿云志编:《胡适评传》,上海古籍出版社 1999 年版,第 476 页)。吕氏此说亦不是一点道理没有,胡适曾经在不同时期出现过解释历史的萌芽,可是既未能自己坚持不退缩,也未能引领学界前行。解释历史、重建历史是任何时代历史学家都无法逃避的天职,过去、现在以及未来都不可能有历史学家能够在资料完全充分、真相全部判断之后来解释历史、重建历史。作为学界领袖的胡适,应该拿出勇气、集合历史学界的智慧和力量来应对这种困难和挑战,而不是逃避。正如唐德刚所言:"胡适的正当工作,应该是在新兴的社会科学的光芒照耀之下,把三千年中国的历史经验作一总结,从而抽出一条新的东方法则来,以成一家之言"(唐德刚:《胡适杂忆》,广西师范大学出版社 2005 年版,第 27 页)。
④ 钱穆:《国史大纲》(修订本),商务印书馆 1996 年版,"引论"第 3 页。
⑤ 潮流有时候可能并不是正确的,反而是一种流俗。但是就 19—20 世纪世界现代史学发展来说,世界史学发展的大势基本是朝着开拓史学领域、更新历史观念、提升历史认识水平的方向发展的,是历史学人努力的正确方向。

的历史学了"。① 到了20世纪二三十年代,历史学已经开始了由实证的传统史学向概念化和理论化的新史学转移的深刻变化,"每个历史学家所应该解决的主要问题是揭示社会状况中的关键性变化"这一观念正被越来越多的史家接受,史学研究的重心开始从弄清"事实是怎样发生的"向揭示"事实是为何如此"转变,以帮助人们了解现在预测未来,而最主要的新领域是社会史和经济史。② 正如唐德刚所说,"现代史学近百年来一马当先的正是'社会经济史'这一派",③就连胡适在美国求学时的老师毕尔、罗宾逊等学者在此时都已经开始了社会经济史的探索。

没有像胡适那样受到西方现代史学教育的郭沫若在1929年就指出他的"批判"有别于胡适的"整理",因为:

> "整理"的究极目标是在"实事求是",我们的批判精神是要在"实事之中求其所以是";"整理"的方法所能做到的是"知其然",我们的"批判"精神是要"知其所以然";"整理"自是"批判"过程所必经的一步,然而它不能成为我们所应该局限的一步。④

可以说,唯物史观派史学在这一时期的勃兴,既填补了近三百年清代学术"食货之学"的空白,又顺应了国际史学的发展潮流。⑤ 比胡适受到更系统的西方史学教育的蒋廷黻也看到世界史学发展正在从实证史学向以综合性阐释为中心的新史学转变,而中国史学却自我局限在考证校勘上裹足不前,乃决定从历史学"最后的目的是了解文化的演变"这一最高目标出发把清华历史系办成"重综合、重分析、重对历史的整体把握,迥然有别于传统

---

① ［美］伊格尔斯:《二十世纪的历史学——从科学的客观性到后现代的挑战》,何兆武译,辽宁教育出版社2003年版,第6页。
② 何兆武、陈启能主编:《当代西方史学理论》,上海社会科学院出版社2003年版,第17—23页。
③ 唐德刚:《胡适杂忆》,广西师范大学出版社2005年版,第109页。稍晚于胡适的华人史学家不仅唐德刚持此种观点,喜爱考据的杨联陞也认为"社会经济史是今日史学的主流"(唐德刚:《胡适杂忆》,广西师范大学出版社2005年版,第114页);何炳棣从20世纪50年代就"极力企图打出'汉学'的藩篱,跳进社会科学的川流"(何炳棣:《读史阅世六十年》,广西师范大学出版社2005年版,第300页);余英时认为"社会经济史学之兴起正反映了我们这个时代的问题之所在"(余英时:《中国史学的现阶段:反省与展望》,《文史传统与文化重建》,生活·读书·新知三联书店2004年版,第366页)。
④ 郭沫若:《中国古代社会研究》,上海联合书店1930年版,"自序"第2—3页。
⑤ 王学典:《唯物史观派史学的学术重塑》,《历史研究》2007年第1期。

的史料派"的新史学重镇。① 但是,具有"考据癖"的胡适却对于世界史学的发展变化认识不足,对郭沫若、蒋廷黻等人的反思"无动于衷",仍然长期固执地将西方汉学视为史学发展的主流,视为中国史学界应努力的基本方向。

在"社会史论战"激烈展开的 1928 年底,胡适"在这大潮流鼓荡中,竟自没感受影响;于对方立论的根据由来,依然没有什么认识与注意",②不但没有对史学界求新求变的积极努力予以鼓励和引导,而且冷嘲热讽,认为"那些号称有主张的革命者,喊来喊去,也只是抓住几个抽象名词在那里变戏法",这些社会史论战的"著作言论",也不能为"我们走哪条路"寻找"一个明了清楚的指示",并以"捉妖的道士"来比喻"社会史论战"对于中国社会所作的探讨。③ 在 1931 年重返北京大学之后,胡适决心改革北大,"以带动全国大学的现代化",然而努力的目标却只是要将"汉学"中心从巴黎或京都转移到北京。④ 他的"个人野心的主要目标",是"把汉学研究的范围扩大"。⑤ 这一时期,胡适、傅斯年等人正致力于"科学的史学"之建设,希图缩小中国学术与世界学术的差距。但是实际效果则可能未能如他们所愿,数十年后,已经在世界史学界中占据一定地位的余英时遗憾地指出:

> 近代中国的史学,从清代训诂考证的基础上出发,一度凑泊而汇入兰克历史主义的末流,真是一个值得惋惜的发展。……近代中国一部分史学家竟把兰克的史学方法论和他的史学理论的中心部分割裂了,其结果是把史学研究推到兰克本人所反对的"事实主义"的狭路上去,以章学诚所谓的"史纂"、"史考"代替了史学。⑥

实事求是地说,用现代科学方法对史料进行考订辨析是任何史学形态都必须进行的工作,但是任何健康的史学形态也不能仅仅局限于此。在胡适等人的"领导"下,民国的学院派史学长期局限于"史料考订",轻视社会

---

① 蔡登山:《蒋廷黻的婚姻悲剧》,王兆成主编:《历史学家茶座》总第 14 辑,山东人民出版社 2008 年版,第 52 页。

② 梁漱溟:《敬以请教胡适之先生》,《村治》第 1 卷第 2 期,1930 年 6 月。

③ 胡适:《我们走那条路?》,《新月》第 2 卷第 10 号,1929 年 10 月。

④ 余英时:《从〈日记〉看胡适的一生》,《重寻胡适历程:胡适生平与思想再认识》,广西师范大学出版社 2004 年版,第 33 页。

⑤ 胡适口述,唐德刚译注:《胡适口述自传》,广西师范大学出版社 2005 年版,第 243 页。

⑥ 余英时:《历史与思想》,(台北)联经出版事业股份有限公司 1976 年版,"自序"第 9—13 页。

科学方法,疏于史事重建。不仅史学研究被深刻影响,连历史教学也被改弦更张。北大史学系课程一改朱希祖制定的"社会科学化"倾向,将"借教员的指导取得一种应付史料的严整方法"定为宗旨。① 就连"食货派"的领袖陶希圣在北大也"颇受校中当权派胡适那一伙的歧视",②被"挤得靠边站,薪金上也打了大折扣"。③

胡适对新兴的社会经济史学除了轻视和抹杀的面孔之外,也有"关注"和"反思"的一面。在"问题与主义"论战中,胡适曾说,"唯物的历史观,指出物质文明与经济组织在人类进化社会史上的重要,在史学上开一个新纪元,替社会学开无数门径,替政治学开许多出路"。④ 在 20 世纪 20 年代末,胡适还一度有意"亲近""社会经济史学"。据李璜回忆说,1929 年胡适邀请他将"Durkheim 的社会学方法论用于古史这方面的成绩拿出来让大家知道","对研究中国古史的学人给予他们一个社会学的新观点",乃将李璜的相关文章在《新月》上发表了好几篇。⑤ 在中国公学校长任内,胡适还将史学与社会学系合并成为史学社会学系,"以顺应最近史学界之趋势"。⑥ 不过令人遗憾的是,胡适回到北京后,又开始大力提倡文史考订了,这里面的因缘何在,从胡适在 1960 年对何炳棣所讲的一段话可大约看出一些端倪:

> 炳棣,我多年来也有对你不起的地方。你记得你曾对我说过好几次,傅孟真办史语所,不但承继了清代朴学的传统,并且把欧洲的语言、哲学、心理,甚至比较宗教等工具都向所里输入了;但是他却未曾注意到西洋史学观点、选题、综合方法和社会科学工具的重要。你每次说,我每次把你搪塞住。总是说这事谈何容易……今天我非要向你讲实话不可:你必须了解,我在康奈尔头两年是念农科的,后两年才改文科,在

---

① 蒋梦麟:《北京大学史学系课程指导书》(1931 年),王应宪编校:《现代大学史学系概览1912—1949》上册,上海古籍出版社 2016 年版,第 55 页。

② 唐德刚:《"高陶事件"始末·序》,陶恒生:《"高陶事件"始末》,湖北人民出版社 2003 年版,第 15 页。

③ 唐德刚:《胡适杂忆》,广西师范大学出版社 2005 年版,第 114 页。

④ 胡适:《四论问题与主义——论输入学理的方法》,《每周评论》第 37 号,1919 年 8 月31 日。

⑤ 李璜:《敬悼胡适之先生》,欧阳哲生主编:《追忆胡适》,社会科学文献出版社 2000 年版,第 387 页。查《新月》知,第 2 卷 8 号(1929 年 10 月 10 日)有"幼春"译的《法国支那学者格拉勒的治学方法》一文、第 2 卷 9 号(1929 年 11 月 10 日)有"幼椿"译的《法国支那学小史》一文。

⑥ 《中国公学史学社会学系(1929)》,王应宪编校:《现代大学史学系概览(1912—1949)》下册,上海古籍出版社 2016 年版,第 590 页。

哥大研究院念哲学也不过只有两年;我根本就不懂多少西洋史和社会科学,我自己都做不到的事,怎能要求史语所做到?①

　　胡适鼓着巨大勇气说出的这段话告诉我们,对于"社会科学治史",胡适是因为自己"不懂",才不敢提倡。第二次世界大战以后,社会经济史已经成为欧美史学界的主流,胡适尽管已经和西方学术"脱了节",但是他不会感受不到这种学术变动的大潮,也不可能对自己专重"史料考订"的史学不有所反思。②应无疑问,正是胡适的反思使他感到"对不起"一再向他这个学术领袖建言以"社会科学治史"的何炳棣,使极自负的他拿出莫大的勇气,向一个晚辈当面表达自己的歉意和苦衷。可惜,胡适最终未能拿出更大的勇气,战胜"自我限制"和"盛名之累",在他有生之年将这些反思亲自公诸学界,以纠正文史学风,③以致被晚辈李敖痛批其以"唱重头戏的地位,四十年来,竟把文史学风带到这种迂腐不堪的境地"。④

　　唐德刚认为"晚年的胡适之在学术上实在没有享受到他应有的'自由',这便是他在盛名之下,自我限制的结果"。⑤"盛名之累"极有可能是胡适一度"亲近"社会经济史又掉头而去的原因所在。李宗仁说"适之先生,爱惜羽毛",唐德刚认为"爱惜羽毛,就必然畏首畏尾"。⑥20世纪二三十年代,前有"学衡"派"把史学狭窄化""往往徇考据而忘通义,易于流入玩物丧志之途"的批评;⑦中有朱希祖、何炳松"研究历史,应当以社会科学为基本科学"的呼声,⑧朱谦之"不谈思想,不顾将来","只把眼光放在过去的

①　何炳棣:《读史阅世六十年》,广西师范大学出版社2005年版,第321页。

②　如1960年黄兼生告诉胡适文化学在美国已形成"一个学术的新趋势",就连史学大家班思也"著文表扬"。十年前还在反对提倡文化学的胡适的反应是"默然,未加回答"(黄兼生:《怀胡适博士》,欧阳哲生选编:《追忆胡适》,社会科学文献出版社2000年版,第490页)。

③　这种"只重史料考证而不著史"的史语所学风,到20世纪六七十年代,才由许倬云等留学归来的学者起而攻之,此后台湾史学风气为之一变,渐趋合世界史学发展大势。详参阅王晴佳《台湾史学的"变"与"不变":1949—1999年》(《台大历史学报》第24期,1999年12月)一文。

④　李敖:《播种者胡适》,《胡适研究》,中国友谊出版公司2006年版,第17页。

⑤　胡适口述,唐德刚译注:《胡适口述自传》,广西师范大学出版社2005年版,第55页。

⑥　唐德刚:《胡适杂忆》,广西师范大学出版社2005年版,第15—16页。

⑦　前一观点为刘伯明所提,后一观点为张荫麟所提。张其昀:《敬悼胡适之先生》,欧阳哲生选编:《追忆胡适》,社会科学文献出版社2000年版,399页。

⑧　朱希祖:《新史学·序》,[美]鲁滨孙:《新史学》,何炳松译,广西师范大学出版社2005年版,第1页。何炳松认为"社会科学之必须应用历史研究法,吾人至此已可得一实际之结论"(何炳松:《通史新义》,广西师范大学出版社2005年版,"结语")。

圈套里面"的指责;①后有钱穆"割裂史实,为局部窄狭之追究"的不满;②更有唯物史观派"中国古代的实际情形,几曾摸着了一些儿边际"的批评与讥讽。③ 在此势成"敌我"的情况下,胡适"既然已成了特定的'胡适',他就不得不说那个'胡适'应该说的话",④以维护"盛名"而咬牙坚挺"门户"。

第三,门户之见。回观20世纪中国现代学术发展的轨迹,门户之见对中国文史之学健康发展的制约可以说很明显。也正因为门户的存在,必要的学术讨论最后往往演变成不必要的意气之争。梁启超之外,门户之见在20世纪中国学人身上都或多或少有所表现,胡适则是具有代表性的一个。虽然对于历史人物要有"不脱离历史背景"之"同情的理解",但是我们也必须承认,作为中国文史之学由传统向现代转化的领军人物,作为当时学术界的"第一人",胡适的这种门户之见不是一己之"私"事,而是影响学术发展的大事,是学术史必须反思的"公"事。

早在1916年,胡适既有"从今后,倘傍人门户,不是男儿"的誓诗;⑤但到了晚年,不仅对"学衡"派仍然耿耿于怀,而且因谓"南高征服了北大",被郭秉文批评"学术为公,再不可有门户之见";⑥李敖也批评他"脱不开乾嘉余孽的把戏,甩不开汉宋两学的对垒"。⑦ 唐德刚认为胡适对于中国传统知识分子的"畛域观念"和"门户之见",仍有较多的保留,对"安徽人""哥大""北大""这三重背景都存有极深厚的温情主义,而且老而弥笃"。⑧ 胡适的门户之见在史学领域的表现,就是以所谓"牢固的科学观"和"汉学"情结而"示人以不广"。在他的影响下,以致作为全国最高史学研究机构的史语所,只把"历史学语言学建设得和生物学地质学等同样"的学人看作是"同志",而其他的"绝对不是我们的同志"。⑨ 胡适虽然提倡治学应当"不疑处

① 朱谦之:《中国史学之阶段的发展》,《现代史学》第2卷第1/2期合刊,1934年5月。

② 钱穆:《国史大纲》(修订本),商务印书馆1996年版,"引论"第4页。

③ 郭沫若:《中国古代社会研究》,上海联合书店1930年版,"自序"第2—3页。

④ 罗志田:《再造文明的尝试:胡适传(1891—1929)》,中华书局2006年版,第151页。

⑤ 胡适:《〈沁园春〉誓诗(下)》,曹伯言整理:《胡适日记全编》第2册,安徽教育出版社2001年版,第375页。此誓诗虽然主要针对文学,实亦反映了胡适对学术"门户"之态度。胡适后来将此诗收入《尝试集》时改作"诗材料,有簇新世界,供我驱驰"。

⑥ 张其昀:《敬悼胡适之先生》,欧阳哲生选编:《追忆胡适》,社会科学文献出版社2000年版,第399页。

⑦ 李敖:《播种者胡适》,《胡适研究》,中国友谊出版公司2006年版,第18页。

⑧ 唐德刚:《胡适杂忆》,广西师范大学出版社2005年版,第3页。

⑨ 傅斯年:《历史语言研究所工作之旨趣》,《中央研究院历史语言研究所集刊》第1本第1分,1928年10月。

有疑",但是自己却"无条件地服膺杜威";①让实验主义"'牵着鼻子'走了一辈子而不能脱缰而驰"。② 胡适自言"学术的大仇敌是孤陋寡闻",但开出的唯一解决办法却是"博采参考比较的材料";胡适大声疾呼"必须要打破闭关孤立的态度",③而自己在学术上"很难接受不同的意见";④胡适认为"科学态度在于撇开成见,搁起感情",⑤但是晚年仍然不能摆脱"在学术的异同上计锱铢,计恩怨"。⑥ 譬如对张荫麟的文章只认为《尚书考》是"全集中最好的一篇",因为"他的方法和我的《〈易林〉判归崔篆》的方法一样"。而且认为张荫麟如果有好的师友,"造就当然不同了"。⑦ 造成这种悖论情况出现的,多应归因于门户之见及在此"见"下的心态。胡适在这种门户之见下,基本上把新兴的社会经济史学"完全当成玄学来处理","一笔勾销";对唯物史观派完全采取轻视的态度。唐德刚指出"胡适治史最大的弱点"就是他"以偏概全",⑧所以认为在中国新文化启蒙运动史中,蔡元培是"置身于'兼容'之上",而胡适"则局处于'并包'之下",因此胡适"难免退处于蔡元培先生之下了"。⑨ 历史不可假设,但是有时候用"假设"来换个视角,可能会发现更多历史的面相。假如胡适当时能克服门户之见,以学术领袖的地位,号召史学界把中国传统史学的优秀遗产、新汉学的精华、新史学的长处都予以融会贯通,创造一个集多种史学形态优点于一体的中国现代史学形态,则中国现代史学此后的发展,岂会如此曲折坎坷?

　　导致胡适这样坚守"门户之见"的原因大约有四:其一,"实验主义"的哲学前提和稳健的政治立场;其二,具有"意识形态的立场"和带有"类似宗教的格调"之"科学主义式"的"科学观";⑩其三,"根基不厚"的社会经济史学的确存在的缺点;⑪其四,"深深自觉是当代学术、文化界的'第一人'"的

---

① 胡适口述,唐德刚译注:《胡适口述自传》,广西师范大学出版社 2005 年版,第 90 页。
② 唐德刚:《胡适杂忆》,广西师范大学出版社 2005 年版,第 23 页。
③ 胡适:《〈国学季刊〉发刊宣言》,《国学季刊》第 1 卷第 1 号,1923 年 1 月。
④ 唐德刚:《胡适杂忆》,广西师范大学出版社 2005 年版,第 71 页。
⑤ 胡适:《介绍我自己的思想》,《胡适文选》,亚东图书馆 1930 年版,第 24 页。
⑥ 徐复观:《一个伟大书生的悲剧——哀悼胡适之先生》,欧阳哲生选编:《追忆胡适》,社会科学文献出版社 2000 年版,第 404 页。
⑦ 胡颂平编著:《胡适之先生晚年谈话录》,(台北)联经出版事业公司 1984 年版,第 64 页。
⑧ 唐德刚:《胡适杂忆》,广西师范大学出版社 2005 年版,第 113—114 页。
⑨ 唐德刚:《胡适杂忆》,广西师范大学出版社 2005 年版,第 23 页。
⑩ 林毓生:《平心静气论胡适》,欧阳哲生主编:《解析胡适》,社会科学文献出版社 2000 年版,第 23 页。
⑪ 顾颉刚:《当代中国史学》,上海古籍出版社 2002 年版,第 97—99 页。

强烈自负。① 如此的哲学前提和政治立场使胡适对"一开始便和社会革命搞在一起"的社会经济史研究具有先天的反感,对于他们将社会科学之概念和理论引入历史研究的做法嗤之以鼻;如此的"科学观"让他"强词夺理地认为,科学能够知道任何可以认知的事物(包括生命的意义),科学的本质不在于它研究的主题,而在于它的方法";②早期社会经济史照搬西方理论、概念导致的空泛及他们在史料使用上的错误,让胡适及史料考订派有一种强烈的优越感,对社会经济史学,尤其是马克思主义史学,油然而生出轻视和歧视;也正是这种科学观,使他对继承了中国传统史学史著优秀遗产的柳诒徵、钱穆、张荫麟之成就视而不见。强烈的自负导致胡适"目空一切",不肯"承认其他当代学人有比他更'高'之处",③更不肯承认自己有错有误。早在"新文化运动"时,就有人批评说"提倡新文化的学者,垄断学籍,排斥异己,俨然有一派顺我者存逆我者亡的气象"。④

小　结

检视 20 世纪中国现代文史之学发展轨迹,我们承认胡适至少在开创"治传统经学和子学新方向""唤起史学界"之"方法自觉"、建立"新汉学"典范三个方面有着巨大的贡献,基本完成了文史研究从传统向现代的转换,推动了"史料观"的变革,完善了文献考证学的典范。但是,我们在肯定的同时,更要重视胡适及其学派的局限。这些局限不但限制了胡适自己的史学研究,使他不能完全冲开种种束缚而取得更瞩目的成就,也导致了他不能领导中国史学继续走上健康长远的发展道路。这实在是让人慨叹和遗憾。

讨论胡适在中国现代文史之学发展上的贡献与局限并不是有意翻炒剩饭。在阅览大量胡适研究的论著之后,笔者不禁产生这样的困惑:虽然胡适在近代学术史上是被研究最多的学人,可是我们对于胡适在学术上的贡献与局限是否有清醒的认识和深刻的反思? 若有,是否又已作用于当代中国史学的发展? 几经思索,笔者倾向于认为史学界对此并无足够清醒的认识与反思,更未显著作用于当代中国历史学的发展。抛开其他的不论,但从

---

① 何炳棣:《读史阅世六十年》,广西师范大学出版社 2005 年版,第 322 页。
② 林毓生:《平心静气论胡适》,欧阳哲生选编:《解析胡适》,社会科学文献出版社 2000 年版,第 23 页。
③ 据何炳棣回忆,胡适对于享誉国内外的陈寅恪,也仅仅以"记性好""轻轻点过"(何炳棣:《读史阅世六十年》,广西师范大学出版社 2005 年版,第 322 页)。
④ 汪东:《新文学商榷》,《华国》第 1 卷第 2 期,1923 年 10 月。

20 世纪 80 年代以来,中国的史学界可以用一句话概括,就是"扶得东来西又倒"。20 世纪 80 年代的学术界关注现实、热衷思想理论探讨,却忽视了扎实的学术研究;进入 20 世纪 90 年代,学术界又矫枉过正地走到了放逐"问题"、回避"理论"的极端,一时间,理论、思想弃如敝履,而考证校勘等则成为学问的标志。这种风气导致了史学界至今仍在一些边边角角问题的考证上投入了不小的力气,而对于时代给历史学提出的问题保持缄默。近些年来,伴随着"全球化"进程的加快,类似中国的社会转型是在什么样的历史基础上展开的,在改革开放的实践中如何对待中国的历史传统这样的重大问题正等待历史学界解答。但是历史学能否很好地完成时代赋予的任务,尚不能让人感到轻松。巴勒克拉夫曾说,"历史学已经达到了转折时期这个事实并不意味着它必定会沿着正确的方向前进,也不意味着它一定有能力抵制住诱惑,避免误入歧途"。① 如何保证当前中国史学的发展能沿着正确的路向前进,是当前中国史学界亟须思考讨论的重要议题。结合对胡适的反省,笔者认为有三个问题的探讨尤为重要和急迫:

第一,历史学的本质规定到底是什么。20 世纪以来,中国史学界对历史学本质的认识实际是分为两条脉络,一条是以历史本身为依归,即"新史学"脉络,如梁启超提出的历史学是"叙述人群进化之现象而求得其公理公例"的命题,②李大钊提出的"历史学就是研究社会的变革的学问,即是研究在不断的变革中的人生及为其产物的文化的学问"的观点等③;一条是以历史记录为依归,即"新汉学"脉络,最著名的一个命题就是傅斯年提出的——"历史学只是史料学"。④ 尽管这些命题对于认识现代史学、对于促进中国现代史学的发展都曾起到过重大的积极影响,但是,我们也不得不承认,这些命题在当前已经遇到了重大的挑战。就"新史学"脉络对历史学本质的认识来说,其受到的最大挑战是历史是否受进化论支配? 已经有越来越多的史家开始质疑或抛弃了进化论,倘若进化论本身就不能成立,那么旨在揭示这种进化现象规律的历史学又如何可能? 就"新汉学"脉络对历史学本质的认识来说,有关研究已经揭示了"新汉学"的"古籍整理"和"史料学"的学科属性,"文本考据"只是现代史学构成中的一部分,在此之外和之

---

① [英]杰弗里·巴勒克拉夫:《当代史学主要趋势》,杨豫译,上海译文出版社 1987 年版,第 330 页。

② 梁启超:《新史学》,《饮冰室合集》文集之九,中华书局 1989 年影印版,第 10 页。

③ 李大钊:《史学要论》,商务印书馆 2000 年版,第 85 页。

④ 傅斯年:《历史语言研究所工作之旨趣》,《中央研究院历史语言研究所集刊》第 1 本第 1 分,1928 年 10 月。

后,还有一个更大的学问世界,即对"文本"生存于其中的社会生活本身的研究。① 如果说历史研究的最高价值是对历史本身的研究的话,那么这个最高价值的实现显然取决于对历史学本质的认识水平之高低。所以,在21世纪,历史学在认识论领域的最重大问题应该是,不断探寻历史学的本质规定到底是什么。

第二,当代史学发展的大势是什么。对历史学发展趋势这样一个问题的判断,会影响到每一个职业历史学家的工作,也会影响到整个群体或国家历史学的发展走向。20世纪以来,中国历史学家们对于这一问题的研判及其影响,可以很好地说明这一点。胡适、傅斯年等认为"近代的历史学只是史料学",是用"科学"整理一切"可逢着的史料",②便带领众多学院派史家走进了"史料考订";郭沫若等认为以"五种生产方式"为核心的马克思主义史学才是史学发展主流,所以"革命史家"便集体走进"五种生产方式"中;蒋廷黻认为历史学"最后的目的是了解文化的演变",史学应当向阐释和综合性研究发展,便努力将清华历史系建设成历史综合研究的中心,并培养出了邵循正、梁方仲、张荫麟、吴晗、费正清等一批通专兼备的史学研究者。何炳棣、唐德刚等人切身感受到"社会经济史"是"今日史学的主流",不仅自身"极力企图打出'汉学'的藩篱,跳进社会科学的川流",③而且尽力扭转中文历史学界的风气。20世纪90年代,主流学界不少学者再度以为文籍考订才是学问,"汉学"才是追逐的目标,"东方学"才是正宗,于是便起劲地宣扬"国学",号召"向陈寅恪看齐",④鼓励人们走"二陈"之路。当前,全球化进程加快和中国崛起将中国历史学带入了一个新的社会环境,当下历史学在向何处发展及应向何处发展,可以说是每一个负责任的历史学人必须面对和思考的问题。

第三,当代历史学人应该具备什么样的品质。这是一个仁者见仁、智者见智的问题。笔者认为,一个合格的当代历史学人至少应该具备两个基本品质,一个是端正高洁的学术道德,这一点无须多言,另一个是开放进取的治学精神,对于这一点需稍作阐发。所谓开放进取的治学精神,就是治学不

① 王学典:《新史学和新汉学:中国现代史学的两种形态及其起伏》,《史学月刊》2008年第6期。
② 傅斯年:《历史语言研究所工作之旨趣》,《中央研究院历史语言研究所集刊》第1本第1分,1928年10月。
③ 何炳棣:《读史阅世六十年》,广西师范大学出版社2005年版,第300页。
④ 王学典、王钢城:《历史学若干基本共识的再检讨及发展前景——访王学典教授》,《历史教学问题》2004年第1期。

被门户偏见束缚，不因一己之见而故步自封。学术门户源远流长，自难完全破除抹杀，但是对于门户偏见则应尽可能地冲破，因为"持门户偏见的人则不免过分夸张自己的门户；他们往往高自位置，而鄙视其他门户，甚至以为天下之美尽在己"。① 至于如何做到开放进取，相关论述可谓不少，不过唐德刚和余英时两位先生的论述较有代表：唐德刚说"治学之人不应对任何一种学说未加深入研究，便囫囵吞枣地对它存有成见。各派学者之间应异中求同，同中存异；相互观摩，相互学习。绝对无法协调的理论也可和平共存，彼此尊重，是则是之，非则非之"。② 余英时认为，学问世界存在千千万万的门户，"因此专家也不能以一己的门户自限，而尽可能求与其他门户相通"，③因为"史学是一种综合贯通之学，必须从其他相关的各种学科中吸取养料"。④

　　第四，中国历史学如何建立自己的理论体系。唐德刚曾经希望胡适能将新兴社会科学和中国独特的文化、学术和时代需求结合起来，"把三千年中国的历史经验作一总结，从而抽出一条新的东方法则来，以成一家之言，然后有系统地引导我们的古老社会走向现代化的将来"。结果胡适却缺少这样的胆识，没有抽绎出"一套完整的理论来对近百年——乃至三千年——的中国政治经济的演变作一番通盘的了解"。⑤ 但是，胡适未能完成的工作并不意味着我们后来的史学工作者可以对此任务视而不见。三十年前，余英时也曾提过要将"中国文化的独特形态及其发展的过程"作为史学研究的终极目标的呼吁，⑥不过从现在看仍还是"路漫漫其修远兮"。当前中国已经被纳入了全球化体系，市场原理也已取得了成功，可是我们的学界对于中国的市场经济的独特性及其是如何深刻受到中国历史影响的这一问题还不能很好地给予透彻的解答。也就是说，唐德刚、余英时等学者对于中国史学要研究中国独特的历史文化形态及其走向的呼吁依然是中国史学界应该努力的方向，中国当前的史学界当在对中国史学的现代化历程进行一番深刻彻底的反省后开始新的旅程。

---

① 余英时：《钱穆与中国文化》，上海远东出版社1994年版，第34页。
② 唐德刚：《当代中国史学的三大主流——在中国留学生历史学会成立会上的讲辞原稿》，《史学与红学》，广西师范大学出版社2006年版，第1页。
③ 余英时：《钱穆与中国文化》，上海远东出版社1994年版，第35页。
④ 余英时：《中国史学的现阶段：反省与展望》，《文史传统与文化重建》，生活·读书·新知三联书店2004年版，第374页。
⑤ 唐德刚：《胡适杂忆》，广西师范大学出版社2005年版，第27—29页。
⑥ 余英时：《中国史学的现阶段：反省与展望》，《文史传统与文化重建》，生活·读书·新知三联书店2004年版，第383页。

结　语　在多重维度中认知清末
民国的文史之学

"横看成岭侧成峰,远近高低各不同。不识庐山真面目,只缘身在此山中。"苏东坡这首家喻户晓的《题西林壁》,不仅有文学史上的价值,对于学术史研究来说,永远具有一种自省提示的意义。一个学术研究者,绝对不能单从一个维度、立场来看问题,应该时刻提醒自己,努力摆脱门户之见和爱憎好恶,尽量站在不同维度、立场来衡估自己的研究对象。清末民国的文史之学这个研究对象,近三十四年来在"文化热""国学热""学术史热""民国热"的带动下,日益受到重视,但是认识分歧也日益严重。造成认知分歧严重现象的原因很多,其中之一应该是维度与视角的单一化。为更好地认知清末民国的学术与文化,笔者尝试在前文研究的基础上,从三个维度对其进行一个略宏观的衡估。

一、从知识阶层的现代化使命审视
清末民国的文史之学

从知识阶层的现代化使命这个角度来说,中国现代人文学科从业者一百多年来的核心工作归结起来,主要就是回答三个问题:中国是什么? 中国怎么了? 中国怎么办? 这三个问题,又可理解为三个主题:发现中国、认识中国、认同中国。在地理大发现后,中国被强行拉入了现代世界的序列,在这一过程中,长期被"天下中心观"影响的中国人,首先面临着一个重大的理论认识问题:"中国是什么?"在这个问题的带动之下,现代意义上的"中国"被发现,紧随其后的问题就是"中国怎么了"和"中国怎么办"。在这三个巨大问题的推动下,仁人志士们也就开始了认识中国的工作,同时也开始了认同中国的探索。对这三个问题的探索,对这三个主题的努力,从清末一直持续至今,一代代知识人为之奋斗不已。

虽然"中国"作为一个观念或概念,很久之前就出现,但是这个"中国",并不一定是指东方的"中国",更非是当今"世界格局"的中国。从世界文明史的范围来看,"中国"这一概念并非中国独有,古巴比伦人、古印度人都曾称他们居住的地方为中国。这一称谓的起源,大概由于先民认为其居住地

在"大地中央",可能是一种"自我中心幻觉"。① 传统中国的"中国"观念,
也不是当今"世界格局"下的"中国"观念。苏秉琦认为,中国古代的"中
国"概念形成实际经历了三个阶段。第一个阶段是尧舜禹时代。尧舜禹的
活动中心在晋南一代,"中国"一词的出现也正在此时,"尧舜时代万邦林
立,各邦的'诉讼'、'朝贺',由四面八方'之中国'"。这时的"中国"是一种
"共识的中国"。第二个阶段是夏、商、周时代。"由于方国的成熟与发展,
出现了松散的联邦式的'中国'",政治和文化上不断重组,造成了"理想的
中国"。第三个阶段是秦汉时期,这一时期的大一统帝国正式出现,是为
"现实的中国"。② 1963 陕西宝鸡出土的何尊上有"惟武王既克大邑商,则
廷告于天曰:余其宅兹中国"的铭文。③ 秦汉时期关于"中国"概念比较为
人熟知的是 1995 年出土的尼雅织锦上写的"五星出东方利中国"的话语。④

　　古代中国的"中国"概念是与"天下中心观"紧密联系的,是"天下格
局"的产物,不是"世界格局"的产物。"天下中心观"的核心是华夏乃是天
下之中心,是空间之中心,是文明之中心,是权威之中心。它构建了夷夏分
野图景,也即华夏居中央,东夷西狄南蛮北戎。在"天下中心观"笼罩下的
"中国"观念,既包含认同,也包含区隔。在夷夏之辨的指导下,构建了华夏
这个"自我"和夷狄这个"他者"。这种"自我"和"他者"的构建,对中华民
族的形成影响甚大。王明珂在《华夏边缘——历史记忆与族群认同》《羌在
汉藏之间:川西羌族的历史人类学研究》《英雄祖先与弟兄民族》等论著都
有所探索。但是需要指出的是,传统时代的"中国"概念,包含更多的是地
域的信息,是文化的信息,而不是政权和领土的信息,也即它没有现代主权
意识、没有"nation-state"的观念。换言之,传统语境下的"中国",是一个家
园的称谓,是一种文化的指归,而不是一个疆域清晰的具有"nation-state"性
质的国家。

　　具有现代"nation-state"性质的"中国",是晚清以来才逐渐被"发现"
的。地理大发现使全球互联互通,重塑了中国人的时空观念和政治认识。
"天下格局"下的中国,转变为"世界格局"下的中国,中国也逐渐从一个
边界模糊的概念,转变为一个具有清晰疆域的国家。现代"中国"的建
构,首先应该提到的是晚清的西方传教士。他们在 1811 年嘉庆全面禁教

① 赵雨:《上古歌诗的文化视野》,社会科学文献出版社 2005 年版,第 166 页。
② 苏秉琦:《中国文明起源新探》,生活·读书·新知三联书店 1999 年版,第 161 页。
③ 马承源:《何尊铭文初释》,《文物》1976 年第 1 期。
④ 于志勇:《新疆尼雅出土"五星出东方利中国"彩锦织文初析》,《西域研究》1996 年第
　 3 期。

令发布之后,被迫撤至南洋。他们反思过去在中国的传教经验,认为要想在中国传教成功,首先要打破"天下中心观",让中国人认识到西方各国的文明不比中国差,西方人并不是蛮夷。① 他们开始创办中文报刊,向中国人传播现代史地知识,有意识地要用知识进行一场解放中国人观念意识的战争。② 他们介绍的西方世界,是以现代的"国"为单位的,他们面对的,也是一个叫"中国"的帝国。这个"国",与英国、美国、法国、俄国一样,都是构成世界的"万国"之一。可以说,现代"中国"意识的源头,可能来自西方传教士。

现代"中国"的建构,第二个应该提到的是晚清的中国外交人员。当乾隆时期马戛尔尼来华的时候,清朝子民的观念还是"天朝上国"。第一次鸦片战争之后虽有士大夫意识到西方国家的存在,但是仅从"西洋""红毛夷""师夷长技以制夷"等概念口号就可看出当时并没有现代国家观念出现。中国此时虽然已经处于"千古未有之奇变"中,③但是一个延续数千年的观念也不可能是一两次战争失利可以摧毁的。到了第二次鸦片战争之后,尽管薛福成、李鸿章、曾纪泽等常和西方列强交涉的官僚士大夫,面对借助现代交通工具在世界来去自如的西方列强,感受到强烈的危机,发出今"地球诸国通行无阻,实为数千年来未有之奇局"一类的判断,④开始意识到世界上还有其他与中国对等的强大国家存在,中国只是其中的一个,⑤但是一般中国人对此尚无此种认识。也应当承认,总理各国事务衙门机构的成立、《万国公法》的出版等事件,标志着现代国家观念开始在中国政治体制内萌芽。⑥ 到了中法战争之后,一些外交人员和早期的启蒙思想家,如王韬、郑观应、黄遵宪、曾纪泽、何启等人"分别地认识了主权的重要"。⑦ 1886 年,驻英俄大臣曾纪泽在离职回国时以英文在伦敦《亚洲季刊》上发表了在西

① Literary Notices,Chinese Repository V.II No.4(1833),p.187.
② Proceedings Relative to the formation of a Society for the Diffusion of Useful Knowledge in China, Chinese Repository V.III No.8(1834),pp.378–384.
③ 夏东元:《开"千古未有之奇变"——为鸦片战争 150 周年作》,《社会科学》1990 年第 6 期。
④ 张效民、徐春峰:《晚清外交变化的观念因素》,《国际政治科学》2006 年第 2 期。
⑤ 董恂:《万国公法·序》,[美]惠顿:《万国公法》,[美]丁韪良译,京都崇实馆同治三年(1864 年)刻本,第 1 页。
⑥ 有关中国近代国家观念的形成问题,可参阅李华兴、张元隆等《索我理想之中华:中国近代国家观念的形成与发展》(安徽教育出版社 2005 年版)等研究。
⑦ 王尔敏:《清季学会与近代民族主义的形成》,《中国近代思想史论》,社会科学文献出版社 2003 年版,第 179 页。

方世界和中国都曾引起过关注的《中国先睡后醒论》。① 曾纪泽在此时中提出的"睡狮"论,经过梁启超等人的加工,在 20 世纪初渐渐成为流行的国族符号。②

现代"中国"的建构,第三个主要的知识群体是甲午惨败后数年间主张变法自强的人士。在甲午惨败之前,虽然一些勇于探索新知的士大夫,比如康有为已经注意到西方的先进和强大,以及由此对中国形成的巨大威胁,但是他们多还是在"臣民"的意识下考虑"王朝"的兴衰,并不是目标明确地要构建一个强大的现代国家。对一般人来说,对于世界形势尚不了解,对于什么是现代国家更没有很清晰的认识。③ 这一现象直到甲午惨败之后才开始出现根本性的转折。由于创深痛巨,"海内士夫,始群起而谋改革。于是新书新报,日增月盛"④,西方的政治思想被大规模传入已经被列强枪炮震醒的中国,并被迅速接受,现代"中国"才被发现。甲午之后思想前锋们被刺醒,他们在"中国为什么积弱到这样田地呢? 不如人的地方在哪里呢? 政治上的耻辱应该什么人负责任呢? 怎么样才能打开一个新局面呢"这些问题的引领下,学习、接受、宣传现代国家观念。⑤ 经过这些思想前锋们的努力,关于中国领土的观念,比如"中国地方二万万里",关于中国人口的观念,比如"我中国四万万人"等都是甲午之后新书、新报中常见的语词,以及这一时期逐渐出现的国际公法意识和文明排外思想,都显示出现代"中国"意识在戊戌变法时期的快速形成。

现代中国在这一时期被建构,主要有两个方面的表现,一是树立以"国"为单位的"他者"形象,一是对内开始建构容纳国内各族群的"中国"认同。第一个最好的例证是梁启超在 1899 年写的《爱国论》,这篇文章中的一段话很清楚地表达了这种意识:

---

① ［日］石川祯浩《晚清"睡狮"形象探源》,《中山大学学报》(社会科学版)2009 年第 5 期。石川祯浩指出,曾纪泽文于 1887 年 2 月 8 日被转载于香港英文报纸《德臣报》,该年 6 月 14—15 日汉译本刊载于《申报》。

② 杨瑞松:《睡狮将醒? 近代中国国族共同体论述中的"睡"与"狮"意象》,《政治大学历史学报》第 30 期,2008 年 12 月。

③ 李永圻编:《吕思勉先生编年事辑》,俞振基:《蒿庐问学记:吕思勉生平与现状》,生活·读书·新知三联书店 1996 年版,第 350—351 页。

④ 吕思勉:《三十年来之出版界(1894—1923)》,《吕思勉遗文集》,华东师范大学出版社 1997 年版,第 373 页。

⑤ 梁启超:《中国近三百年学术史》,《饮冰室合集》专集之七十五,中华书局 1989 年影印版,第 28 页。

> 甲午以前，吾国之士夫忧国难谈国事者几绝焉。自中东一役，我师败绩，割地偿款，创巨痛深，于是慷慨爱国之士渐起，谋保国之策者，所在多有。非今优于昔也，昔者不自知其为国，今见败于他国，乃始自知其为国也。①

第二个最好的例证是上海强学会的章程，其中说：

> 本会专为中国自强而立。以中国之弱，由于学之不讲、教之未修，故政法不举。今者鉴万国强盛衰亡之故，以求中国自强之学。②

在戊戌变法时期，世界各国的名字和"中国"这个概念可以说已是人们非常熟悉的词语，在言说中也常常是在现代的意义上使用。张之洞的《劝学篇》，其中谈中国与外国，不仅基本上都是从现代意义上出发，而且还明确地在现代国家观念上构建了"他者"和"自我"的关系，强调了"认同中国"的重要性。③ 概而言之，从晚清到清末，知识阶层初步完成了构建现代"中国"的工作。此后一代代知识人，皆是在此基础上努力耕耘，不断增加对"中国"之认识。

如果说从"天下格局"的"中国"转变到"世界格局"的"中国"，从"天下"的中心转变到"世界"的一员，中国人观念的变迁还算顺利的话，那么中国人在"认识中国"和"认同中国"这两个主题上前行的并不算顺利。

"认识中国""认同中国"这两个主题又与几个大的问题关系紧密：一是"中国人"含义是什么、谱系是什么？ 二是"中国"的含义是什么、特质是什么？ 三是中国社会是一个什么样的社会、历史历程是什么？

在清末，西方现代的种族（race）、国族（nation）等现代族群观念传入中国，同时一些人类学的知识也传入，此前不曾意识到的问题浮现出来。比如：从生物学角度看，西方人是白种人，东方人是黄种人，这两种人有什么区别？ 中国人从哪里来？ 哪些人可被视为是中国人？

---

① 梁启超：《爱国论》，《饮冰室合集》文集之三，中华书局 1989 年影印版，第 67 页。
② 康有为：《上海强学会章程》，姜义华、张荣华编校：《康有为全集》第 2 集，中国人民大学出版社 2007 年版，第 93 页。
③ 张之洞将《劝学篇》主旨概括为"五知"：知耻（耻不如日本，耻不如土耳其，耻不如暹罗，耻不如古巴）；知惧（惧为印度，惧为越南、缅甸、朝鲜，惧为埃及，惧为波兰）；知变（不变其习不能变法，不变其法不能变器）；知要（中学考古非要，致用为要，西学亦有别，西艺非要，西政为要）；知本（在海外不忘国，见异俗不忘亲，多智巧不忘圣）（张之洞：《劝学篇》，苑书义等主编：《张之洞全集》第 12 册，河北人民出版社 1998 年版，第 9705 页）。

晚清的人们首先感受到的是,西方人并不认为自己和黄皮肤的东方人有什么亲密的关系,反过来,黄种人的精英阶层也不认为自己与白种人是"自己人"。所以在清末,"黄种""种族""人种""汉种"等概念可谓是进步的表征、开明的符号、爱国的体现,在各种文献中都很常见。如严复在《原强》中说"北并乎锡伯利亚,南襟乎中国海,东距乎太平洋,西苞乎昆仑墟,黄种之所居也";①康有为在《京师强学会序》中指出"西人最严种族,仇视非类",提出"吾神明之种族"的概念。② 唐才常这一时期在《湘学报》上连载了对世界各地人种研究的长文——《各国种类考》,以为"保种"提供借鉴。③ 王树枏是这一时期研究世界人种的另一个士大夫学者,他将西方人种学知识和西方历史学著作结合,撰写了《欧洲族类源流略》,以吸取借鉴欧洲各民族的历史经验,探求中国保国、保种、保教的途径。④

但是在随后的时间,学术思想界却发生了一种变化,即中国人种西来说开始流行。这一学说的流行,目的在于建构黄种人、中国人可以与白种人竞胜的信心。概括来说,清末知识阶层关于中国人含义的探索主要有两个脉络,一个是中国人包括满汉蒙回等在中国境内居住的人。对这一主张的概括与总结,拙著《族群意识与历史书写——中国现代历史叙述模式的形成及其在清末的实践》已有较多阐述,此不再赘述,仅就清末的"融满汉之界"思想,略为补充。于清末兴起的"融满汉之界",其动机主要是构建现代"国族",目的在于对"中国"的认同。从这样的视角解释中国人含义和建构中国人谱系的人,主要是政治立场比较稳健的主张变法立宪的知识人,比如康有为、梁启超、严复、张元济等。严复不仅较早地介绍了世界的人种情况,还从"合群"观念出发,提出了"国种"的概念,并以动植物进化来比喻"国种"的形成:

> 如动植之长,国种之成,虽为物悬殊,皆循此例矣。所谓由纯之杂者,万化皆始于简易,终于错综。⑤

---

① 严复:《原强》,汪征鲁等主编:《严复全集》第7卷,福建教育出版社2014年版,第19页。
② 康有为:《京师强学会序》,姜义华、张荣华编校:《康有为全集》第2集,中国人民大学出版社2007年版,第89页。
③ [日]石川祯浩:《辛亥革命时期的种族主义与中国人类学的兴起》,中国史学会编:《辛亥革命与20世纪的中国》,中央文献出版社2002年版,第1004页。
④ 乔治忠、刘芹:《史家王树枏及其〈欧洲族类源流略〉》,《史学月刊》2007年第8期。
⑤ 严复:《天演论》,汪征鲁等主编:《严复全集》第1卷,福建教育出版社2014年,第269页。

张元济在《变法自强，亟宜痛除本病统筹全局折》中特意提出"融满汉之见"一条，认为"国初定制，满汉殊途，设官分职"，乃当时"因时制宜"之策，"沿至今日，流弊转盛"，使满汉互相推诿、牵制，甚至满汉之间互争，造成社会矛盾激化。所以他提出：

> 圣人在上，天下一家，中国一人，固无有满汉之见矣。则皇上于此，禀承慈训，合满汉而一之，抑又何难？今方海外各国，莫不联盟合群以攻我，而我于满汉之间转不能融洽一气，化尽町畦。抑何不善自为谋也。①

可以说，戊戌变法时期出现的"融满汉之见"主张，是此后国族建构的源头之一，其脉络一直持续到"五十六个民族是一家"观念的提出。

清末时期对"中国人"含义进行解读和对"中国人"谱系进行建构的另一个脉络，是认为中国人就是汉人，中国人的谱系是从黄帝以来的汉族谱系。从这个视角来解释中国人含义和建构中国人谱系的，主要是政治立场比较激进的、主张反满革命的知识人。比较有代表性的言论是刘师培1903年在《论留学生之非叛逆》一文中指出的：

> 吾今以一语告诸公，曰：中国者，汉族之中国也；叛汉族之人，即为叛中国之人；保汉族之人，即为存中国之人。②

1905年初，陶成章在《中国民族权力消长史》一书的《叙例》中也明确指出："中国者，中国人之中国也。孰为中国人？汉人种是也。中国历史者，汉人之历史也"；"中国历史者，汉族统治之历史"；"中国民族者，一名汉族，其自称曰中华人，又曰中国人"，"所谓中国者，即吾汉人祖先所创建者也"。③

反满革命派种族主义的诠释，很快就遇到了理论和现实上的挑战：居住

---

① 张元济：《变法自强，亟宜痛除本病统筹全局折》，孔祥吉编：《康有为变法奏章辑考》，北京图书馆出版社2008年版，第449—450页。孔祥吉在此折后附按语中认为，该折正文部分，由内容与文句观之，系由张元济本人草拟，而其所附管见总纲及细目部分，则可能由康氏代拟。并说"融满汉之见""通上下之情"亦系康有为一贯变法建议。

② 刘师培：《论留学生之非叛逆》，万仕国辑校：《刘申叔遗书补遗》，广陵书社2008年版，第47页。

③ 陶成章：《中国民族权力消长史》，汤志钧编：《陶成章集》，中华书局1986年版，第212—216页。

在清朝现有疆域中的人,并不都是汉人;恢复汉人的"中国"后如何处理原本并非一直是汉人居住地的疆域? 意识到这些问题后,孙中山等人在1906年之后的言论已经发生了改变,逐步将作为统治者的满族人和普通满族人区别对待,将满、蒙、回、藏、维等非汉人民纳入中国人的范畴之内。1912年孙中山宣誓就任中华民国临时总统时,更是明确提出了"五族共和"。至此,"认识中国"的第一个大问题,即中国人的含义,中国人的谱系已经基本完成了从分裂到统一的合流。

清末对"认识中国"的第二个大问题,即"中国"的含义是什么? "中国"的特质是什么? 这两个大问题之所以成为中国知识阶层在中国现代化过程中必须面对的重大问题,是因为要探索"中国怎么办",需以这两个问题的答案为前提之一。从清末到民初,这两个问题的重要性逐渐凸显,最后演化为新文化运动中关于中西文化的论战。偏向于传统的人,尤其是国粹论者、文化保守主义者,大多认为中国之所以为中国,是因为中国传统的文化与伦理应该保持并发展。但是急于改进中国的人,在进行中西文化对比之后,认为中国之所以不能摆脱危亡的命运,主要在于中国文化的特性劣于西方文化的特性,代表人物是陈独秀、胡适等人。尽管胡适提出了一个非常好的主张——"研究问题,输入学理,整理国故,再造文明"①,但是实际实践过程中却不能保持价值中立,中国学术思想界对此问题陷入了非此即彼的分裂状态。最近几十年,面对国学、面对中国传统文化的争论和不同态度,是这一状态的延续。可以说,对于中国含义的认识,对于中国特质的探索,依然是当今中国人文学术界的重大问题,依然是文化自觉需要攻克的重大问题,依然是建构中国认同避不开的难题。

"中国怎么办"的另一个重要理论前提,是"认识中国"的第三个大问题:中国社会是一个什么样的社会? 历史历程是什么? 自清末知识阶层开始主动寻求变法图强始,对中国是一个什么样的社会之追问,就已开始。梁启超后来回顾自己的思想历程时说:

　　　　中国为什么积弱到这样田地呢? 不如人的地方在那里呢? 政治上的耻辱应该什么人负责任呢? 怎么样才能打开一个新局面呢? 这些问题以半自觉的状态日日向(那时候的新青年)脑子上旋转,于是,因政治的剧变酿成思想的剧变,又因思想的剧变致酿成政治的剧变,前波后

---

① 胡适:《新思潮的意义》,《新青年》第7卷第1号,1919年12月。

波辗转推荡到今日而未已。①

这些追问,其中已暗含了对中国社会性质与历史进程的追问。《变法通议》等文中,也对这一问题有或多或少的涉及。严复在此时写作的系列著名文章,将中国与西方对比,也暗含了对这一问题的讨论。只不过,此时的知识人尚未有对此问题探讨的意识。数年之后,这一问题开始清晰起来,并将其与"中国怎么办"这一重大问题联系起来。最有代表性的文献是夏曾佑的《中国社会之原》和严复译《社会通诠》。

1903 年 6 月,夏曾佑在《新民丛报》第 34、35、36、46 号发表了《中国社会之原》,从"种"与"教"两个角度谈"中国社会之原"。在另一篇文章中,夏氏交代了他为什么要研究"中国社会之原"的原因:

> 洞悉吾国政治因果之理,于是会而通之以改良吾国之政治,将来再因政治之效力而使受于历史之诸因,渐以转移,以达今日变法之目的。②

在他看来,中国救亡图存虽然迫在眉睫,但是也不能草率全部照搬西方某个模式或措施,必须要先对"中国社会之原"有清楚认知。这种思想认知,不仅后来灌注到了他对中国历史的书写中,还影响到他对严复 1904 年翻译出版《社会通诠》的评价:

> 其书胪殊俗之制,以证社会之原理,疑若非今日之急务者然。然曾佑读之,以为今日神州之急务,莫译此书若。③

严复此时也已经意识明确地开始探讨中国社会性质和历史历程问题,认为中国"宗法居其七,而军国居其三","中国社会宗法而兼军国者也",单纯以"民族主义"为旗帜的反满革命并不适合中国。④ 严复的这一认识,还引起了章太炎的不满,特别撰写《〈社会通诠〉商兑》辩论批评。围绕《社会通

---

① 梁启超:《中国近三百年学术史》,《饮冰室合集》专集之七十五,中华书局 1989 年影印版,第 28 页。
② 别士(夏曾佑):《论变法必以历史为根本》,《东方杂志》第 2 卷第 8 期,1905 年 9 月 23 日。
③ 夏曾佑:《社会通诠·序》,[英]甄克思:《社会通诠》,严复译,商务印书馆 1904 年版,第6—8 页。
④ [英]甄克思:《社会通诠》,严复译,商务印书馆 1904 年版,第 19、143—144 页。

诠》的争论,可以说是中国第一次围绕中国社会性质的论战。二十余年后,为了探讨"中国怎么办"这一重大问题,各种不同政治背景的知识人,围绕中国社会性质与历史历程,爆发了一场更大的"社会史论战"。

20世纪20年代末,大革命运动进入尾声,那些对"大革命"失望或不能再从事"大革命"实践的知识人,在彷徨无措之际,决定回到思想学术里,希望从追问中国是一个什么社会来寻找政治再出发的路径。社会史论战的主角陶希圣曾如此解释他为何要从事社会史研究:

> 中国的革命,到今日反成了不可解的谜了。革命的基础是全民还是农工和小市民?革命的对象是帝国主义和封建势力,还是几个列强和几个军阀?这些重要的问题都引起了疑难和论争,论争愈烈,疑难愈多。要扫除论争上的疑难,必须把中国社会加以解剖;而解剖中国社会,又必须把中国社会史作一决算。①

这种认识并不是陶希圣独有,在政治立场和学术观点上与陶希圣相当不同的何干之也曾有类似的阐述:

> 社会史,社会性质,农村社会性质的论战,可说是关于一个问题的多方面的探讨。为着彻底认清目下的中国社会,决定我们对未来社会的追求,迫着我们不得不生出清算过去社会的要求。中国社会性质、社会史的论战,正是这种认识过去、现在与追求未来的准备工夫。②

虽然"社会史论战"在20世纪30年代中期就基本落下帷幕,但是每当要回答"中国怎么办"这一重大问题时,中国知识人总是要回到对中国社会性质、历史历程的研究之中。1949年之后出现的"五朵金花"、改革开放后兴起的社会经济史研究等重大学术变动,无不有对"中国怎么办"这一重大问题的考虑。

总而言之,脱离中国知识阶层的现代化使命这一重大背景,脱离"中国是什么""中国怎么了""中国怎么办"这三个一百多年来中国最重大的问题认识清末民国的学术,乃至甲午惨败以来的中国学术,一定不能很好地解释当时学人的努力及其影响。从这个角度说,我们今天研究清末民国的学术,

---

① 陶希圣:《中国社会之史的分析》,新生命书局1929年版,第1页。
② 何干之:《中国社会性质问题论战》,生活书店1937年版,第4页。

真正的目的并不是要去"盖棺论定"，而是要萃取前人精华、吸取前人教训，有利于当下的我们对这三个问题的探索，继续完成中国的现代化这一宏伟使命。

二、从中国现代文化建设任务衡估清末民国的文史之学

无论是逻辑还是事实，在认识中国这一主题上出现比较大的分歧与困惑，必然会导致中国认同建构上的分歧与困难。一百多年来的中国历史已经印证了这一点。清末时期中国认同建构出现了两个分歧，一个是由于政治取向的分野导致了对中国含义理解的不同，清政府和稳健的立宪派构建的中国认同与激进的革命派构建的中国认同存在重大的差异。另一个是"人种"观念和世界观的混乱导致了中国认同与黄种人（亚洲人）、世界人的认同分歧。民国成立之后，尽管孙中山等原来的反满革命派提出了"五族共和"等政治主张，以消解此前与清政府和立宪派在中国认同上的分歧，但是新的分歧却由于清政府的覆亡而出现。蒙满等边疆的一些人民和遗老们将清王朝与中国等同，他们固然认同中国，但更重要的是认同清王朝。这为此后蒙古族群的分裂和伪满洲国的成立埋下了伏笔。即使在所谓汉族人内部，对中国的认同也由于政治的分裂进一步堕落为地域认同高于对中国的认同，或者说地域的认同遮蔽了中国认同。军阀混战、联省自治等政治现象，皆与此有紧密的联系。

值得重视的是，整个民国时期，中国认同的每一次凸显，都与外国列强侵略中国，尤其是日本的侵略有着紧密联系，从"二十一条"到"五四运动"，从"五四运动"到"九一八事变"，从"九一八事变"到"七七事变"抗战全面爆发，日本侵略中国的强度有多大，中国认同的呼吁也就有多高。换句话说，整个民国时期的中国认同，主要不是建立在认知中国水平的提高之上，而是建立在外在刺激之上。这是清末民国时期中国认同建构最值得检讨与研究的问题之处。没有认知中国主题的突破，认同中国的建构都是模糊的、缺少吸引力的。而要在认知中国主题上有突破，就需要学术文化界对中国文化、社会等进行全面的研究探讨。从清末开始，中国的知识阶层自觉或不自觉地投身到中国现代文化的建设中。费孝通曾经指出：

　　20世纪前半叶中国思想的主流一直是围绕着民族认同和文化认同而发展的。以各种方式出现的有关中西文化的长期争论，归根结底只是这样一个问题，就是在西方的强烈冲击下，现代中国人究竟能不能继续保持原有的文化认同？还是必须向西方文化认同？上两代中国的

知识分子一生都被困在有关中西文化的争论之中,我们熟悉的梁漱溟、陈寅恪、钱穆先生都在其中。①

在费孝通看来,对中西文化进行评判,并构建现代中国的文化认同,是知识阶层历经一个世纪努力仍未完成的使命,而这一使命又是中国发展与复兴必须解决的问题,故他开始阐发"文化自觉"的意义,唤起学术思想界对此问题的重视。"文化自觉"这个概念虽然出现较晚,但回观中国现代学术史、思想文化史,可知这种建设适宜现代中国文化,以建构中国认同的意识,早在清末就已成为知识阶层的核心意识之一,一直绵延至今。也就是说,对清末民国学术与文化的评判,不仅要从主体角度——知识阶层使命的角度来衡估,还要从客体角度——中国现代文化建设的角度来衡估。

甲午惨败后,"天朝上国"的"四千余年大梦"被唤醒,自我的反思弥漫知识界,他们要寻找中国落后的根源及中国走向富强的路径。衰败的现实和饱读诗书之士面对世变的束手无策,使他们对中国传统的学术与文化采取较为否定的态度,认为四书五经对于挽救危亡来说,实在无用:康有为说"百翰苑,不如一洋买办";②严复认为"凡宋学汉学,词章小道,皆宜且束高阁";③张之洞也承认"近日宋学、汉学、词章、百家之学,亦皆索之故纸,发为空言"。④ 甲午惨败之后的五六年,可以说是中国现代文化建设的萌生期,显著特点是学术文化观念的改易,即传统学术文化观念的破碎,承认中学"无用",开始主动追求现代学术文化。在这一时期,由于中国惨败给日本引起的"思想地震",使中国知识阶层认识到"中国之弱,由于学之不讲、教之未修",故要"鉴万国强盛衰亡之故,以求中国自强之学"。⑤ 将学术与国家富强直接联系起来,不仅是中国人知识观的重大突破,也为一百余年来的文化探讨提供了一个评价学术与文化是否有价值的重要尺度。中国现代学术、现代文化,在这种认识之下快速地从传统向现代转变,新的学术文化导向快速形成,成为助推现代中国生成的重要动力。但是,也必须承认,在

① 费孝通:《文化自觉的思想来源与现实意义》,《文史哲》2003 年第 3 期。
② 康有为:《总署官书局时务书,请饬发翰林院片》,孔祥吉编著:《康有为变法奏章辑考》,北京图书馆出版社 2008 年版,第 158 页。
③ 严复:《救亡决论》,汪征鲁等主编:《严复全集》第 7 卷,福建教育出版社 2014 年版,第 48 页。
④ 张之洞:《劝学篇》,苑书义等主编:《张之洞全集》第 12 册,河北人民出版社 1998 年版,第 9732 页。
⑤ 康有为:《上海强学会章程》,姜义华、张荣华编校:《康有为全集》第 2 册,中国人民大学出版社 2007 年版,第 93 页。

"救亡图存"压力下出现的过分突出实用的导向和希望"立竿见影"效果的急躁心态,不仅在当时的学术教育、思想文化变革运动中产生了较大的负作用,也为此后中国现代文化建设带来了不小的负面影响。当今探讨文化问题,虽然没有了"救亡图存"的压力,但是过分突出实用的取向与急躁心态,仍然值得警惕。

经过戊戌变法、庚子事变等政治动荡的冲刷,传统学术培养的知识阶层们在建设中国现代文化时,很多人的态度已不同于甲午惨败之后的否定与颓丧,开始调适他们的文化态度,逐渐认识到中国文化的现代化并不是要完全抛弃传统文化,而是要将"旧学磨洗而光大之"。① 为了给中国传统学术文化辩护,他们援引日本的国粹主义,认为中国传统学术文化,也就是中国的国粹,以之为中国人铸造"立国之本"的"国魂"。② 这一时期的国粹保存主义者承认西方现代知识对于富强的功用,但同时也认为中国传统学术文化承载的伦理道德对于中国之为中国具有决定性的意义,他们希望"以世界之新知识,合并于祖国之旧知识"。③ 辛亥革命前十年左右,中国知识阶层,无论在朝在野,持此种态度之人颇多。这一时期可视为中国文化建设的第二期,特点是"中体西用"成为主流。作为中国知识阶层面对西方文化冲击而提出的第一个文化主张,"中体西用"的核心在于以中国传统学术文化为核心,一边吸收西方现代文化,构建适宜现代社会的伦理道德体系,一边学习西方现代学术以满足社会发展需要的科学技术。这一主张曾受到严厉批判,不过从百余年来的社会发展来看,这一主张的确有独特价值。尤其值得重视与思考的是其出发点:构建适宜现代中国的新文化,必须充分考虑到中国传统社会伦理道德体系的合理成分及其对中国人的强大影响力。从中国现代文化建设的成果来看,清末十年是成就突出的十年,新的学术(教育)体系、新的学术文化导向、新的学术研究形态,都在"无中生有"地快速发展,影响至今。

民国建立,原本立宪(或共和)可立致富强的希望很快破产,袁世凯的崇旧抑新、尊孔读经及最终走向复辟,使中国现代文化建设道路受到了严重冲击,知识阶层对于中西文化的估量发生重大分歧,文化新旧之争甚嚣尘

① 黄遵宪:《致梁启超》(1902 年 9 月),陈铮编:《黄遵宪全集》上册,中华书局 2005 年版,第433 页。

② 许之衡:《读〈国粹学报〉感言》,《国粹学报》第 6 期,1905 年 7 月。

③ 黄节:《游学生与国学——东京国学图书馆之设置所望于留学生及留学生会馆监督》,《新民丛报》第 26 号,1903 年 2 月。

上。① 陈独秀、胡适等提倡新文化的新兴知识阶层原本占据舆论主流,可是第一次世界大战的结果使人看到"科学万能论"的破产②,以《学衡》派为代表的所谓文化保守主义者逐渐积聚,与所谓"全盘西化派"抗衡。这一时期可视为文化自觉意识的第三期,其显著特点是文化态度走向了明显分歧。如果说此前十几年间中国知识阶层在文化问题上的意见还只是大同小异的话,那么这一时期的中国知识阶层在文化问题上则是针锋相对。不仅提倡孔教的"旧人"与提倡"打倒孔家店"的新学人截然相反,就是同是留学归来的新一代学人,也存在着文化保守主义与新文化的大异其趣。百家争鸣、各抒己见,然后求同存异,本是从文化对撞走向文化融合的必然道路,对现代文化建设工作有正面意义。可惜此一时期的学人们,从分歧对立逐渐走向了意气相争,最终形成了只有对立分歧,没有求同融合,以致中国现代文化建设工作前进的速度减缓。值得肯定的是,民初十年,中国文史之学在"由旧入新"与"无中生有"两个方面都有明显进展,不仅为此后的现代文史研究奠定了基础,对思想领域破除"帝统"等腐朽思想也有重要影响。

　　北伐结束后,中国的政局逐渐进入稳定,经济社会发展较好,知识阶层对文化问题的探讨逐渐转入切实的学术层面。知识阶层的思想对立与争论较少,学术的探讨切磋较多,在不少问题上都取得了实质的进展,也在一定程度上弥合了上一期的分歧与对抗。这种态势如能持续,中国传统文化的现代转化当能进入正轨,最终得到合理解决。可惜日寇的大规模入侵,打断了这一进程。故抗战前的十年左右,可视为中国现代文化建设的第四期,其突出特征是文化问题在学术探讨层面取得进展。这一时期的学术界,胡适、顾颉刚、陈寅恪、陈垣、傅斯年、徐中舒、吕思勉等一大批著名学者在各自领域奋力耕耘,在神话传说、先秦历史、典籍研究、社会经济史、佛教史、中西交流等方面都取得了优秀的成果,为深入评判中国文化的真伪优劣提供了可靠的依据。当前探讨文化建设问题,不仅还要依赖这些学者的成果,而且在路径上,亦应该在进行切实的学术研究之后再进行评判,而不是先有了批判预设再进行论证。值得重视的是,梁启超、邓实、王国维、胡适、陈寅恪等人先后都提出了颇具价值的文化主张:面对"北美或东欧之思想",只有采取"一方面吸收输入","一方面不忘本来民族之地位"的态度,才获得建构良

---

① 汪淑潜:《新旧问题》,《青年杂志》第 1 卷第 1 号,1915 年 9 月。
② 梁启超:《欧游心影录》,《饮冰室合集》专集之二十三,中华书局 1989 年影印版,第 12、15 页。

好新文化的效果。① 虽然这种思想仍有"中体西用"的色彩,但是确实不失为稳健积极的态度。

抗战军兴后,在国家危亡压力下,中国一些知识阶层不仅为增强国族认同大力弘扬中国传统文化,而且认为"我民族国家之前途,仍将于我先民文化所赋自身内部获得其生机",以增加民众对中国的信心。② 与此同时,中国现代文化建设的进程被战争严重影响,再度被"救亡"与"实用"主导。不仅如此,从 1937 年至 1949 年间,社会动荡,政治对学术文化发展的影响不断加大,对文化问题的探讨转向了对现实问题的探讨,不仅钱穆等史学家要从传统文化中"为故国招魂"③,熊十力等哲学家也要从传统儒学中开出"政统"与"学统",重建理想之中国。故此一时期可视为中国现代文化建设的第五期,其突出特点是学术研究的中断与现实因素影响增强。这一时期虽然也有不少学术成果面世,但是纯粹的学术研究不仅失去了安静的环境与必要的条件,甚至失去了存在的价值,一些学者要对自己从事纯粹学术研究进行辩护。学术研究逐渐转变为政治斗争的工具,并最终使此前曾经具有共识的知识群体瓦解,使中国知识阶层建设现代中国文化的努力告一段落。

1949 年之后,中国知识阶层对文化问题的探索分为海外和中国大陆两个系统。海外系统以胡适、钱穆等人为代表,各自沿着此前的路径进行传统的现代转化,并在 20 世纪 80 年代回流到中国大陆。在中国大陆,由于传统文化被视为封建主义的产物,受到很大冲击,文化成为讳莫如深的话题。20世纪 80 年代初对"四人帮"的批判唤起了人们对传统文化的重新思考,一些学者开始提倡对中国传统文化的研究,思路再次与"整理国故运动"或"新文化运动"接续。如费孝通 1986 年在《群言》编辑部召开的"传统文化与现代化"座谈会上说:

> 对传统文化如何改革,这是个提出了一百多年的问题……传统文化中有哪些东西是值得保存、要发挥和发展的,哪些是妨碍四化建设的,必须有一个深入的分析,这样才能使精神文明建设有一个方向。④

---

① 陈寅恪:《冯友兰〈中国哲学史〉下册审查报告》,《陈寅恪集·金明馆丛稿二编》,生活·读书·新知三联书店 2001 年版,第 284—285 页。

② 钱穆:《国史大纲》(修订本),商务印书馆 1996 年版,"引论"第 32 页。

③ 余英时:《一生为故国招魂——敬悼念钱宾四师》,《现代学人与学术》,广西师范大学出版社 2006 年版,第 46 页。

④ 费孝通等:《传统文化与现代化》,《群言》1986 年第 11 期。

20 世纪 80 年代的"文化热"再度唤醒了中国现代文化建设的自觉意识,学术研究与文化建设逐渐回到正常轨道。近二三十年来,中国学术思想界在各方面都取得了优异成绩,但是尚难言已经完成了时代使命。

自清末以迄今日,中国人在西方文化冲击影响下重新认识中国文化并建构适应现代中国文化的工作已开展百余年,百年来的探索有经验、有教训,这些经验教训对今天认识和研究中国文化,仍然具有鉴戒的意义。但是仅仅注意到这些经验教训,可能并不能使我们实现通过"文化自觉"走向"文化自信"之理想。百年来,知识阶层对待中西学术文化的态度分歧并不大,大多主张"取其精华去其糟粕",可是在分辨"精华"与"糟粕"的问题上,却总是难有共识。导致这一问题出现的根源,就在于评判中西文化的坐标系不能建构。要建构这个坐标系,至少需要两个维度,一是知识的维度,其主要功能是去伪存真和辨识文化源流;二是价值的维度,其主要功能是分辨优劣和决定存废。正如钱穆曾经指出的那样:

> 我们要讲中国文化,应该分两面讲:一是知识问题,究竟中国文化是什么? 二是评判问题,究竟这种文化,要得要不得,该发扬不该发扬?①

从一百多年来的实践来看,构建这个坐标系难度也来自这两个方面。文化建设本身包含有"自我与他者"的差异,而建立评判中西文化坐标系的难度之一在于,需要"自我"对"自我"、对"他者"皆有充分的认知,而"自我"与"他者"又是多元的。且不说对多元"自我"和多元"他者"的认知问题,就是对"自我"的认知,仍有许多工作要做。费孝通曾经指出:

> 通过我这 70 多年的经历,我深深体会到,我们生活在有悠久历史的中国文化中,却对中国文化本身至今还缺乏实事求是的系统知识。我们的社会生活还处于"由之"的状态,而没有达到"知之"的境界。②

建立评判中西文化坐标系的难度之二在于,多元"自我"的价值观之多元。知识层面的困难虽然不少,但是只要努力,总有解决的时候,可价值观

① 钱穆:《中国文化精神》(新校本),九州出版社 2011 年版,第 2 页。
② 张冠生:《开创文化自觉的新风气——费孝通教授近读访谈(三)》,《博览群书》1998 年第 5 期。

的多元,则难有此乐观。细而言之,多元"自我"价值观之多元,实可划分为两个层面,一个是多元"自我"对"自我"评判之多元,一个是多元"自我"对"他者"评判之多元。从一百多年来的经验来看,学术文化建设工作之所以引发如此多的纷纭,主要原因在于中国人价值观的多元导致了知识阶层不仅对中国传统文化的判断多元,而且对西方现代文化的判断也多元。

总而言之,对清末民国学术文化的评判,需要在中国现代文化建设历程这个相对宏观的框架之中进行理解。在这个框架中理解、评判清末民国的学术文化,既要在实证研究的基础上力求回到历史场景,又要站在较超越的高度进行公允判断。只有坚持将这两点进行结合,我们才能更好地概括一代代知识人努力的共识,才能理解众说纷纭的分歧,才能在今天更好完成时代使命。

三、从学术健康发展的角度评判清末民国的文史之学

如何评判清末民国学术,已成为近期思想文化界的一个热门话题。从现当代中国学术史研究历程来看,这是一个老话题。六十余年来,中国每一次步入新阶段,如何评判民国、民国学术,就会重新出现一次。但是,每次争论过后,由于鲜有理性的剖析与总结,一些旧话题又重复出现。笔者以为,思想文化界只有清楚了解有关清末民国学术评判争论的来龙去脉,并能理性地构建衡估民国学术的维度与态度,才能消除一些无谓的争论,提高我们的认知。

清末民国学术最初是作为"政治"而非"学术"被对待的,是作为"现实"而非"历史"被评判的。当1948年底至1949年初国民政府节节败退之际,胡适、陶希圣等一批学术文化名家被新政权列名战犯后,学术问题就已转变为政治问题,历史研究明确转化为现实斗争。毛泽东在1949年8月14日《丢掉幻想,准备斗争》一文中将胡适、傅斯年、钱穆等定性为帝国主义走狗的论述,迅速左右了对民国学术的评判。在这种情势下,很多在民国成长、成名的学者,开始主动与"民国"切割。诸如冯友兰检讨自己与国民党的关系及学术的唯心复古倾向,陈垣反省自己"为学术而学术"信条的弊端,顾颉刚要与胡适"分清敌我"的表白等信息,不断向学术界传递着这样一种信息——民国时期的辉煌是一种负资产。虽然还有极少数学者为清末民国主流学术的一些方法、观点或人物鸣不平,但是形势比人强,清末民国学人的"原罪"随着阶级斗争观点的走强而越发凸显。1949年后的很长一段时间,清算清末民国学术是学术文化界的一项重要任务,是与"资产阶级""唯心主义""帝国主义"斗争的方式。而在"批判胡适运动"中,清末民

国时期的学术已被驳得体无完肤。

如果说1949年后二三十年对民国学术的评判是政治审判的话,那么改革开放后对清末民国学术的评判则向学术研究回归。"文革"结束以后,随着批判"四人帮"的深入,学术界开始复苏。学术需要自由讨论、百家争鸣,而不是唯政治马首是瞻,这一认识在真理标准大讨论之前就已被黎澍领导的《历史研究》公开倡导。此后,学术界在解放思想的大潮中,逐渐冲破1949年后长期占据学术评判指导地位的阶级斗争观点和政治正确取向,尝试辩证地看待清末民国、辩证地看待清末民国学术。胡适等人在人文社会科学领域的贡献开始被承认,这可以说是发此后重写中国现代学术史、重续民国学统的先声。20世纪80年代,尽管政治考虑还有一定影响,但肯定民国学术的趋势在不断显现,而顾颉刚等民国学术名家的相继逝世则为这种趋势提供了言说的机会。

进入20世纪90年代,学术思想界在巨大震荡之后,开始检讨此前十余年狂飙的得失,尝试"由虚向实",民国学术的实证倾向散发出诱人的光辉。陈平原等人在20世纪90年代初大力倡导的"学术史研究"为重评清末民国学术注入了新的动力,"学术凸显,思想淡出"的思潮给清末民国学术定位的提高提供了支持,国学复兴则为重续民国学统生产了现实需要。一时间,有关康有为、梁启超、章太炎、胡适、陈寅恪等清末民国学术名家的研讨会、文集、研究论著等如雨后春笋般涌现,被冠以"大师"头衔的清末民国学人,多达三十多位("国学大师丛书"是一例证)。近十几年来,在商品经济和社会不良风气的冲击下,不少所谓专家学者越来越让社会大众失望,而与之对应的是,一些论著、通俗读物、影视作品让越来越多的人开始了解清末民国的学人与学术。"民国热"从学术圈走向社会大众。

普通人民对清末民国学人的好感与敬佩与日俱增,可以说是当代思想文化一个引人关注的现象。这意味着,清末民国学术的评判和书写已从专家学者向社会大众扩展,民国学术评判开始从学术史研究向公共话语转变。针对"民国热"的持续走强,著名学者葛剑雄几年前提出了自己的看法,认为"民国学术"被有意识地高估了,是"媒体、网络、公众,或者是非本专业的学者"的"人云亦云",关注的并非民国学人的学术成就,"而是他们的价值观念、政治立场、社会影响,甚至风流韵事"。葛剑雄认为民国学术"被高估"了,"除了个别杰出人物外,总体上远没有超越清朝,而今天的总体学术水平,已经大大超越了民国时期"。① 此文一经刊布,立即引起学术思想界

---

① 葛剑雄:《被高估的民国学术》,《文汇报》2014年10月17日。

和媒体的关注,赞成拥护者有之,辩驳批判者有之,一时间民国学术评判问题又一次成了热点。

检视六十余年来有关清末民国学术的评判,笔者认为,基于感性的感觉式判断占据多数,基于事实的严谨研究与理性分析一直是少数。之所以会出现这种情况,是因为绝大多数评判者并不以学术史研究见长,多不能认真遵循学术史研究的基本规范。简而言之,学术评判不能是含混轻率的类比,而应该是从具有可比性维度出发的比较研究。判断一个时期的学术是否有所发展,至少要从五个维度予以考虑:学术认识论有没有革命性突破?学术方法论有没有超越性发展?学术研究领域有没有大规模开拓?学术成果是否有流传后世的价值?有没有孕育穿越时空的学术精神?在笔者看来,这五个维度也是理性评判清末民国学术的基本维度。以此五个维度来反观葛先生的论断,其被非议,也就不难理解。

学术认识论与世界观、价值观、知识观紧密相连,体现了学术认知水平的高度,是评判一个时代学术发展水平最重要的维度。在学术认识论方面,清末民国与清代有着本质差异。清代学术还属于传统学术形态,囿于种种束缚。比较突出的有两点,一是经学笼罩一切,儒家经典只能笺注不能质疑,"凡古必真,凡汉皆好"一度占据主流;二是学术附属于政治,为政治压抑又为政治服务。而清末民国学术已从传统走向现代,以人的解放为背景,又以促进人的解放为目的。一方面,"学问是平等的""重估一切价值""层累地造成古史"等观点无情地打破了经学的独尊地位、摧毁了桎梏学术发展的教条;另一方面,学术不分中西新旧、"只问真不真,不问用不用"、"为真理而求真理"等理念逐渐成为学术界的主流认识,至今还是学术研究不能抛弃的基础理念。可以说,没有学术认识论在清末民国时期的革命性突破,就不会有中国现代学术的蓬勃发展。

作为学术研究操作经验的升华,学术方法论是学术研究实现精密与广度能力的展现,是衡量一时代学术是否发展的另一个重要维度。乾嘉汉学是中国传统文史研究的高峰,在方法论层面的突出特点是崇尚证据,善于归纳,但是毕竟缺少现代科学主义的洗礼和现代技术手段的支持,既在诸多领域还难说精细,也在开拓认知视野上存在困难。清末民国的文史研究在继承清代学术方法论的基础上,一方面吸纳西方现代汉学的优点,将文史研究与现代考古学、语言学有机结合,创造出更精密的研究方法;另一方面引入现代人文社会科学的观念、理论与方法,使国人认知世界的视野与水平大幅提升。"二重证据法"、"不立一真,惟穷流变"、诗史互证、辩证法、社会学理论等在民国时期的出现与实践,使中国学术方法论获得了超越性发展,其中不少至今还是文史研究的基本方法。

学术研究领域的广度和深度是考察一时代学术是否发展最直观的维度。中国学术研究领域突破常规的开拓，始于清末梁启超等人的提倡，显见于民国初年王国维在上古史领域、陈垣在宗教史领域的突破性研究，发展于20世纪20年代的新文化运动和社会史论战。至抗战爆发前，不仅文史哲学科的研究视野大大拓展，就是中国向来没有的考古学、社会学、经济学等学科也百花齐放、百家争鸣，远超清代音韵训诂、校勘考据、天文历算、西北史地等学术范围。

学术成果是学术认识论、方法论的载体，是学术研究领域拓展的表现，是判断一时代学术是否发展的另一直观维度。衡估学术成果是否有价值，视角很多，但最为关键的是其是否开创了新的学术典范。清代的学术成果当然称得上硕果累累，但是能称得上创造典范之作的并不多。而清末民国学人在新学术认识论的导引下，在新治学方法的帮助下，以新观念收集、审视新旧材料，以新方法整理、解读新旧材料，在众多新领域里，产生了不少为世人叹服，为后人接受的典范之作，至今嘉惠学林。

如果说学术研究领域的开拓和典范之作的创造是可量化的因素的话，那么学术精神之凝聚则是较难把握的主观因素。以笔者之见，衡量一时代学术精神是否能穿越时空，不仅要站在后人的视角检讨其是否为后人接受，亦要回到历史场景之中看其是否为时人认可。从这两个角度来看，"不惜以今日之我难昔日之我"这种生命不息探索不止的精神，"独立之精神，自由之思想"这种为真理而真理的态度，"对古人之学说，应具了解之同情"这种理性的取向，"吾曹不出如苍生何"这种勇敢的担当，的的确确是可以穿越时空的。

从以上五个维度的对比分析可知，清末民国文史之学在学术史上的确应有很高的定位：对清代学术而言，可谓全面超越；对当代学术而言，可谓筚路蓝缕；对中国学术而言，可谓承前启后。但是，需要清醒地认识到，肯定一个时代并非为否定另一个时代。一时代有一时代之世道人心，一时代有一时代之文化学术。世道人心不同，文化学术必然不同。不同时代的文化学术，各有优长，各有问题。因此，理性的评判者应该清楚地认识到，对不同时代的学术在具有可比性维度上进行评判的目的，主要在于继承前人遗产，促进当前学术更健康发展。否则就属于思想争论而非学术评判，很容易滑入好丹非素的意气之争。而要这种理性的认知成为学界共识，还需要构建和弘扬评判学术应有之正确态度。

六十余年来，对清末民国学术的评判出入之大，简直让人有"三十年河东,三十年河西"之叹。导致这一现象出现的原因除了评判缺少合理的可比性维度之外,还有一个重要因素是很多评判者未有一种评判学术的正确态度。学术评判与其他价值评判有相同之处,也有自己的独特性。笔者以为,一个较为正确的学术评判态度,至少要有三个方面:

坚持就学术论学术是学术评判正确态度的第一个面向。1949 年之后二三十年的清末民国学术判断;之所以出现较大偏差,根本原因就是以政治论学术而不是就学术论学术。检视彼时的相关论著,学术评判者往往是从政治的进步/反动出发,而不是基于学术水平的高低来评判民国学人与学术。近来"凡民国皆好"的"民国热",其实也未走出以非学术因素论学术的窠臼。正如葛剑雄所言,一味吹捧抬高民国,不是一种正确态度,而是一种对现实不满而又不敢直言的"逆反心态",然后带着武断与偏见来借古非今。只有坚持在可比性维度上对不同时代的学术进行理性的参校异同,才能真正发现不同时代学术的优长与问题,才能推动学术不断健康前行。

保持足够的反省与警惕是学术评判正确态度的第二个面向。翦伯赞曾说:

一切历史家描写及批判过去的历史,都是站在自己的阶级立场,把历史作现实的政治斗争的工具。①

这一论断虽有绝对化的嫌疑,但也揭示了一个学术真相:任何学术论断与书写都会受到评判与书写主体自身观念意识的影响。学术评判者要想更理性公允地评判一个时代的学术,就必须对自我的观念意识有足够的反省,对那些可能影响自己判断的门户之见、政治意识、阶层观念等固有意识形态倾向有足够的警惕。检讨数十年来的有关民国学术的言论,会发现大多数评判者皆缺少对自身观念意识的反省与警惕。这是造成对民国学术评判弥漫着武断与偏见的感觉式判断的根本原因之一。

造成对清末民国学术评判弥漫着武断与偏见的感觉式判断的另一原因是众多评判者丢失了"用事实说话"的基本原则。用事实说话,让事实说话,是学术评判正确态度的第三个面向。学术评判的基础是扎实的学术史研究。学术史实梳理了解得越多,作出偏见判断的武断之举就会越少,能够提醒自己要对自己的观念意识保持反省与警惕的机会也就越多,就越能认识到不同时代、条件下的学术,必然具有不同的内容与特点,不能轻率地含

---

① 翦伯赞:《历史哲学教程》,新知书店 1946 年版,第 5 页。

混而论。就清末民国学术而言，虽然近十几年来相关研究比较活跃，但基础性的整理与研究还是比较薄弱，不少影响评判的实证研究还未充分展开。这就要求评判者除了尽可能地吸收其他人的研究成果外，自己也要有所研究，在掌握尽可能多的史实基础上，谨慎地判断。

或许是人性使然，世俗大众喜用八卦绯闻代替学术成果来了解学术文化名人，是一个古今中外的普遍现象。从这个角度看，名人甚多、名人典故八卦甚多的民国为人热捧，也是一个正常现象。在“人人都是他自己的历史学家”的自媒体时代，我们亦不能生硬地认为没有接受过历史学训练的人不能解读历史。但是学术思想界不能随波逐流，甚至投机迎合，而要认识到自己的职责是：以扎扎实实的研究为基础，为学界、社会提供正确的引导、基准与依据，并不断反省、纠正自身与大众的尺度偏差，最终使我们的认识越来越理性、越来越与事实相符，从而使当下的学术更健康发展。

参 考 文 献

（以作/编者姓氏或首字音序排列）

一、古籍（含点校本）

1. 宝鋆等编：《筹办夷务始末》（同治朝），（台北）文海出版社 1966 年版。
2. ［美］裨治文、［日］箕作阮甫训点：《联邦志略》，老皂馆 1861 年版。
3. 《格致书院课艺》乙丑卷，光绪二十三年（1897 年）上海书局石印本。
4. ［美］惠顿：《万国公法》，［美］丁韪良译，京师崇实馆同治三年（1864 年）刻本。
5. 《钦定四库全书总目》（整理本），中华书局 1997 年版。
6. ［日］那珂通世编：《支那通史》，中央堂明治二十二年（1889 年）影印本。
7. （清）苏舆编：《翼教丛编》，上海书店出版社 2002 年版。
8. 王韬：《重订法国志略》，光绪十六年（1890 年）淞隐庐刊本。
9. （清）魏源：《海国图志》，中州古籍出版社 1999 年版。
10. 吴光、钱明等编校：《王阳明全集》，上海古籍出版社 2010 年版。
11. 曾廉：《蠡庵集》，光绪年间邵阳曾氏刻本。
12. 张建业主编：《李贽全集注》，社会科学文献出版社 2010 年版。
13. 朱次琦：《朱九江先生集》，清光绪刻本。

二、清末民国书籍（含点校本）

1. 蔡振：《中学修身教科书》第 1 册，商务印书馆 1907 年版。
2. 蔡振：《中国伦理学史》，商务印书馆 1910 年版。
3. 蔡振：《订正中学校用修身教科书》，商务印书馆 1912 年版。
4. 陈懋治：《高等小学中国历史教科书》，文明书局 1904 年版。
5. 陈庆年：《中国历史教科书》，商务印书馆 1908 年版。
6. 丁宝书编：《蒙学中国历史教科书》，文明书局光绪二十九年（1903 年）印本。
7. 顾燮光辑：《译书经眼录》，自刻本 1927 年版。
8. 郭湛波：《近五十年中国思想史》，人文书店 1936 年版。
9. 郭沫若：《中国古代社会研究》，上海联合书店 1930 年版。
10. 何干之：《中国社会性质问题论战》，生活书店 1937 年版。
11. 何炳松：《通史新义》，广西师范大学出版社 2005 年版。
12. 胡适：《中国哲学史大纲》（外一种），河北教育出版社 2001 年版。
13. 梁启超撰：《清代学术概论》，上海古籍出版社 1998 年版。

14. 梁启超撰:《中国历史研究法》,上海古籍出版社 1998 年版。

15. 梁启超撰:《论中国学术思想变迁之大势》,上海古籍出版社 2006 年版。

16. 梁漱溟:《东西文化及其哲学》,商务印书馆 1999 年版。

17. 刘法曾:《清史纂要》,中华书局 1914 年版。

18. 刘师培:《经学教科书》,国粹学报馆 1906 年版。

19. 柳诒徵:《国史要义》,华东师范大学出版社 2000 年版。

20. 陆丹林:《革命史谭》,独立出版社 1945 年版。

21. 马其昶:《抱润轩文集》,自刻本 1923 年版。

22. 蒙文通:《经学抉原》,上海人民出版社 2006 年版。

23. 孟森:《清史讲义》,中华书局 2006 年版。

24. 皮锡瑞著,周予同注释:《经学历史》,中华书局 1959 年版。

25. 钱基博:《国学文选类纂》,商务印书馆 1931 年版。

26. 钱基博著,傅道彬点校:《近百年湖南学风》,中国人民大学出版社 2004 年版。

27. 钱穆:《国史大纲》(修订本),商务印书馆 1996 年版。

28. 钱穆:《中国近三百年学术史》,商务印书馆 1997 年版。

29. 陶希圣:《中国社会之史的分析》,新生命书局 1929 年版。

30. 夏曾佑:《最新中学教科书中国历史》第 1 册,商务印书馆 1904 年版。

31. [英]麦肯齐:《泰西新史揽要》,李提摩太、蔡尔康译,上海书店出版社 2002 年版。

32. [英]史本守撰:《肄业要览》,颜永京译,光绪二十七年(1901 年)小仓山房校印本。

33. [英]甄克思:《社会通诠》,严复译,商务印书馆 1904 年版。

34. 姚永朴撰,许振轩校点:《文学研究法》,黄山书社 1989 年版。

35. 章太炎:《訄书》,东京翔鸾社 1904 年版。

36. 章太炎撰:《国故论衡》,上海古籍出版社 2003 年版。

37. 张尔田著,黄曙辉点校:《史微》,上海书店出版社 2006 年版。

38. 张维华:《明史欧洲四国传注释》,上海古籍出版社 1982 年版。

39. 赵尔巽等:《清史稿》,中华书局 1977 年版。

40. 震钧:《天咫偶闻》,北京古籍出版社 1982 年版。

41. 周谷城:《中国社会之结构》,新生命书局 1930 年版。

三、清末民初报刊

1.《安徽俗话报》。

2.《北京大学日刊》。

3.《北京大学研究所国学门周刊》。

4.《大公报》。

5.《大同报》。

6.《东方杂志》。

7.《国粹学报》。

8.《国学季刊》。

9.《河南》。

10.《湖北学生界》。

11.《教育今语杂志》。

12.《教育世界》。

13.《教育杂志》。

14.《临时政府公报》。

15.《民报》。

16.《清华周刊》。

17.《清议报》。

18.《盛京时报》。

19.《湘报》。

20.《新民丛报》。

21.《新世界学报》。

22.《学部官报》。

23.《选报》。

24.《译书汇编》。

25.《庸言》。

26.《预备立宪公会报》。

27.《浙江潮》。

28.《政法学报》。

29.《政艺通报》。

30.《政府公报》。

31.《中国白话报》。

32.《中史研究院历史语言研究所集刊》。

四、全集/文集/书信集/日记

1. 曹伯言整理:《胡适日记全编》,安徽教育出版社 2001 年版。

2. 蔡尚思、方行编:《谭嗣同全集》(增订本),中华书局 1980 年版。

3. 陈德溥编:《陈黻宸集》,中华书局 1995 年版。

4. 刘晴波、彭国兴编,饶怀民补订:《陈天华集》,湖南人民出版社 2008 年版。

5. 陈旭麓主编:《宋教仁集》,中华书局 1981 年版。

6. 陈美延编:《陈寅恪集》,生活·读书·新知三联书店 2001 年版。

7. 陈铮编:《黄遵宪全集》,中华书局 2005 年版。

8. 陈智超编注:《陈垣来往书信集》(增订本),生活·读书·新知三联书店 2010

年版。

9. 杜春和等编:《胡适演讲录》,河北人民出版社 1999 年版。

10. 佛雏编:《王国维学术文化随笔》,中国青年出版社 1996 年版。

11. 傅杰编校:《章太炎学术史论集》,中国社会科学出版社 1997 年版。

12. 高平叔编:《蔡元培全集》第 2、3、4 卷,中华书局 1984 年版。

13. 高平叔编:《蔡元培全集》第 6 卷,中华书局 1988 年版。

14. 葛信益、启功整理:《沈兼士学术论文集》,中华书局 1986 年版。

15. 顾颉刚:《宝树园文存》,中华书局 2011 年版。

16. 顾颉刚:《顾颉刚书信集》,中华书局 2011 年版。

17. 顾廷龙、戴逸主编:《李鸿章全集》,安徽教育出版社 2008 年版。

18. 顾廷龙校阅:《艺风堂友朋书札》,上海古籍出版社 1980 年版。

19. 郭长海、金菊贞编:《高旭集》,社会科学文献出版社 2003 年版。

20.《国学研究会演讲录》第 1 集,商务印书馆 1923 年版。

21.《胡适留学日记》,安徽教育出版社 1999 年版。

22. 湖南省哲学社会科学研究所编:《唐才常集》,中华书局 1980 年版。

23. 黄振萍、李凌己编:《傅斯年学术文化随笔》,中国青年出版社 2001 年版。

24. 姜义华、张荣华编校:《康有为全集》,中国人民大学出版社 2007 年版。

25. 柳曾符、柳定生选编:《柳诒徵史学论文集》,上海古籍出版社 1991 年版。

26. 罗继祖主编:《罗振玉学术论著集》,上海古籍出版社 2010 年版。

27.《吕思勉遗文集》,华东师范大学出版社 1997 年版。

28.《吕思勉全集》,上海古籍出版社 2016 年版。

29. 欧阳哲生主编:《傅斯年全集》,湖南教育出版社 2003 年版。

30. 欧阳哲生编:《胡适文集》,北京大学出版社 1998 年版。

31. 汤志钧编:《章太炎政论选集》,中华书局 1977 年版。

32. 汤志钧编:《康有为政论集》,中华书局 1981 年版。

33. 汤志钧编:《陶成章集》,中华书局 1986 年版。

34. 童教英整理:《童书业著作集》,中华书局 2008 年版。

35.《刘师培全集》(实际系《刘申叔遗书》影印版),中共中央党校出版社 1997 年版。

36. 万仕国辑校:《刘申叔遗书补遗》,广陵书社 2008 年版。

37. 王汎森、潘光哲、吴政上主编:《傅斯年遗札》,(台北)"中央研究院"历史语言研究所 2011 年版。

38. 王闿运:《湘绮楼日记》,岳麓书社 1997 年版。

39. 汪征鲁等主编:《严复全集》,福建教育出版社 2014 年版。

40. 王桐荪等选注:《唐文治文选》,上海交通大学出版社 2005 年版。

41. 汪荣祖编:《五四研究论文集》,(台北)联经出版事业股份有限公司 1979 年版。

42.《吴宓日记》,生活·读书·新知三联书店 1998 年版。

43. 夏晓虹辑:《〈饮冰室合集〉集外文》,北京大学出版社 2005 年版。

44. 谢维扬、房鑫亮主编:《王国维全集》,浙江教育出版社 2010 年版。

45. [澳]骆惠敏编:《清末民初政情内幕——〈泰晤士报〉驻北京记者袁世凯政治顾问乔·厄·莫理循书信集(1895—1912)》,知识出版社 1986 年版。

46.《饮冰室合集》,中华书局 1989 年版(影印 1936 年中华书局本)。

47. 访谈者陈致:《余英时访谈录》,中华书局 2012 年版。

48. 余英时:《现代学人与学术》,广西师范大学出版社 2006 年版。

49. 恽毓鼎著,史晓风整理:《恽毓鼎澄斋日记》,浙江古籍出版社 2004 年版。

50. 苑书义等主编:《张之洞全集》,河北人民出版社 1998 年版。

51. 张裕钊著,王达敏校点:《张裕钊诗文集》,上海古籍出版社 2007 年版。

52. 张光直编:《李济文集》,上海人民出版社 2006 年版。

53. 张廷银、朱玉麒主编:《缪荃孙全集》,凤凰出版社 2014 年版。

54.《章太炎全集》,上海人民出版社 2014 年版。

55.《张元济全集》,商务印书馆 2008 年版。

56. 中国社会科学院近代史研究所中华民国史研究室编:《胡适来往书信选》,社会科学文献出版社 2013 年版。

57. 朱维铮执行主编:《刘师培辛亥前文选》,生活·读书·新知三联书店 1998 年版。

58. 朱维铮、姜义华编注:《章太炎选集》(注释本),上海人民出版社 1981 年版。

59. 朱维铮编校:《周予同经学史论》,上海人民出版社 2010 年版。

五、资料汇编/论文集

1.《安阳发掘报告》第 2 期,中央研究院历史语言研究所 1930 年版。

2. 北京大学、中国第一历史档案馆编:《京师大学堂档案选编》,北京大学出版社 2001 年版。

3. 常州市地方志编纂委员会办公室、常州市档案局编印:《常州地方史料选编》,内部资料,1983 年。

4.《陈垣校长诞生百年纪念文集》,北京师范大学 1980 年版。

5. 陈元晖主编:《中国近代教育史资料汇编·学制演变》,上海教育出版社 2007 年版。

6. 陈元晖主编:《中国近代教育史资料汇编·教育思想》,上海教育出版社 2007 年版。

7. 陈平原、王枫编:《追忆王国维》,中国广播电视出版社 1997 年版。

8. 高增德、丁东编:《世纪学人自述》第 4 卷,北京十月文艺出版社 2000 年版。

9. 杜正胜、王汎森编:《新学术之路:"中央研究院"历史语言研究所七十周年纪念文集》,(台北)"中央研究院"历史语言研究所 1998 年版。

10. 复旦大学历史系等编:《中国现代学科的形成》,上海古籍出版社 2007 年版。

11. 复旦大学文史研究院编:《民族认同与历史意识:审视近现代日本与中国的历史学与现代性》,中华书局 2013 年版。

12. 耿云志编:《胡适评传》,上海古籍出版社 1999 年版。

13. 纪念陈垣校长诞生 110 周年筹委会编:《纪念陈垣校长诞生 110 周年学术论文集(1880—1990)》,北京师范大学出版社 1990 年版。

14. 康乐、彭明辉主编:《史学方法与历史解释》,中国大百科全书出版社 2005 年版。

15. 孔祥吉编著:《康有为变法奏章辑考》,北京图书馆出版社 2008 年版。

16. 历史科学规划小组、史学理论组编:《历史研究方法论集》,河南人民出版社 1987 年版。

17. 梁涛、顾家宁编:《国学问题争鸣集(1990—2010)》,广西师范大学出版社 2010 年版。

18. 刘启林主编:《当代中国社会科学名家》,社会科学文献出版社 1989 年版。

19. 罗志田主编:《20 世纪的中国:学术与社会(史学卷)》,山东人民出版社 2001 年版。

20. 清华大学校史研究室编:《清华大学史料选编》第 2 卷,清华大学出版社 1991 年版。

21. 欧阳哲生主编:《追忆胡适》,社会科学文献出版社 2000 年版。

22. 欧阳哲生主编:《解析胡适》,社会科学文献出版社 2000 年版。

23. 沈国威编著:《六合丛谈——附解题·索引》,上海辞书出版社 2006 年版。

24. 沈祖宪辑录:《养寿园奏议辑要》,民国刊本。

25. 舒新城编:《中国近代教育史资料》,人民教育出版社 1981 年版。

26. 陶恒生:《"高陶事件"始末》,湖北人民出版社 2003 年版。

27. 陶然亭公园志编纂委员会编:《陶然亭公园志》,中国林业出版社 2001 年版。

28. 王懋勤:《历史语言研究所正式成立的日期》,《"中央研究院"历史语言研究所四十周年纪念特刊》,(台北)"中央研究院"历史语言研究所 1968 年版。

29. 王汎森、杜正胜编:《傅斯年文物资料选辑》,傅斯年先生百龄纪念筹备会 1995 年版。

30. 王学珍、郭建荣主编:《北京大学史料(1912—1937)》第 2 卷,北京大学出版社 2000 年版。

31. 王芝琛、刘自立:《1949 年以前的大公报》,山东画报出版社 2002 年版。

32. 王学典、陈峰编:《二十世纪中国史学史论》,北京大学出版社 2010 年版。

33. 吴廷璆等编:《郑天挺纪念论文集》,中华书局 1990 年版。

34. 夏晓虹编:《追忆梁启超》,中国广播电视出版社 1997 年版。

35. 熊月之主编:《晚清新学书目提要》,上海书店出版社 2007 年版。

36. 许啸天编:《国故学讨论集》,群学社 1927 年版。

37. 徐有朋编:《袁大总统书牍汇编》,广益书局 1914 年版。

38. 桑兵、张凯、於梅舫编:《近代中国学术思想》,中华书局 2008 年版。

39.扬州师范学院历史系编:《辛亥革命江苏地区史料》,江苏人民出版社 1961 年版。

40.俞振基:《蒿庐问学记:吕思勉生平与学术》,生活·读书·新知三联书店 1996 年版。

41.余三定主编:《当代学术史研究》,人民出版社 2009 年版。

42.赵昌智主编:《扬州文化研究论丛》第 8 辑,广陵书社 2012 年版。

43.张静庐辑注:《中国近代出版史料初编》,上杂出版社 1953 年版。

44.中国第一历史档案馆编:《英使马戛尔尼访华档案史料汇编》,国际文化出版公司 1996 年版。

45.“中央研究院”历史语言研究所七十周年研讨会论文集编辑委员会编:《学术史与方法学的省思——“中央研究院”历史语言研究所七十周年研讨会论文集》,(台北)“中央研究院”历史语言研究所 2000 年版。

46.中国人民政治协商会议天津市委员会、文史资料研究委员会编:《天津文史资料选辑》第 28 辑,天津人民出版社 1984 年版。

47.中国史学会编:《辛亥革命与 20 世纪的中国》(上、中、下),中央文献出版社 2002 年版。

48.朱师辙:《清史述闻》,生活·读书·新知三联书店 1957 年版。

六、中 文 论 著

1.白云:《中国史学思想通论·历史编纂学思想卷》,福建人民出版社 2011 年版。

2.蔡尚思:《中国近现代学术思想史论》,广东人民出版社 1986 年版。

3.陈洪波:《中国科学考古学的兴起:1928—1949 年历史语言研究所考古史》,广西师范大学出版社 2011 年版。

4.陈建守:《燕京大学与现代中国史学发展(1919—1952)》,(台北)台湾师范大学历史学系 2009 年版。

5.陈平原:《中国现代学术之建立——以章太炎、胡适之为中心》,北京大学出版社 1998 年版。

6.陈以爱:《中国现代学术研究机构的兴起——以北大研究所国学门为中心的探讨》,江西教育出版社 2002 年版。

7.陈志明:《顾颉刚的疑古史学——及其在中国现代思想史上的意义》,(台北)商鼎文化出版社 1993 年版。

8.高恒文:《东南大学与“学衡派”》,广西师范大学出版社 2002 年版。

9.戈公振:《中国报学史》,中国新闻出版社 1985 年版。

10.耿云志、闻黎明编:《现代学术史上的胡适》,生活·读书·新知三联书店 1993 年版。

11.顾颉刚:《当代中国史学》,上海古籍出版社 2002 年版。

12.顾长声:《从马礼逊到司徒雷登——来华新教传教士评传》,上海人民出版社

1985 年版。

13. 郭沫若:《历史人物》,人民文学出版社 1979 年版。

14. 郭双林:《西潮激荡下的晚清地理学》,北京大学出版社 2000 年版。

15. 郭廷以:《近代中国史纲》(上、下册),香港中文大学出版社 1980 年版。

16. 何炳棣:《读史阅世六十年》,广西师范大学出版社 2005 年版。

17. 何兆武、陈启能主编:《当代西方史学理论》,上海社会科学院出版社 2003 年版。

18. 侯外庐:《中国近代启蒙思想史》,人民出版社 1993 年版。

19. 胡适口述,唐德刚译注:《胡适口述自传》,广西师范大学出版社 2005 年版。

20. 胡颂平编著:《胡适之先生晚年谈话录》,新星出版社 2006 年版。

21. 胡不归等:《胡适传记三种》,安徽教育出版社 2002 年版。

22. 胡逢祥、张文建:《中国近代史学思潮与流派》,华东师范大学出版社 1991 年版。

23. 胡逢祥、李远涛编著:《中国近代史学家》,北京科学技术出版社 1995 年版。

24. 胡逢祥:《社会变革与文化传统——中国近代文化保守主义思潮研究》,上海人民出版社 2000 年版。

25. 胡宝国:《汉唐间史学的发展》,商务印书馆 2003 年版。

26. 黄兴涛:《重塑中华:近代中国"中华民族"观念研究》,北京师范大学出版社 2017 年版。

27. 蒋俊:《中国史学近代化进程》,齐鲁书社 1995 年版。

28. 姜萌:《族群意识与历史书写:中国现代历史叙述模式的形成及其在清末的实践》,商务印书馆 2015 年版。

29. 金观涛、刘青峰:《观念史研究:中国现代重要政治术语的形成》,法律出版社 2016 年版。

30. 李敖:《胡适研究》,中国友谊出版公司 2006 年版。

31. 李泽厚:《中国近代思想史论》,天津社会科学院出版社 2004 年版。

32. 李大钊:《史学要论》,商务印书馆 2000 年版。

33. 李洪岩:《史学史话》,社会科学文献出版社 2000 年版。

34. 李帆:《刘师培与中西学术:以其中西交融之学和学术史研究为核心》,北京师范大学出版社 2003 年版。

35. 李帆:《章太炎、刘师培、梁启超清学史著述之研究》,商务印书馆 2006 年版。

36. 李光谟:《从清华园到史语所:李济治学生涯琐记》,清华大学出版社 2004 年版。

37. 李华兴、张元隆等:《索我理想之中华:中国近代国家观念的形成与发展》,安徽教育出版社 2005 年版。

38. 李孝迁:《西方史学在中国的传播(1882—1949)》,华东师范大学出版社 2007 年版。

39. 林志宏:《民国乃敌国也——政治文化转型下的清遗民》,(台北)联经出版事业股份有限公司 2009 年版。

40. 刘禺生:《世载堂杂忆》,中华书局 1960 年版。

41. 刘文英:《中国古代的时空观念》(修订本),南开大学出版社 2000 年版。

42. 刘兰肖:《晚清报刊与近代史学》,中国人民大学出版社 2007 年版。

43. 刘龙心:《学术与制度:学科体制与现代中国史学的建立》,新星出版社 2007 年版。

44. 刘超:《历史书写与认同建构:清末民国时期中国历史教科书研究》,社会科学文献出版社 2016 年版。

45. 路新生:《经学的蜕变与史学的"转轨"》,上海古籍出版社 2006 年版。

46. 罗志田:《权势转移:近代中国的思想、社会与学术》,湖北人民出版社 1999 年版。

47. 罗志田:《近代中国史学十论》,复旦大学出版社 2003 年版。

48. 罗志田:《国家与学术:清季民初关于"国学"的思想论争》,生活·读书·新知三联书店 2003 年版。

49. 罗志田:《裂变中的传承——20 世纪前期的中国文化与学术》,中华书局 2003 年版。

50. 罗志田:《再造文明的尝试:胡适传(1891—1929)》,中华书局 2006 年版。

51. 罗志田:《道出于二:过渡时代的新旧之争》,北京师范大学出版社 2014 年版。

52. 罗检秋:《嘉庆以来汉学传统的衍变与传承》,中国人民大学出版社 2006 年版。

53. 牟宗三:《政道与治道》,吉林出版社集团有限责任公司 2010 年版。

54. 茅海建:《从甲午到戊戌:康有为〈我史〉鉴注》,生活·读书·新知三联书店 2009 年版。

55. 潘光哲:《晚清士人的西学阅读史(一八三三——一八九八)》,(台北)"中央研究院"近代史研究所 2014 年版。

56. 彭明辉:《晚清的经世史学》,(台北)麦田出版社 2002 年版。

57. 钱穆:《现代中国学术论衡》,生活·读书·新知三联书店 2001 年版。

58. 钱穆:《八十忆双亲·师友杂忆》,生活·读书·新知三联书店 2005 年版。

59. 钱穆:《中国学术思想史论丛》,九州出版社 2011 年版。

60. 钱穆:《中国历代政治得失》,生活·读书·新知三联书店 2012 年版。

61. 钱穆:《中国文化史导论》,九州出版社 2011 年版。

62. 钱穆:《中国文化精神》,九州出版社 2011 年版。

63. 沃邱仲子:《民国十年官僚腐败史》,中华书局 2007 年版。

64. 桑兵:《国学与汉学——近代中外学界交往录》,浙江人民出版社 1999 年版。

65. 桑兵:《晚清民国的国学研究》,上海古籍出版社 2001 年版。

66. 桑兵:《庚子勤王与晚清政局》,北京大学出版社 2004 年版。

67. 桑兵:《晚清学堂学生与社会变迁》,广西师范大学出版社 2007 年版。

68. 尚小明:《北大史学系早期发展史研究(1899—1937)》,北京大学出版社 2010 年版。

69. 沈刚伯:《史学与世变》,海豚出版社 2015 年版。

70. 苏秉琦:《中国文明起源新探》,生活·读书·新知三联书店1999年版。

71. 苏云峰:《张之洞与湖北教育改革》,(台北)"中央研究院"近代史研究所1983年版。

72. 苏云峰:《从清华学堂到清华大学(1911—1929):近代中国高等教育研究》,生活·读书·新知三联书店2001年版。

73. 唐德刚:《胡适杂忆》,广西师范大学出版社2005年版。

74. 唐德刚:《史学与红学》,广西师范大学出版社2006年版。

75. 唐德刚:《书缘与人缘》,广西师范大学出版社2006年版。

76. 汪荣祖:《史家陈寅恪传》,北京大学出版社2005年版。

77. 汪向荣:《日本教习》,中国青年出版社2000年版。

78. 王尔敏:《上海格致书院志略》,香港中文大学出版社1980年版。

79. 王尔敏:《中国近代思想史论》,社会科学文献出版社2003年版。

80. 王汎森:《傅斯年:中国近代历史与政治中的个体生命》,生活·读书·新知三联书店2012年版。

81. 王汎森:《古史辨运动的兴起——一个思想史的分析》,(台北)允晨文化实业股份有限公司1987年版。

82. 王汎森:《中国近代思想与学术的系谱》,河北教育出版社2001年版。

83. 王汎森:《近代中国的史家与史学》,复旦大学出版社2010年版。

84. 王森然:《近代名家评传(初集)》,生活·读书·新知三联书店1998年版。

85. 王先明:《近代新学——中国传统学术文化的嬗变与重构》,商务印书馆2000年版。

86. 王学典、陈峰:《二十世纪中国历史学》,北京大学出版社2009年版。

87. 王学典:《20世纪中国史学评论》,山东人民出版社2002年版。

88. 桂遵义、袁英光:《中国近代史学史》,江苏古籍出版社1989年版。

89. [新加坡]卓南生:《中国近代报业发展史(1815—1874)》(增订版),中国社会科学出版社2002年版。

90. 萧超然等编:《北京大学校史(一八九八——一九四九)》(增订本),北京大学出版社1988年版。

91. 熊月之:《西学东渐与晚清社会》(增订版),中国人民大学出版社2011年版。

92. 修彩波:《近代学人与中西交通史研究》,光明日报出版社2010年版。

93. 许冠三:《新史学九十年》,岳麓书社2003年版。

94. 姚纯安:《社会学在近代中国的进程(1895—1919)》,生活·读书·新知三联书店2006年版。

95. 严耕望:《怎样学历史:严耕望的治史三书》,辽宁教育出版社2006年版。

96. 杨代春:《〈万国公报〉与晚清中西文化交流》,湖南人民出版社2002年版。

97. 杨国桢:《林则徐大传(插图本)》,中国人民大学出版社2010年版。

98. [美]余英时:《重寻胡适历程:胡适生平与思想再认识》,广西师范大学出版社

2004 年版。

99. 余英时：《历史与思想》,(台北)联经出版事业股份有限公司 1976 年版。

100. 余英时：《史学、史家与时代》,广西师范大学出版社 2004 年版。

101. 余英时：《文史传统与文化重建》,生活·读书·新知三联书店 2004 年版。

102. 余英时：《中国近代思想史上的胡适》,(台北)联经出版事业股份有限公司
1984 年版。

103. 俞旦初：《爱国主义与中国近代史学》,中国社会科学出版社 1996 年版。

104. 袁行霈主编：《国学研究》第 6 卷,北京大学出版社 1999 年版。

105. 曾乐山：《中西哲学的融合——中国近代进化论的传播》,安徽人民出版社
1991 年版。

106. 张广达：《史家、史学与现代学术》,广西师范大学出版社 2008 年版。

107. 张广智主著：《西方史学史》(第三版),复旦大学出版社 2000 年版。

108. 张岂之主编：《中国近代史学学术史》,中国社会科学出版社 1996 年版。

109. 张雪蓉：《美国影响与中国大学变革(1915—1927)——以国立东南大学为研究
中心》,华龄出版社 2006 年版。

110. 张越：《新旧中西之间:五四时期的中国史学》,北京图书馆出版社 2007 年版。

111. 赵雨：《上古诗歌的文化视野》,社会科学文献出版社 2005 年版。

112. 郑师渠：《晚清国粹派:文化思想研究》,北京师范大学出版社 1993 年版。

113. [美]周明之：《近代中国的文化危机:清遗老的精神世界》,山东大学出版社
2009 年版。

114. 邹振环：《晚清西方地理学在中国——以 1815 至 1911 年西方地理学译著的传
播与影响为中心》,上海古籍出版社 2000 年版。

115. 邹振环：《西方传教士与晚清西史东渐——以 1815 至 1900 年西方历史译著的
传播与影响为中心》,上海古籍出版社 2007 年版。

116. 左玉河：《从四部之学到七科之学——学术分科与近代中国知识系统之创建》,
上海中国书店 2004 年版。

七、译　著

1. [美]本杰明·史华兹：《寻求富强:严复与西方》,叶凤美译,江苏人民出版社
1990 年版。

2. [美]丁韪良：《花甲记忆——一位美国传教士眼中的晚清帝国》,沈弘等译,广西
师范大学出版社 2004 年版。

3. [英]乔治·皮博达·古奇：《十九世纪历史学与历史学家》,耿淡如译,谭英华校
注,商务印书馆 1997 年版。

4. [英]杰弗里·巴勒克拉夫：《当代史学主要趋势》,杨豫译,上海译文出版社 1987
年版。

5. [美]鲁滨孙：《新史学》,何炳松译,广西师范大学出版社 2005 年版。

6. [美]伊格尔斯:《二十世纪的历史学——从科学的客观性到后现代的挑战》,何兆武译,辽宁教育出版社 2003 年版。

7. [美]约瑟夫·列文森:《儒教中国及其现代命运》,郑大华、任菁译,广西师范大学出版社 2009 年版。

8. [美]张灏:《梁启超与中国思想的过渡(1890—1907)》,崔志海、葛夫平译,江苏人民出版社 1995 年版。

9. [美]周明之:《胡适与中国现代知识分子的选择》,雷颐译,广西师范大学出版社 2005 年版。

八、工 具 书

1. 北京图书馆编:《北京图书馆藏珍本年谱丛刊》,北京图书馆出版社 1999 年版。

2. 陈祖武选:《晚清名儒年谱》,北京图书馆出版社 2006 年版。

3. 高平叔撰著:《蔡元培年谱长编》,人民教育出版社 1999 年版。

4. 顾潮编著:《顾颉刚年谱》,中华书局 2011 年版。

5. 胡适编著:《章实斋先生年谱》,商务印书馆 1922 年版。

6. 胡颂平编著:《胡适之先生年谱长编初稿》,(台北)联经出版事业股份有限公司 1984 年版。

7. 黄丽镛编著:《魏源年谱》,湖南人民出版社 1985 年版。

8. 简朝亮:《清朱九江先生次琦年谱》,(台北)商务印书馆 1978 年版。

9. 刘乃和、周少川、王明泽、邓瑞全:《陈垣年谱配图长编》,辽海出版社 2000 年版。

10. 刘乃和:《陈垣年谱(附陈垣评传)》,北京师范大学出版社 2002 年版。

11. 孙应祥:《严复年谱》,福建人民出版社 2003 年版。

12. 汤志钧编:《章太炎年谱长编》,中华书局 1979 年版。

13. 许全胜:《沈曾植年谱长编》,中华书局 2007 年版。

14. 袁英光、刘寅生:《王国维年谱长编(1877—1927)》,天津人民出版社 1996 年版。

15. 王学典主编:《20 世纪中国史学编年(1900—1949)》,商务印书馆 2014 年版。

16. 王树枬:《陶庐老人随年录》,中华书局 2007 年版。

17. 吴剑杰编著:《张之洞年谱长编》,上海交通大学出版社 2009 年版。

18. 赵丰田、丁文江编:《梁启超年谱长编》,上海人民出版社 2009 年版。

九、清末民国时期文章

1. 《北大研究所国学门之恳亲会》,《晨报》1923 年 10 月 1 日。

2. 《本刊启事一》,《国学丛刊》第 1 卷第 1 期,1923 年 3 月。

3. 《本校研究国学门致国务院呈文及曾巡阅使、吴巡阅使公函》,《北京大学日刊》1923 年 10 月 8 日。

4. 《本学门第三次恳亲会纪事》,《北京大学研究所国学门月刊》第 1 卷第 3 期,1925 年 10 月 28 日。

5. 别士(夏曾佑):《论变法必以历史为根本》,《东方杂志》第 2 卷第 8 期,1905 年 9 月 23 日。

6. [法]伯希和:《在开罗万国地理学会演说》,《北京大学国学门周刊》第 3 期,1925 年 10 月 28 日。

7. 蔡元培:《本校派生留学近闻》,《北京大学日刊》1918 年 5 月 1 日。

8. 蔡元培:《对于教育方针之意见》,《临时政府公报》第 13 号,1912 年 2 月 11 日。

9. 蔡元培:《吾国文化运动之过去与将来》,《中山文化教育季刊》第 1 卷第 1 期,1934 年。

10. 陈独秀:《复辟与尊孔》,《新青年》第 3 卷第 6 号,1917 年 8 月。

11. 陈独秀:《我之爱国主义》,《新青年》第 2 卷第 2 号,1916 年 10 月。

12. 丁文江:《玄学与科学——评张君劢的〈人生观〉》,《努力周报》第 49 号,1923 年 4 月 22 日。

13. 董作宾:《国立北京大学研究所国学门第二次恳亲会纪事》,《北京大学日刊》1924 年 6 月 27 日。

14. 《大总统袁世凯设置清史馆令》,《政府公报》第 660 号,1914 年 3 月 9 日。

15. 范皕海:《青年国学的需要》,《青年进步》第 63 册,1923 年 5 月。

16. 傅斯年:《傅君斯年致校长函:论哲学门隶属文科之流弊》,《北京大学日刊》第 222 号,1918 年 10 月 8 日。

17. 傅斯年:《中国学术思想界之基本误谬》,《新青年》第 4 卷第 4 期,1918 年 4 月。

18. 傅斯年:《新潮发刊旨趣书》,《新潮》第 1 卷第 1 期,1919 年 1 月 1 日。

19. 傅斯年:《历史语言研究所工作之旨趣》,《历史语言研究所集刊》第 1 本,1928 年 10 月。

20. 甘蛰仙:《最近二十年来中国学术蠡测》,《东方杂志》第 21 卷,1924 年 1 月。

21. 宫廷璋:《以科学方法整理国故其步骤若何》,《民铎杂志》第 4 卷第 3 期,1923 年 5 月 1 日。

22. 《公布北大〈研究所简章〉布告》,《北京大学日刊》1920 年 7 月 30 日。

23. 顾颉刚:《我们对于国故应取的态度》,《小说月报》第 14 卷第 1 号,1923 年 1 月。

24. 顾颉刚:《一九二六年始刊词》,《北京大学研究所国学门周刊》第 2 卷第 13 期,1926 年 1 月 6 日。

25. 顾实:《国学丛刊·发刊辞》,《国学丛刊》第 1 卷第 1 期,1923 年 3 月。

26. 顾实:《国立东南大学国学院整理国学计划书》,《国学丛刊》第 1 卷第 4 期,1923 年 12 月。

27. 《国立北京大学廿五周年纪念研究所国学门临时特刊》,北京大学,1923 年 12 月 16 日。

28. 《国立北京大学史学系课程指导书》(民国 20 年至 21 年度),北京大学档案馆,案卷号 BD1930014。

29.《国立北京大学研究所国学门报告(民国十三年一月一日至十三年五月三十一日)》,《国学季刊》第 2 卷第 1 期,1925 年 12 月。

30.《国立北京大学研究所国学门重要纪事》,《国学季刊》第 1 卷第 4 期,1923 年 12 月。

31.《国立研究院历史语言研究所十七年度报告》,《国立中央研究院十七年度总报告》,中央研究院文书处,1929 年。

32.《国学季刊编辑委员会启事》,《国学季刊》第 2 卷第 1 期,1925 年 12 月。

33. 胡适:《论国故学——答毛子水》,《新潮》第 2 卷第 1 号,1919 年 10 月 30 日。

34. 胡适:《四论问题与主义——论输入学理的方法》,《每周评论》第 37 号,1919 年 8 月 31 日。

35. 胡适:《新思潮的意义》,《新青年》第 7 卷第 1 号,1919 年 12 月。

36. 胡适:《研究国故的方法》,《东方杂志》第 18 卷第 16 期,1921 年 8 月。

37. 胡适:《教务长胡适之先生的演说》,《北京大学日刊》1922 年 12 月 23 日。

38. 胡朴安:《民国十二年国学之趋势》,《民国日报·国学周刊》1923 年 10 月 10 日。

39. 胡适:《〈国学季刊〉发刊宣言》,《国学季刊》第 1 卷第 1 期,1923 年 1 月。

40. 胡适:《再谈谈整理国故》,《晨报副刊》1924 年 2 月 25 日。

41. 胡适:《我们走那条路?》,《新月》第 2 卷第 10 号,1929 年 10 月。

42. 金毓黻:《读〈清史稿〉札记》,《国史馆刊》第 1 卷第 3 号,1948 年 8 月。

43. 翦伯赞:《关于历史知识的通俗化问题——兼答吴兰先生》,香港《文汇报》1948 年 10 月 29 日。

44.《教育部—穷至此》,《晨报》1923 年 11 月 16 日。

45. 抗父:《最近二十年间中国旧学之进步》,《东方杂志》第 19 卷第 3 号,1922 年 2 月。

46. 李济:《发掘龙山城子崖的理由及成绩》,《山东省立图书馆季刊》第 1 卷第 1 期,1931 年 3 月。

47. 梁漱溟:《敬以请教胡适之先生》,《村治》第 1 卷第 2 期,1930 年 6 月。

48. 林同济:《第三期的中国学术思潮——新阶段的展望》,《战国策》第 14 期,1940 年 12 月。

49.《刘半农致国学门主任函》,《北京大学日刊》1925 年 2 月 20 日。

50. 柳诒徵:《讲国学宜先讲史学》,《广播周报》第 25 期,1935 年 3 月 9 日。

51. 陆达节:《论今日治国学者所应改良之十大方针》,《唯是》第 2 册,1920 年 5 月。

52. 马叙伦:《国立北京大学研究所整理国学计划书》,《北京大学日刊》1920 年 10 月 20 日。

53. 毛子水:《国故和科学的精神》,《新潮》第 1 卷第 5 号,1919 年 5 月 1 日。

54. 孟森:《清史传目通检》,北京《国立北平图书馆馆刊》第 6 卷第 2 期,1932 年 4 月。

55. 齐思和:《近百年来中国史学的发展》,《燕京社会科学》第 2 期,1949 年 10 月。

56. 齐思和:《最近二年来之中国史学界》,《朝华月刊》第 2 卷第 4 期,1931 年 3 月。

57. 钱玄同:《研究国学应该首先知道的事》,《努力周报·读书杂志》第 12 期,1923 年 8 月 5 日。

58.《清史馆馆长赵尔巽为报开馆日期事致袁世凯呈文》,《政府公报》第 837 号,1914 年 8 月 31 日。

59.《清史馆馆长赵尔巽为查明地方通儒硕彦著作事致各省巡按史咨文》,《政府公报》第 886 号,1914 年 10 月 15 日。

60. [日]桑原骘藏:《中国学研究者之任务》,J.H.C 生译,《新青年》第 3 卷第 3 期,1917 年 5 月。

61. 任鸿隽:《建立学界论》,《留美学生季报》第 1 卷第 2 期,1914 年 6 月。

62. 沈兼士:《北京大学研究所国学门经费计划书》,《国学季刊》1 卷第 3 期,1923 年 7 月。

63.《史学系课程指导书(十二年至十三年度)》,《北京大学日刊》1923 年 9 月 29 日。

64. 孙德谦:《评今之治国学者》,《学衡》第 23 期,1923 年 11 月。

65. 孙叔谦:《国学——致〈甲寅杂志〉记者》,《甲寅》第 1 卷第 4 号,1914 年 11 月 10。

66. 唐文治:《弁言》,《无锡国学专修学校十五周年纪念册》,无锡国学专修学校,1937 年。

67. 王国维:《〈国学丛刊〉序》,《国学丛刊》第 1 期,1911 年 2 月。

68. 汪淑潜:《新旧问题》,《青年杂志》第 1 卷第 1 期,1915 年 9 月。

69. 王伯祥:《国故的地位》,《小说月报》第 14 卷第 1 号,1923 年 1 月。

70. 王式通:《答人问史稿凡例》,《中国学报》第 1 期,1912 年 11 月。

71. 汪东:《新文学商榷》,《华国月刊》第 1 卷第 2 期,1923 年 10 月。

72. 魏建功:《研究所国学门恳亲会记事》,《北京大学日刊》1923 年 11 月 10 日。

73. 吴宓:《清华开办研究院之旨趣及经过:开学日演说辞》,《清华周刊》第 351 期,1925 年 9 月 18 日。

74. 吴宓:《研究院发展计划书》,《清华周刊》第 371 期,1926 年 3 月 19 日。

75. 希如:《论国学研究之法式》,《文史杂志》第 5 期。

76.《〈学衡〉简章》,《学衡》第 1 期,1922 年 1 月。

77. 谢英伯:《黄花考古学院的组织和使命》,《考古学杂志》第 1 期,1932 年 1 月。

78.《研究所国学门第四次恳亲会纪事》,《北京大学研究所国学门月刊》第 1 卷第 1 号,1926 年 10 月 20 日。

79.《研究所国学门启事》,《北京大学日刊》1922 年 2 月 22 日。

80.《研究所国学门启事》,《北京大学日刊》1922 年 1 月 17 日。

81.《研究所国学门重要纪事》,《国学季刊》,第 1 卷第 1 期,1923 年 1 月。

82.《研究院章程》,《清华周刊》第 339 期,1925 年 3 月 13 日。

83. 杨钟健:《中国地质事业之萌芽——地质调查所创办三十年史要第一章》,《地质评论》第 12 卷第 1/2 期合刊,1947 年。

84.《张凤举先生与沈兼士先生书》,《北京大学日刊》1922 年 3 月 6 日。

85. 郑鹤声:《八十年来官办编译事业之检讨》,《说文月刊》第 4 卷,1944 年 5 月。

86. 郑振铎:《新文学之建设与国故之新研究》,《小说月报》第 14 卷第 1 号,1923 年 1 月。

87.《中国国民党第一次全国代表大会宣言及决议案》,中央执行委员会,1924 年。

88. 周予同:《五十年来中国之新史学》,《学林》第 4 辑,1941 年 2 月。

89. 朱希祖:《北京大学史学系过去之略史与将来之希望》,国立北京大学卅一周年纪念会宣传股编:《国立北京大学卅一周年纪念刊》,北京大学卅一周年纪念会宣传股,1928 年。

90. 朱希祖:《整理中国最古书籍之方法论》,《北京大学月刊》第 1 卷第 3 期,1919 年 3 月。

91. 朱谦之:《中国史学之阶段的发展》,《现代史学》第 2 卷第 1/2 期合刊,1934 年 5 月。

十、学 术 论 文

1. 蔡克骄:《陈黻宸与"新史学"思潮》,《浙江学刊》2000 年第 2 期。

2. 蔡乐苏:《蒋廷黻与清华大学历史学系课程新模式的建立》,《北京社会科学》2004 年第 4 期。

3. 曾光光:《晚清桐城派嬗变的文化轨迹》,《江淮论坛》2006 年第 1 期。

4. 查时杰:《私立基督教燕京大学历史系所初探(1919—1952)》,《台大历史学报》第 20 期,1996 年 10 月。

5. 陈峰:《趋新反入旧:傅斯年、史语所与西方史学潮流》,《文史哲》2008 年第 3 期。

6. 陈平原:《"元气淋漓"与"绝大文字"——梁启超及"史界革命"的另一面》,《文学评论》2003 年第 3 期。

7. 陈其泰:《民国初年史学领域的新格局》,《社会科学战线》2012 年第 8 期。

8. 陈智超:《史学家陈垣传略》,《晋阳学刊》1980 年第 2 期。

9. 戴逸:《〈清史稿〉的纂修及其缺陷》,《清史研究》2002 年第 1 期。

10. 董作宾:《历史语言研究所在学术上的贡献——为纪念创办人终身所长傅斯年先生而作》,《大陆杂志》第 2 卷第 1 期,1951 年。

11. 杜维运:《西方史学输入中国考》,《台大历史学报》第 3 期,1976 年 5 月。

12. 方光华:《试论二十世纪初年中国新史学思潮》,《社会科学战线》1995 年第 2 期。

13. 费孝通:《文化自觉的思想来源与现实意义》,《文史哲》2003 年第 3 期。

14. 伏传伟:《新朝与旧主的抉择——清史馆设置缘起与赵尔巽的就任》,《学术研究》2006 年第 5 期。

　　15. 葛兆光:《〈新史学〉之后——1929 年的中国历史学界》,《历史研究》2003 年第
1 期。

　　16. 耿云志:《评胡适的历史学成就及其理论和方法》,《历史研究》1983 年第 4 期。

　　17. 郭正昭:《社会达尔文主义与晚清学会运动(1895—1911)——近代科学思潮社
会冲击研究之一》,《"中央研究院"近代史研究所集刊》第 3 期(下),1972 年 12 月。

　　18. 何中华:《道德缺席的时代?》,《书屋》2002 年第 11 期。

　　19. 郝庆军:《从文学期刊的繁荣看民国初年文学的娱乐化倾向》,《东岳论丛》2012
年第 10 期。

　　20. 贺昌盛:《晚清民初"文学"学科的学术谱系——从"词章"到"美术"再到"文
学"》,《学术月刊》2007 年第 7 期。

　　21. 侯书勇:《〈最近二十年中国旧学之进步〉作者考辨——兼论其学术史意义》,
《齐鲁学刊》2012 第 3 期。

　　22. 胡逢祥:《略论现代中国史学机构之建制与运作》,《东吴历史学报》第 18 期,
2008 年 2 月。

　　23. 黄爱平:《〈汉学师承记〉与〈汉学商兑〉——兼论清代中叶的汉宋之争》,《中国
文化研究》1996 年第 4 期。

　　24. 黄进兴:《中国近代史学的双重危机:试论"新史学"的诞生及其所面临的困
境》,《中国文化研究所学报》1997 年第 6 期。

　　25. 黄克武:《梁启超与中国现代史学之追寻》,《"中央研究院"近代史研究所集刊》
第 41 期,2003 年 9 月。

　　26. 黄克武:《晚清社会学翻译中的思想分途——严复、梁启超与章太炎所译社会学
之研究》,南京大学人文社会科学高级研究院主编:《高研院通讯》2011 年第 12 期。

　　27. 黄霖:《民国初年"旧派"小说家的声音》,《文学评论》2010 年第 5 期。

　　28. 黄敏兰:《梁启超〈新史学〉的政治意义》,《政治学研究》1996 年第 4 期。

　　29. 黄敏兰:《梁启超〈新史学〉的真实意义及历史学的误解》,《近代史研究》1994
年第 2 期。

　　30. 黄兴涛、胡文生:《论戊戌维新时期中国学术现代转型的整体萌发——兼谈清末
民初学术转型的内涵和动力问题》,《清史研究》2005 年第 4 期。

　　31. 黄兴涛:《现代"中华民族"观念形成的历史考察——兼论辛亥革命与中华民族
认同之关系》,《浙江社会科学》2002 年第 1 期。

　　32. 霍有光:《南洋公学译书院及其译印图书》,《西安交通大学学报》(社会科学版)
1999 年第 4 期。

　　33. 姜萌:《"把汉学中心夺回中国"——20 世纪 20 年代中国现代文史之学的形成
历程》,《史学月刊》2017 年第 1 期。

　　34. 姜萌:《陈垣"把汉学中心夺回中国"考》,《东岳论丛》2014 年第 3 期。

　　35. 姜萌:《国族、种族意识纠结下的〈新史学〉——兼谈历史书写主体问题对清末

新史学的影响》,《清华大学学报》(哲学社会科学版)2015 年第 3 期。

36. 姜萌:《王国维"清学三阶段论"溯源》,《齐鲁学刊》2013 年第 3 期。

37. 姜萌:《现代史学视野下的胡适——从唐德刚相关言论出发的讨论》,《文史哲》2012 年第 4 期。

38. 姜萌:《文化自觉与"世纪难题"的解决》,《党政干部学刊》2014 年第 4 期。

39. 劳幹:《傅孟真先生与近二十年来中国历史学的发展》,《大陆杂志》1951 年第 2 卷。

40. 李振宏:《试论历史认识的检验问题》,《河南大学学报》(哲学社会科学版)1989 年第 4 期。

41. 李洪岩、仲伟民:《刘师培史学思想综论》,《近代史研究》1994 年第 3 期。

42. 李锐:《"二重证据法"的界定及规则探析》,《历史研究》2012 年第 4 期。

43. 李润苍:《浅论梁启超的史学》,《近代史研究》1981 年第 1 期。

44. 李宪堂:《"天下观"的逻辑起点与历史生成》,《学术月刊》2012 年第 10 期。

45. 李孝迁:《"他人入室":民国史坛对域外汉学的回应》,《华东师范大学学报》(哲学社会科学版)2012 年第 6 期。

46. 李孝迁:《梁启超早年新史学思想考源》,《史学月刊》2007 年第 3 期。

47. 林炎志:《国学的当代价值与民族精神之塑造》,《科学社会主义》2007 年第 3 期。

48. 刘克敌:《"无事可做"的"鲁迅"与"茫茫碌碌"的"周树人"——从日记看民国初年鲁迅的日常生活》,《中国现代文学研究丛刊》2011 年第 3 期。

49. 刘雅军:《李提摩太与〈泰西新史揽要〉的译介》,《河北师范大学学报》(哲学社会科学版)2004 年第 6 期。

50. 刘再华:《一个主张维新的旧文学流派——后期桐城派作家的经学立场与文论话语》,《湖南大学学报》(社会科学版)2006 年第 4 期。

51. 卢毅:《"整理国故运动"兴盛原因探究》,《东南文化》2006 年第 4 期。

52. 罗志田:《一次宁静的革命:清华国学院的独特追求》,《清华大学学报》(哲学社会科学版)2011 年第 2 期。

53. 马承源:《何尊铭文初释》,《文物》1976 年第 1 期。

54. 牛润珍:《陈垣与 20 世纪中国新考据学》,《史学史研究》2000 年第 4 期。

55. 欧阳哲生:《傅斯年学术思想与史语所初期研究工作》,《文史哲》2005 年第 3 期。

56. 彭明辉:《外国史地引介与晚清史学》,《政治大学历史学报》第 17 期,2000 年 5 月。

57. 彭玉平:《论王国维与沈曾植之学缘》,《中山大学学报》(社会科学版)2010 年第 2 期。

58. 乔治忠、刘芹:《史家王树枏及其〈欧洲族类源流略〉》,《史学月刊》2007 年第 8 期。

59. 乔治忠:《王国维"二重证据法"蕴义与影响的再审视》,《南开学报》(哲学社会科学版)2010 年第 4 期。

60. [日]石川祯浩:《晚清"睡狮"形象探源》,《中山大学学报》(社会科学版)2009年第 5 期。

61. 桑兵:《伯希和与近代中国学术界》,《历史研究》1997 年第 5 期。

62. 桑兵:《胡适与国际汉学界》,《近代史研究》1999 年第 1 期。

63. 桑兵:《近代学术转承:从国学到东方学——傅斯年〈历史语言研究所工作之旨趣〉解析》,《历史研究》2001 年第 3 期。

64. 桑兵:《横看成岭侧成峰:学术视差与胡适的学术地位》,《历史研究》2003 年第 5 期。

65. 桑兵:《近代学术的清学纠结——本期专栏解说》,《中山大学学报》(社会科学版)2010 年第 6 期。

66. 桑兵:《民国学界的老辈》,《历史研究》2005 年第 6 期。

67. 尚小明:《论浮田和民〈史学通论〉与梁启超新史学思想的关系》,《史学月刊》2003 年第 5 期。

68. 尚小明:《中研院史语所与北大史学系的学术关系》,《史学月刊》2006 年第 7 期。

69. 沈刚伯:《史学与世变》,《"中央研究院"历史语言研究所集刊》第 40 本(上),1969 年 10 月。

70. 沈松侨:《我以我血荐轩辕——黄帝神话与晚清的国族建构》,《台湾社会研究季刊》第 28 期,1997 年。

71. 汤志钧:《〈中国通史目录〉和〈新史学〉》,《历史档案》2007 年第 1 期。

72. 汪荣祖:《梁启超新史学试论》,《"中央研究院"近代史研究所集刊》第 2 期,1971 年 6 月。

73. 王家俭:《十九世纪西方史地知识的介绍及其影响(1807—1861)》,《大陆杂志》第 38 卷第 6 期,1969 年。

74. 王尔敏:《当代学者追求史学理论之芜滥》,《清史研究》2003 年第 4 期。

75. 王晓秋:《黄遵宪〈日本国志〉初探》,《近代史研究》1980 年第 3 期。

76. 王晴佳:《台湾史学的"变"与"不变":1949—1999 年》,《台大历史学报》第 24 期,1999 年 12 月。

77. 王达敏:《论姚鼐与四库馆内汉宋之争》,《北京大学学报》(哲学社会科学版)2006 年第 5 期。

78. 王东杰:《"价值"优先下的"事实"重建:清季民初新史家寻找中国历史"进化"的努力》,《近代史研究》2012 年第 3 期。

79. 王富仁:《"新国学"论纲(中)》,《社会科学战线》2005 年第 2 期。

80. 王天根:《五四前后北大学术纷争与胡适"整理国故"缘起》,《近代史研究》2009年第 2 期。

81. 王学典、王钢城:《历史学若干基本共识的再检讨及发展前景——访王学典教授》,《历史教学问题》2004 年第 1 期。

82. 王学典:《唯物史观派史学的学术重塑》,《历史研究》2007 年第 1 期。

83. 王学典:《"二十世纪中国史学"是如何被叙述的——对学术史书写客观性的一种探讨》,《清华大学学报》(哲学社会科学版)2008 年第 2 期。

84. 王学典:《新史学和新汉学:中国现代史学的两种形态及其起伏》,《史学月刊》2008 年第 6 期。

85. 王也扬:《论王韬的史观与史学》,《史学理论研究》1993 年第 4 期。

86. 邬国义:《梁启超新史学思想探源》,《社会科学》2006 年第 6 期。

87. 武少民:《王国维与清代学术史研究》,《东北师范大学学报》(哲学社会科学版)2011 年第 6 期。

88. 吴蔚若:《章太炎之民族主义史学》,《大陆杂志》第 13 卷第 6 期,1956 年。

89. 夏东元:《开"千古未有之奇变"——为鸦片战争 150 周年作》,《社会科学》1990 年第 6 期。

90. 谢保成:《20 世纪前期两次关于"国学"与"国粹"、"国故"的论辩》,《探索与争鸣》2008 年第 11 期。

91. 忻平:《论王韬的史著及其史学理论》,《史学理论研究》1997 年第 3 期。

92. 熊月之:《新群体、新网络与新话语体系的确立——以〈格致书院课艺〉为中心》,《学术月刊》2016 年第 7 期。

93. 许曾会:《桐城派与〈清史稿〉的编修》,《史学史研究》2016 年第 2 期。

94. 杨联芬:《新伦理与旧角色:五四新女性身份认同的困境》,《中国社会科学》2010 年第 5 期。

95. 杨瑞松:《睡狮将醒?:近代中国国族共同体论述中的"睡"与"狮"意象》,《政治大学历史学报》第 30 期,2008 年 12 月。

96. 余英时:《中国知识分子的边缘化》,《二十一世纪》1991 年第 6 期。

97. 于志勇:《新疆尼雅出土"五星出东方利中国"彩锦织文初析》,《西域研究》1996 年第 3 期。

98. 俞旦初:《二十世纪中国的新史学思潮初考》,《史学史研究》1982 年第 3/4 期。

99. 俞旦初:《简论十九世纪后期的中国史学》,《近代史研究》1981 年第 2 期。

100. 张秉伦、卢继传:《进化论在中国的传播和影响》,《中国科技史料》1982 年第 1 期。

101. 张瑞龙:《"六经皆史"论与晚清民国经史关系变迁研究》,《中国文化研究》2005 年第 4 期。

102. 张文建:《洋务运动时期的外国史地考察》,《华东师范大学学报》(哲学社会科学版)1986 年第 1 期。

103. 张纹华、傅永聚:《简朝亮与康有为述论》,《聊城大学学报》(社会科学版)2012 年第 4 期。

104. 张效民、徐春峰：《晚清外交变化的观念因素》，《国际政治科学》2006 年第 2 期。

105. 张越：《"新史学"思潮的产生及其学术建树》，《史学月刊》2007 年第 9 期。

106. 章清：《中西历史之"会通"与中国史学的转向》，《历史研究》2005 年第 2 期。

107. 仲伟民、李海富：《"国学"研究与传统文化——季羡林先生访谈录》，《科技文萃》1995 年第 8 期。

108. 朱维铮：《清学史：汉学与反汉学》，《复旦学报》（社会科学版）1993 年第 5/6 期。

109. 邹爱莲、韩永福、卢经：《〈清史稿〉纂修始末研究》，《清史研究》2007 年第 1 期。

110. 邹爱莲：《〈清史稿〉体例的讨论与确立》，《清史研究》2003 年第 3 期。

111. 左玉河：《西学移植与中国现代学术门类的初建》，《史学月刊》2001 年第 4 期。

112. 左玉河：《现代学科体系观照下之经学定位》，《江海学刊》2007 年第 3 期。

十一、学 位 论 文

1. 刘勇：《〈海国图志〉研究》，扬州大学社会发展学院博士学位论文，2015 年。

2. 马延炜：《清国史馆〈儒林传〉研究》，中国人民大学历史学院博士学位论文，2009 年。

3. 彭国良：《顾颉刚史学思想的认识论解析》，山东大学文史哲研究院博士学位论文，2007 年。

4. 张明：《张斯桂研究》，宁波大学人文与传媒学院硕士学位论文，2014 年。

十二、其 他 文 章

1. 蔡登山：《蒋廷黻的婚姻悲剧》，王兆成主编：《历史学家茶座》，山东人民出版社 2008 年版。

2. 陈述、马文蔚：《陈述教授谈陈垣先生教育青年治学的几件事》，《文史哲》1981 年第 4 期。

3. 陈智超：《把汉学中心夺回中国》，《北京师范大学报》第 325 期，2013 年 6 月 30 日。

4.《陈智超谈——史学大师陈垣的学术与生活》，《羊城晚报》2010 年 11 月 27 日。

5. 方祥生：《寻找失落的道德》，《光明日报》2002 年 6 月 18 日。

6. 费孝通：《传统文化与现代化》，《群言》1986 年第 11 期。

7. 张冠生：《开创文化自觉的新风气——费孝通教授近读访谈（三）》，《博览群书》1998 年第 5 期。

8. 葛剑雄：《被高估的民国学术》，《文汇报》2014 年 10 月 17 日。

9. 翁独健：《我为什么研究元史》，《文史知识》1985 年第 3 期。

后　记

这是一份 13 年后重新提交的答卷，但是仍不能令自己满意。

15 年前，我正式跟随王学典老师攻读硕士学位。王老师曾说，中国现代史学的发展历程，后半段脉络已经相对清晰，但是清末民初这段，特别是中国现代史学是如何从梁启超提倡的"新史学"，逐渐转变为胡适、顾颉刚、傅斯年等人提倡的"新汉学"，还不是很清楚，值得继续进行深入分析。当时我的研究兴趣，刚好在清末的思想与学术。本科时期研究了清末的尚武思想，读硕士期间，开始研究清末民初的开明专制思想。听到王老师这个论断后，感觉颇有道理，就有意以此为主题进行硕士学位论文写作。

关于学位论文的选题，王老师曾经有过一个通俗的比喻：如果想继续攻读博士学位，将来从事学术研究，在论文选题上，最好要找一个"富矿"，可以持续掘进。当我向他报告有意从事这个主题的研究时，他表示这是一个值得持续掘进的"富矿"，但是难度也非常大。当时的我，对于"富矿说"还没有什么感知。想从事这一主题的研究，主要是对清末相对熟悉又比较感兴趣，而且当时的我已经希望将来能够以学术研究为志业。另一个原因是我个人感觉到，如果要以中国近现代史学史为研究方向，最佳的入门路径就是从中国现代史学的萌生时期顺流而下到当代，从而可以更准确地把握中国现代史学发展的大势。

岁月如梭，15 年一晃而过。我越来越感受到王老师的"富矿说"是多么睿智，也深刻体会到自己"顺流而下"的想法有一定道理，只是没有预料到，在清末民初史学发展历程这个研究主题上，并不是那么容易能够"轻舟"越过万重山。开始撰写硕士毕业论文后，我就感觉选题太大了，仅仅梳理清末民初史学的相关研究，就已经是艰巨的工作，要避开已有研究成果进行原创性研究，更是难上加难。研究开始后，"轻舟"之梦破碎，赤足踏上"蜀道"，如陷深山小径，群峰遮眼，步步遭遇阻滞，行走异常艰难。学位论文的写作有其特殊性，一旦选定就不能轻易更换。所以当我认识到难度时，也只能咬牙坚持了。就这样，勉为其难地完成了一篇冗长但没什么学术价值的硕士学位论文。开始攻读博士学位后，有幸参加了《20 世纪中国史学编年（1900—1949）》编纂工作，我才真正意识到，要清晰梳理清末民初史学发展历程的难度是多么大。接触的原始材料越多，浏览的已有研究越多，感受到的难度就越大。于是在博士毕业论文选题上，收缩了范围，主要研究清末的新史学。但是这并不意味着放弃了原来"顺流而下"的思路，而是研究入门后的明智选择。

博士学位论文完成之后，自认为在中国近现代史学史领域已经有所积累，我又重新开启了硕士学位论文主题的研究，希望能有所突破。因为有了此前的教训，我希望寻找一个新的研究角度，而不再企图展开全面的梳理。几经考虑，我将研究视角确定为清末民初学人在学术认识上的共识与分歧。这一时期的学术观念、学术方法、学术领域、学术机构都在短时间内发生较大变化。这些变化出现的根源，在于不同学人，尤其是不同代际学人之间学术认识的差异。学术认识差异推动了学术多元化发展，形成了学术竞争。同时，在差异之下，也可以看到学术界存在着一些相同或近似的认识，这些共识又推动了学术朝着不断现代化和专业化的方向发展。从知识生产的角度看，学术认识的差异和共识，都是至关重要的影响因素。

研究角度的确立，为整个研究的开展明确了方向，但是开展具体研究还需要斟酌研究策略和方法。在研究策略上，我努力跳出"就史学论史学"的路径，把这一时期文史之学发展和知识生产还原到历史场景中，特别重视从时代内部去解读。之所以采取这样的策略，也与自己的研究有关。近些年来，我除了对清末民初的文史之学展开研究外，也开始尝试对中国近现代史学史进行整体梳理和总结。我和一位师弟合作，想把近百年来中国史学史的研究成果按照时间顺序汇编成册，然后再进行学术史编年，最后再写出概括性的回顾总结。前面两个工作进行了一段时间，积累了七八十万字，却没见到任何能够出版的成果。这个工作非常有意义，但是这样的工作方式却非常不利于生存发展，不得不暂停。但是这个工作使我认识到，当前开展史学史研究，必须努力跳出"就史学论史学"的路径，将史学史问题还原到历史场景之中，尝试进行社会史解读。至于研究方法，既然是发展历程研究，贯通考察是应有之义，但是贯通考察必须建基于细密的研究之上，而不是含混的概括，这就需要尽可能地忠于文献、忠于文本，尽可能细读文本。

对硕士学位论文研究主题的重启，是我近几年研究工作的核心，耗费了大量心血，在收获的同时也有一些遗憾。最大的遗憾是这部书稿没有达到自己的期望。重启这个研究，是希望能够基本完成对清末民初史学发展历程的清理。但是在进行过程中，感觉自己的功力与见识还远远不能实现目标，常常有力有未逮之叹。没有达到期望的原因，除了功力与见识这个内因，还有不能忽视的外因。近五年来，是我身心最为疲惫的五年。由于种种原因，我没能在15年前房价新一轮暴涨之前买房子，这导致了我很长一段时间背负着对家人的沉重愧疚,有时竟至于夜不能寐。后来虽然买了房子,但是并不理想,愧疚虽有缓解但并未消除。15 年之后,又负责一些行政事务,各种纷繁杂务侵占了不少时间和精力。内外交困之下,无论如何平复心情、自我敦促,都很难像读书时代那样沉浸到研究之中。在书稿即将付梓之际,回望过去这几年的生活,不胜唏嘘。

这部书稿最终能够面世,首先要感谢我的妻子。我在学术道路上苦行的同时,也是她在生活上的苦行。感谢我的孩子们,改造了我,给了我不辞辛劳的耐心和动力。感谢我的父母和岳父母,四位老人虽然已经高龄,但是还在各方面为我付出。我的母亲,年过七十,不仅帮我拉扯孩子,还要负责一家人的吃喝拉撒;我的父亲还在坚持劳作。岳父母不仅在经济上不断帮衬我们,而且知道我比较忙,从来不打扰我。感谢我的导师王学典老师。能够成为王老师的学生,是这辈子最大的幸运。王老师至今在生活工作中对我还有很多帮助和引导。每当遇到事情或心情苦闷时,老师的帮助或开导都给我温暖和力量。本书能够顺利出版,还要感谢责任编辑詹夺老师。由于新冠疫情等原因,国家社科后期资助结项缓慢,我一度比较焦虑。每次和詹夺老师沟通,她都能很好地缓解我的情绪。让我特别感动的是,有一次我联系她时,她刚刚生完孩子,还在产房中就回复了我的信息。这种敬业精神真是堪为表率! 这种情谊也会让我永远铭记!

15 年,五千余天,几乎未有多少休息懈怠,至今还在清末民初学术史这一领域努力跋涉,还有很多问题未能思考清楚。少年时经常引用的"学海无涯苦作舟",至今方有切身感受。孔子曰:"四十不惑"。四十岁的我,回首来路,颇多歉疚和遗憾,眺望远方,还有一些希望和勇气。

姜　萌

2020 年 5 月 12 日

责任编辑:詹 夺

图书在版编目(CIP)数据

从"新史学"到"新汉学":清末民初文史之学发展历程研究/姜 萌 著. —北京:
　人民出版社,2020.6
(国家社科基金后期资助项目)
ISBN 978 – 7 – 01 – 022024 – 6

Ⅰ.①从… Ⅱ.①姜… Ⅲ.①文史-研究-中国-近代 Ⅳ.①K207

中国版本图书馆 CIP 数据核字(2020)第 059077 号

从"新史学"到"新汉学"
CONG XINSHIXUE DAO XINHANXUE
——清末民初文史之学发展历程研究

姜 萌 著

人民出版社 出版发行
(100706 北京市东城区隆福寺街 99 号)

天津文林印务有限公司印刷 新华书店经销

2020 年 6 月第 1 版 2020 年 6 月北京第 1 次印刷
开本:710 毫米×1000 毫米 1/16 印张:16
字数:279 千字

ISBN 978 – 7 – 01 – 022024 – 6 定价:79.00 元

邮购地址 100706 北京市东城区隆福寺街 99 号
人民东方图书销售中心 电话 (010)65250042 65289539